심경호 교수의
동양 고전
강의

논어 2

심경호 교수의
동양 고전
강의

논어 2

사랑한다면 깨우쳐 주지 않을 수 있겠는가

민음사

동양 고전 강의를 시작하며

지혜를 어디서 어떻게 얻을 것인가? 이 물음은 우리에게 중요한 문제이자 해답을 쉽게 찾기 어려운 문제이다. 우리가 알아야 하는 지식의 대상은 너무도 많다. 교양과 지식의 세계가 이렇게 확장되기 이전, 그리 많지 않은 책만 읽어도 현명하다고 평가되던 시절에도 장자는 "사람이 살아간다는 것은 한계가 있건만, 앎의 대상은 무한하다."라고 탄식하고는 참된 지식을 얻으려면 세세한 대상들에 대한 앎을 끊으라고 했다. 확실히 큰 진리는 초월의 상상 속에서 얻어질지 모른다. 그러나 인문학의 고전들은 그것이 동양의 것이든 서양의 것이든 삶의 의미에 대해 성찰하는 방법을 분명하게 알려 준다. 그렇기에 근대 이후에 세계의 각 지역, 각 나라는 고전의 범위와 종류를 정해 제도적으로 고전 교육을 강조해 왔다. 우리나라는 역사적 이유 때문에 고전 교육의 방법에 대해 충분한 합의를 이루지 못했다. 하지만 근래에는 교육 기관, 학회, 저널, 세미나, 그리고 출판사 등이 이와 관련한 공통의 합의를 만들어 나가고 있다.

동양 고전 가운데서도 한문 고전은 우리 자신에 의해 끊임없이 재해석되면서 우리의 지성을 성장시키고 감성을 심화시켜 주었다. 따라서 한문 고전의 세계는 현재의 우리 문화를 형성하는 데 크게 기여했다. 그 생성의 힘은 서양의 고전이 현대의 우리에게 끼치는 영향보다 훨씬 강하다. 더구나 한자 문화권에 속하는 우리는 한자의 쓰임과 한문 글쓰기의 관행에 익숙하므로 다른 언어권의 고전보다 한문 고전을 쉽게 익힐 수 있다. 언젠가 와 보았던 것 같은 골목, 무슨 일에선가 눈물을 떨구다가 매만졌던 듯한 풀잎, 아침의 단잠을 깨우던 아이들 떠드는 소리, 한밤 모여 앉아 두런두런하던 어른들의 말소리, 그 모든 것이 한문 고전의 표정이요 음성이다.

고전을 스스로 읽어 나가면서 삶에 대해 성찰할 수 있다는 것은 지복이라 하지 않을 수 없다. 그렇기에 이 책을 손에 든 순간, 고전의 범위와 독서의 필요성에 대해 물을 필요가 없다. 이미 지혜의 세계에 들어서서 사색의 오솔길로 걸음을 내디딘 것이기 때문이다. 간간이 소리 내어 글을 읽으면서 그 속에 담긴 뜻을 자기 자신의 마음으로 유추하고 생명의 맥을 짚어 보라. 그리하여 인간에 대한 따스한 이해의 방식을 스스로 발견해 나가면 되는 것이다.

2013년 11월
회기동 작은 마당 집에서
심경호

차례

동양 고전 강의를 시작하며   5

일러두기   15

자한(子罕)

001강	관념의 유희를 끊으라 자한언리여명여인(子罕言利與命與仁)	18
002강	도는 삶 속에 있다 오집어의(吾執御矣)	20
003강	공자에게 없는 네 가지 자절사(子絶四)	22
004강	꿋꿋하고 굳센 삶 자외어광(子畏於匡)	24
005강	군자와 재능 군자다호재(君子多乎哉)	26
006강	진정한 가르침 아고기양단(我叩其兩端)	28
007강	배려의 마음 자견자최자(子見齊衰者)	30
008강	그리운 스승님 부자순순연선유지(夫子循循然善誘之) 1	32
009강	높으신 스승님 부자순순연선유지 2	34
010강	팔리길 기다린다 아대고자야(我待賈者也)	36
011강	군자가 머무는 곳 자욕거구이(子欲居九夷)	38
012강	도가 실현되는 곳 출즉사공경(出則事公卿)	40
013강	물을 바라보며 자재천상(子在川上)	42

014강 멈추지 마라　비여위산(譬如爲山)　44

015강 열매 맺지 못한 꽃　묘이불수(苗而不秀)　46

016강 후생가외　후생가외(後生可畏)　48

017강 절대 빼앗길 수 없는 것　필부불가탈지(匹夫不可奪志)　50

018강 선은 멀지 않다　불기불구(不忮不求)　52

019강 겨울에도 푸르른 소나무　송백지후조(松柏之後彫)　54

020강 세 가지 덕　지자불혹(知者不惑)　56

021강 함께할 수 없는 것　가여공학(可與共學)　58

향당(鄕黨)

022강 공과 사　공자어향당(孔子於鄕黨)　60

023강 공자의 식습관　사불염정(食不厭精) 1　62

024강 공자의 주량　사불염정 2　64

025강 사람이 중심　구분(廐焚)　66

026강 공자의 사귐　붕우사무소귀(朋友死無所歸)　68

027강 공자의 생활 태도　침불시(寢不尸)　70

028강 때에 맞는 행동　색사거의(色斯擧矣)　72

선진(先進)

029강 내용과 형식　선진어예악(先進於禮樂)　74

030강 부모를 위한 마음　효재민자건(孝哉閔子騫)　76

031강 말을 조심하라　남용삼복백규(南容三復白圭)　78

032강 부모의 자식 사랑　재부재각언기자(才不才各言其子)　80

033강 누구에게 도를 전하랴　천상여(天喪予)　82

034강 사람의 일　계로문사귀신(季路問事鬼神) 1　84

035강	삶에 충실하라　계로문사귀신 2	86
036강	언필유중　노인위장부(魯人爲長府)	88
037강	승당입실　유지슬(由之瑟)	90
038강	과유불급　사여상야숙현(師與商也孰賢)	92
039강	북을 울려 꾸짖어도 좋다　계씨부어주공(季氏富於周公)	94
040강	순응이냐 개척이냐　회야기서호(回也其庶乎)	96
041강	성인의 자취를 따른다　자장문선인지도(子張問善人之道)	98
042강	빈말을 조심하라　논독시여(論篤是與)	100
043강	적절한 가르침　자로문문사행저(子路問聞斯行諸)	102
044강	경외의 마음　자외어광(子畏於匡)	104
045강	도리로 섬길 것　계자연문(季子然問)	106
046강	정치와 학문의 관계　자로사자고위비재(子路使子羔爲費宰)	108
047강	스승의 격려　무오이야(毋吾以也)/언지(言志) 1	110
048강	자로의 포부　무오이야/언지 2	112
049강	뜻이 중요하다　무오이야/언지 3	114
050강	증석의 포부　무오이야/언지 4	116

안연(顏淵)

051강	극기복례　극기복례(克己復禮) 1	118
052강	극기복례의 조목　극기복례 2	120
053강	인이란 무엇인가　중궁문인(仲弓問仁)	122
054강	말을 함부로 하지 말라　사마우문인(司馬牛問仁)	124
055강	성찰하는 삶　사마우문군자(司馬牛問君子) 1	126
056강	사해동포　사마우문군자 2	128
057강	통찰력이란 무엇인가　자장문명(子張問明)	130

058강　정치의 첫째 요건　자공문정(子貢問政)　132
059강　문채와 바탕　문유질질유문(文猶質質猶文)　134
060강　함께 잘사는 길　애공문어유약(哀公問於有若)　136
061강　덕을 높이는 방법　자장문숭덕변혹(子張問崇德辨惑)　138
062강　치국안민의 도리　제경공문정어공자(齊景公問政於孔子)　140
063강　판결의 요건　자로무숙낙(子路無宿諾)　142
064강　송사를 없게 한다　필야사무송호(必也使無訟乎)　144
065강　정치가의 자세　자장문정(子張問政)　146
066강　남의 완성을 돕는다　군자성인지미(君子成人之美)　148
067강　정치란 바루는 것　정자정야(政者正也)　150
068강　욕심을 버리라　계강자환도(季康子患盜)　152
069강　군자의 덕은 바람　군자지덕풍(君子之德風)　154
070강　통달에 대하여　사하여사가위지달의(士何如斯可謂之達矣) 1　156
071강　진정한 명성　사하여사가위지달의 2　158
072강　할 일을 먼저 하라　번지종유(樊遲從遊) 1　160
073강　화를 다스리라　번지종유 2　162
074강　사랑과 앎　번지문인(樊遲問仁) 1　164
075강　곧은 이를 등용하라　번지문인 2　166
076강　등용의 중요성　번지문인 3　168
077강　벗 사귀는 도리　자공문우(子貢問友)　170
078강　벗과 함께　군자이문회우(君子以文會友)　172

자로(子路)

079강　게을리하지 말라　자로문정(子路問政)　174
080강　어진 인재를 두루 구하라　중궁위계씨재(仲弓爲季氏宰) 1　176

081강	아는 인재를 먼저 쓴다　중궁위계씨재 2	178
082강	이름을 바로 하는 일　필야정명호(必也正名乎) 1	180
083강	모르면 잠자코 있는 법　필야정명호 2	182
084강	역할 분담론　필야정명호 3	184
085강	정명에서 시작한다　필야정명호 4	186
086강	농사짓는 일　번지청학가(樊遲請學稼) 1	188
087강	정치의 이념　번지청학가 2	190
088강	학문의 실용성　송시삼백(誦詩三百)	192
089강	위정자의 몸가짐　기신정(其身正)	194
090강	외물에 휘둘리지 않는 삶　자위위공자형(子謂衛公子荊)	196
091강	백성을 부유하게 해야　자적위(子適衛)	198
092강	나를 등용한다면　구유용아자(苟有用我者)	200
093강	선인의 정치　선인위방백년(善人爲邦百年)	202
094강	정치가의 몸가짐　구정기신의(苟正其身矣)	204
095강	임금 노릇의 어려움　일언이가이흥방(一言而可以興邦) 1	206
096강	비판을 받아들이는 일　일언이가이흥방 2	208
097강	욕속부달　자하위거보재(子夏爲莒父宰)	210
098강	부모와 자식　오당유직궁자(吾黨有直躬者)	212
099강	생활 속의 인　번지문인(樊遲問仁)	214
100강	부끄러움을 아는 사람　행기유치(行己有恥) 1	216
101강	효제를 실천하는 사람　행기유치 2	218
102강	지나치게 신실한 사람　행기유치 3	220
103강	지금 선비가 있는가　행기유치 4	222
104강	누구와 함께할 것인가　필야광견호(必也狂狷乎)	224
105강	항상의 마음　인이무항(人而無恒) 1	226

106강	변함없는 덕	인이무항 2	228
107강	화이부동	군자화이부동(君子和而不同)	230
108강	정당한 평가	향인개호지하여(鄉人皆好之何如)	232
109강	각자의 그릇에 따라	군자이사이난열야(君子易事而難說也) 1	234
110강	지도자의 역할	군자이사이난열야 2	236
111강	군자의 여유	군자태이불교(君子泰而不驕)	238
112강	인에 가까운 덕목	강의목눌근인(剛毅木訥近仁)	240
113강	친구를 위한 조언	절절시시(切切偲偲)	242
114강	백성을 교육하지 않는다면	이불교민전(以不敎民戰)	244

헌문(憲問)

115강	부끄러움이란 무엇인가	헌문치(憲問恥)	246
116강	인이라 할 수 있는 것	극벌원욕(克伐怨欲)	248
117강	안주하지 마라	사이회거(士而懷居)	250
118강	난세의 처신	방유도(邦有道)	252
119강	유덕유언	유덕자필유언(有德者必有言) 1	254
120강	용맹에 대하여	유덕자필유언 2	256
121강	힘보다 덕	남궁괄문어공자(南宮适問於孔子)	258
122강	매 순간 인을 지향하라	군자이불인자(君子而不仁者)	260
123강	진정한 사랑	애지능물로호(愛之能勿勞乎)	262
124강	적재적소	위명비심초창지(爲命裨諶草創之)	264
125강	관중을 평하다	혹문자산(或問子産)	266
126강	부유하되 교만하지 말라	빈이무원난(貧而無怨難)	268
127강	능력과 직분	맹공작위조위로즉우(孟公綽爲趙魏老則優)	270
128강	완전한 사람	자로문성인(子路問成人)	272

강	제목	원문	쪽
129강	진정 즐거워야 웃는다	자문공숙문자어공명가(子問公叔文子於公明賈)	274
130강	정의로운 방법으로	진문공휼이부정(晉文公譎而不正)	276
131강	역사의 비판적 이해	환공살공자규(桓公殺公子糾) 1	278
132강	관중의 공적	환공살공자규 2	280
133강	한번 천하를 바로잡다	관중비인자(管仲非仁者)	282
134강	남을 천거하는 도량	공숙문자지신대부선(公叔文子之臣大夫僎)	284
135강	기량으로 판단한다	자언위령공지무도야(子言衛靈公之無道也)	286
136강	말과 실천	기언지부작(其言之不怍)	288
137강	대의를 위한 고발	진성자시간공(陳成子弑簡公)	290
138강	윗사람을 대하는 도리	자로문사군(子路問事君)	292
139강	상달의 공부	군자상달(君子上達)	294
140강	진정한 배움	고지학자위기(古之學者爲己)	296
141강	잘못을 줄여 나가야	거백옥시인어공자(蘧伯玉使人於孔子)	298
142강	자기 일에 충실하라	군자사불출기위(君子思不出其位)	300
143강	말보다 행동	군자치기언이과기행(君子恥其言而過其行)	302
144강	군자의 세 가지 도리	군자도자삼(君子道者三)	304
145강	남을 쉽게 평가 말라	자공방인(子貢方人)	306
146강	내실을 쌓아라	불환인지불기지(不患人之不己知)	308
147강	지레짐작하지 않는다	불역사불억불신(不逆詐不億不信)	310
148강	고집을 미워한다	미생묘위공자(微生畝謂孔子)	312
149강	힘이 아니라 덕	기불칭기력(驥不稱其力)	314
150강	덕으로 덕을 갚는다	이덕보원(以德報怨)	316
151강	공자의 탄식	자왈막아지야부(子曰莫我知也夫) 1	318
152강	하늘이 나를 알아주리라	자왈막아지야부 2	320
153강	천명에 달려 있다	공백료소자로어계손(公伯寮愬子路於季孫)	322

154강 세상을 피하는 뜻 현자피세(賢者辟世) 324

155강 불가한 줄 알아도 행한다 자로숙어석문(子路宿於石門) 326

156강 천하를 걱정하다 자격경어위(子擊磬於衛) 1 328

157강 세상을 잊지 않는 뜻 자격경어위 2 330

158강 삼 년의 상례 자장왈서운(子張曰書云) 332

159강 윗사람이 예를 좋아해야 상호례즉민이사야(上好禮則民易使也) 334

160강 경의 자세 자로문군자(子路問君子) 1 336

161강 만민을 편안케 한다 자로문군자 2 338

162강 친구의 잘못을 꾸짖다 원양이사(原壤夷俟) 340

163강 아이를 가르치다 궐당동자장명(闕黨童子將命) 342

참고 문헌 345

1권에 수록된 편명

학이(學而)·위정(爲政)·팔일(八佾)·이인(里仁)·공야장(公冶長)·옹야(雍也)·술이(述而)·태백(泰伯)

3권에 수록된 편명

위령공(衛靈公)·계씨(季氏)·양화(陽貨)·미자(微子)·자장(子張)·요왈(堯曰)

일러두기

1 《동아일보》'한자 이야기'에 2010년부터 2011년까지 연재한 내용을 중심으로 하고, 당시 사정상 소개하지 못한 장도 추가해 가능한 한『논어』전체의 내용과 사상을 이해할 수 있도록 구성했다.

2 『논어』20편 498장 가운데 현대에도 특별히 의미가 있는 장을 선별해 해설했다. 장 구별은 주희의『논어집주』를 기준으로 삼아「향당」편 1장 17절을 17장으로 산정했다. 그 가운데 400여 장을 한 강에서 한 장씩 다루되, 길이가 긴 장은 여러 강으로 나누었다. 각 편마다 관례대로 장 번호를 붙이고 편명과 장명을 밝혔다.

3 『논어』의 원문은 공자의 말인 경우 자왈(子曰)을 생략했다. 원문 가운데 길이가 긴 것은 경구로 널리 인용되는 부분만 실었다.

4 각 글은 '번역 및 해설'과 '원문 및 주석'의 부분으로 이루어져 있다. 번역 및 주석과 해설은 주희의 신주(新注), 즉『논어집주』와 한나라·당나라 때 이루어진 주소(注疏), 즉『논어주소』그리고 정약용의『논어고금주』와 현대 학자들의 연구를 근거로 했다. 주석은 원문의 이해를 위해 필요하다고 판단되는 한에서만 붙이되, 여러 주석들 간에 차이가 있을 때는 그 사실을 밝히고 본문에서 취한 주석이 무엇인지 명시했다. 해설에서는 중국이나 우리나라에서 원문의 정신이 어떻게 계승되었는지 밝혔다.

5 원문에는 독음을 붙이고 현토를 했다. 현토는 조선 선조 때 교정청 언해본을 바탕으로 하되, 현대인의 감각에 맞게 수정하기도 했다.

6 각 강의 주제를 제목으로 제시하고 주제와 관련 있는 한자를 표출해 두었다. 이 책을 읽을 때는 처음부터 차례대로 읽으면서『논어』의 본래 맥락을 음미할 수도 있고, 내키는 대로 책을 펼쳐 그 부분의 주제와 한자의 뜻을 독자의 처지와 연관 지어 해석할 수도 있다. 후자는 이 책을 일종의 점서(占書)요 멘토로 활용하는 방법이 될 것이다.

심경호 교수의
동양 고전
강의

논어 2

001강

관념의 유희를 끊으라

공자께서는 이(利)와 명(命)과 인(仁)을 드물게 말씀하셨다.
「자한(子罕)」 제1장 자한언리여명여인(子罕言利與命與仁)

「자한」편 30장의 맨 처음 장은 공자가 이(利)와 명(命)과 인(仁)에 대해서는 거의 말하지 않았다는 사실을 굳이 밝혔다. 공자는 천명을 중시하고 군자의 홍의(弘毅)를 강조했으므로 이익을 말하지 않았다는 것은 이해가 된다. 하지만 명과 인에 대해서는 비교적 자주 말했는데도 여기서는 드물게 말했다고 했다. 그 이유는 무엇인가?

「공야장」 제13장에서 자공은 "선생님의 문장(文章)은 들을 수 있으나 선생님께서 성(性)과 천도를 말씀하시는 것은 들을 수 없다."라고 했다. 스승이 몸가짐이나 글에 대해 말하는 것은 들었으나 성과 천도에 대해 말하는 것은 듣지 못했다는 말이다. 이에 따르면 공자는 현실 속의 구체적 행동에 관한 지침은 자주 말하되, 추상적 원리나 관념에 대해서는 자주 말하지 않았던 듯하다.

송나라 때 도학가와 주자학자들은 성과 명과 천도를 표방하며 이를 추구하는 학문을 도학이라 불렀다. 도학은 새로운 인간학을 수립했지만, 말류에 이르러서는 실용을 하찮게 여기는 폐단을 낳았다. 성대중은 『청성잡기(靑城雜記)』에서 조선 후기의 학문 풍토를 다음과 같이 비판했다. "옛날에는 예(禮)·악(樂)·사(射)·어(御)·서(書)·수(數) 등을 배웠다. 지금은 예는 통례원의 관리에게, 악은 장악원의 악공에게, 활쏘기는 훈련원의 한량에게, 말몰이는 사복시의 이마(理馬)에게, 글씨는 사자관(寫字官)에게, 산수는 호조의 계사(計士)에게 맡기고 학자들은 이것들에 관계하지 않는다."

공허한 관념만을 앞세우는 학문은 큰 폐해를 낳는 법이다. 우리의 교육은 어떠한가?

子罕言利與命與仁이러시다.
<small>자 한 언 리 여 명 여 인</small>

罕은 드물게 말했다, 거의 말하지 않았다는 뜻이다. 통설에 따르면 言의 목적어는 利와 命과 仁이며, 與는 연결사다. 과연 공자는 利에 대해 그리 말하지 않았다. 그러나 知天命을 언급하는 등 命에 대해서는 거듭 말했으며 仁의 경우는 『논어』에서 58장에 걸쳐 언급했다. 그래서 어떤 사람은 '子罕言利, 與命與仁'으로 끊고는 공자가 利를 단독으로는 말하지 않고 반드시 命이나 仁과 더불어 말했다는 식으로 풀이했다. 하지만 통설대로 끊어도 통한다. 공자는 어쩌다 命과 仁에 대해 말했으나 제자들이 중요하게 여겨 빠짐없이 기록했을 수 있다. 정약용은 특히 仁에 관해 그러했을 것이라고 보았다.

002강

도는 삶 속에 있다

> 나는 무엇을 전문으로 할까? 말 모는 일을 할까? 활 쏘는 일을 할까? 나는 말 모는 일을 전문으로 하겠다. 「자한」 제2장 오집어의(吾執御矣)

달항(達巷)이라는 마을의 사람이 공자를 평해 박학하지만 어느 한 가지도 이름난 것이 없다고 애석해했다. 공자는 그 말을 전해 듣고 제자들에게 위와 같이 겸손하게 말했다. 공자의 말에는 유머가 담겨 있다. 그만큼 공자는 온화한 인품의 소유자였다. 퇴계 이황이 말했듯 공자의 이 말은 제자와 한가하게 주고받은 이야기에서 나왔다. 곧 한수작처(閑酬酢處)의 말이다.

공자가 말 모는 일이나 전문으로 하겠다고 한 것은 어디까지나 겸손한 표현이다. 그렇기는 하지만, 도란 아득히 높고 먼 곳에 존재하는 것이 아니며 현실의 어디건 도가 없는 곳은 없다는 사실을 밝힌 것이기도 하다.

옛사람들은 예, 악, 사(활쏘기), 어(말몰이), 서(글씨), 수(산수)의 육예를 익히고자 노력했다. 별난 재능을 갖추려고 그런 것이 아니다. 일상의 기예 속에 도가 있다고 여겼기에 여러 기술을 두루 익히려 한 것이다. 그리고 그러한 교육을 중시한 것은 도란 아득히 높고 먼 곳이 아니라 바로 생활 속에 있다는 사실을 잘 알았기 때문이다.

지금 나는 어디에서 도를 찾으려 하는가?

_{오 하 집} _{집 어 호} _{집 사 호}
吾何執고. 執御乎아 執射乎아.
_{오 집 어 의}
吾執御矣로리라.

吾는 일인칭으로, 吾 이하는 모두 공자의 말이다. 잡을 執은 어떤 일을 전문으로 하는 것을 뜻한다. 執은 본래 두 손에 형벌의 도구인 칼을 씌운 모습으로 죄인을 붙잡는다는 뜻이었다. 훗날 잡는다는 뜻이 되고 執行(집행), 執務(집무)의 뜻으로 쓰이게 되었다. 何執은 목적어가 의문사 何이기 때문에 그 목적어가 앞으로 도치된 것이다. 御는 옛사람이 익힌 六藝(육예) 가운데 하나로, 수레 모는 기술을 말한다. 射도 六藝의 하나이다. '~乎 ~乎'는 이럴까 저럴까 선택을 청하는 어조를 지닌다. 吾執御矣는 '나는 말 모는 일을 잡겠다'는 말로, 六藝 중에서도 가장 간단한 일이나 전문으로 해 보겠다는 뜻이다. 矣는 결심의 어조를 나타낸다. 이 장에 대해 달항 사람이 공자의 박학을 칭송하자 공자가 성인은 도덕을 모두 갖추었으므로 어느 하나만을 지목해 훌륭하다 할 수는 없다고 말한 것이라 풀이하기도 한다. 그러나 이러한 풀이에서는 공자의 겸손함을 찾아볼 수 없으므로 취하기 어렵다.

003강

공자에게 없는 네 가지

공자께는 네 가지가 전혀 없었으니, 억측하는 마음이 없고 기필하는 마음이 없으며 고집하는 마음이 없고 '나'라는 마음이 없었다. 「자한」 제4장 자절사(子絶四)

『논어』에는 숫자가 들어간 성어의 기원이 된 구절이 많다. 특히 넉 사(四) 자가 들어간 성어가 많다.

사교(四敎)는 공자가 제자들을 가르칠 때 중심으로 삼았던 문(文), 행(行), 충(忠), 신(信)의 네 덕목이다.

사과(四科)는 공자의 문하에서 과목으로 삼은 덕행, 언어, 정사, 문학의 네 가지이다.

사물(四勿)은 예(禮)를 통해 외부를 절제하고 내면을 편하게 하는 네 가지 방법이다. 곧 비례물시(非禮勿視), 비례물청(非禮勿聽), 비례물언(非禮勿言), 비례물동(非禮勿動)이다.

사무(四毋)는 공자가 속을 곧게 하고 외부를 방정하게 했던 네 가지 태도로 억측하지 않음, 기필하지 않음, 고집하지 않음, 아집을 부리지 않음이다. 바로 「자한」편의 이 장에 나온다.

사무는 사절(四絶)이라고도 한다. 네 가지를 끊었다는 뜻이 아니라 네 가지가 없다는 뜻이다. 절(絶)은 무(毋)와 같다.

우리도 스스로를 성숙시키면서 열린 사회의 성원이 되려면 저 네 가지를 없애야 한다. 쉬운 일은 아니다.

_{자 절 사}
子絕四러시니
_{무 의 무 필 무 고 무 아}
毋意 毋必 毋固 毋我러시다.

絶은 '끊는다'가 아니라 '전혀 없다'로 풀이한다. 곧 毋는 無(무)와 같다. 意는 私意(사의), 必은 期必(기필), 固는 執滯(집체), 我는 私己(사기)의 뜻을 지닌다. 다시 말해 意는 주관적으로 억측하는 일, 必은 반드시 관철하겠다고 무리하게 구는 일, 固는 자기 자신을 완고히 지키려 하는 일, 我는 자기만 생각하며 我執(아집)에 사로잡히는 일을 말한다. 意, 必, 固, 我는 각각 하나의 병통이지만 서로 통한다. 혹자는 意, 必, 固가 모두 我로부터 나오므로 我만 없으면 나머지 병통이 사라질 수 있다고 여겼다. 하지만 공부하는 사람이 갑자기 我를 없앨 수는 없다. 조선 후기의 최한기는 毋我를 최종 덕목으로 보되, 我란 하루아침에 끊어 버릴 수 없으므로 克己(극기)를 해야 한다고 말했다. 정약용은 毋我의 방법으로 舍己從人(사기종인)을 중시했다. 舍己從人이란 나의 부족한 점을 버리고 남의 좋은 점을 따르는 일이다.

斯文

004강

꿋꿋하고 굳센 삶

문왕은 이미 돌아가셨으나 문왕이 만드신 문화는
내 몸에 있는 것이 아닌가! 하늘이 이 문화를
멸망시키고자 한다면 후세의 내가 간여할 수가 없을
것이다. 그러나 하늘이 이 문화를 멸망시키려 하지
않거늘 광 땅 사람이 나를 어떻게 하랴?

「자한」 제5장 자외어광(子畏於匡)

공자가 50대에 노나라를 떠나 천하를 떠돌 때의 일이다. 공자는 제자들과 함께 위나라를 떠나 진(陳)나라로 갈 때 위나라의 광(匡) 땅을 지나게 되었다. 그곳 사람들은 양호(陽虎)에게 늘 괴롭힘을 당했는데, 공자가 양호인 줄 알고 공자를 닷새 동안이나 포위하고 핍박했다. 양호는 노나라 귀족 계씨의 가신이었다가 주군을 배신하고 3년 동안 국정을 좌지우지했던 악인이었다. 공자 일행은 큰 어려움을 겪게 되었다. 하지만 공자는 "문왕은 이미 돌아가셨으나 문왕이 만든 문화는 내 몸에 있다."라고 확신하고 "하늘이 이 문화를 멸망시키려 하지 않거늘, 광 땅 사람이 나를 어떻게 하랴?"라고 했다.

『사기』「공자세가」에 보면, 정나라 동문에 홀로 있는 공자를 본 어떤 사람이 자공에게 이렇게 말했다고 한다. "동문의 그분 이마는 요임금을 닮고 목은 순임금의 사법관 고요(皐陶) 같으며 어깨는 정나라 재상 자산과 비슷했습니다. 하지만 허리 아래는 우왕에게 세 치가량 못 미쳤고, 실의한 모습이 마치 집 잃은 개와 같았습니다." 상가지구(喪家之狗), 즉 집 잃은 개란 말은 이상을 실현하지 못하고 떠돌던 공자의 고통스러운 삶을 상징한다.

공자는 곤궁에 처해서도 자부심을 잃지 않았다. 『논어』를 읽는 일은 그 강인한 인격을 배우는 일이어야 한다.

文王이 旣沒하시니 文不在玆乎아.
天之將喪斯文也신댄
後死者가 不得與於斯文也어니와
天之未喪斯文也시니
匡人이 其如予에 何리오.

文王은 은나라 말 西伯(서백)으로, 주나라를 일으켰다. 旣沒은 이미 돌아가셨다는 뜻이다. 文은 문왕이 만든 예악과 법도이다. 斯文은 본래 '이 문화'라는 말인데, 훗날 유학이나 유교 문화를 가리키게 되었다. 不在玆乎는 여기에 있지 않느냐고 반문하는 말이다. 將은 '장차', 喪은 '없애다'이다. 後死者란 문왕보다 뒤에 태어나 나중에 죽을 공자 자신을 가리킨다. 不得은 '~할 수 없다'이다. 與는 간여한다는 뜻이다. 其如予何는 '予를 如何히 하랴!'라는 말로, '나를 어찌할 수 없다'는 뜻을 강하게 표현한 것이다.

005강

군자와 재능

> 나는 어려서 가난했으므로 자질구레한 일 중 잘하는 것이 많다만, 군자가 어찌 재능이 많아야 하겠는가? 군자는 재능 많은 것과는 관계가 없다.
>
> 「자한」 제6장 군자다호재(君子多乎哉)

공자는 어려서 가난했으므로 잡다한 일을 해야 했다. 제자들과의 대화에서 공자는 그 사실을 숨기려 하지 않았다. 그만큼 솔직했으며, 삶의 체험 속에서 형성한 스스로의 강인한 인격을 소중히 여겼다.

기원전 483년 노나라 애공이 오(吳)나라와 회합할 때, 오나라 군주는 태재(太宰) 비(嚭)를 시켜 두 나라가 맹약하는 절차를 정하게 했고 애공은 공자의 제자 자공에게 응대하게 했다. 이때 태재가 자공에게 "공자는 성자인가, 어찌 그리 재능이 많으신가?"라고 묻자, 자공은 "선생님께서는 하늘이 한껏 허여하여 거의 성인에 가까우시며 또 재능도 많으십니다."라고 대답했다. 그러나 이 이야기를 전해 들은 공자는 "태재가 어찌 나를 알겠는가?" 하고는 위와 같이 덧붙였다. 다예다능(多藝多能)하다고 해서 군자일 수는 없다는 것이다.

공자는 지금으로부터 약 2500년 전, 주나라 영왕(靈王) 20년(기원전 552년)에 노나라 창평향(昌平鄉) 추읍(陬邑)에서 태어났다. 지금의 산동성 곡부(曲阜)가 고향이다. 아버지는 노나라 대부 숙량흘(叔梁紇)인데, 공자가 태어날 때 매우 고령이어서 공자가 세 살 때 세상을 떴다. 공자는 어머니를 모시고 살면서 생계 때문에 잡다한 일을 했으므로 여러 가지 일에 능통했다. 이렇게 공자는 어려운 생활을 했지만 열다섯 살에는 학문에 뜻을 두었다. 자강불식(自彊不息)의 그 태도를 우리는 본받아야 한다.

吾少也에 賤이라 故로 多能鄙事하니
君子는 多乎哉아. 不多也니라.

吾少也賤의 也는 음조를 고른다. 교정청 언해본은 '吾少也에 賤한 故로'라고 현토했다. 賤은 '가난하다'라는 뜻이고 鄙事는 '자질구레한 일'이란 말이다. 多乎哉는 '많아야만 하겠는가?'라고 반문해서 '많을 필요가 없다'는 뜻을 강조한 말이다. 不多也는 '재능이 많지 않다'는 말이되, '군자는 재능이 많은 것과는 관계가 없다'는 뜻을 나타낸다.

006강

진정한 가르침

**어리석은 사람이 내게 물어 오면 그가 아무리
무지할지라도 나는 시종과 본말을 다 말해 준다.**

「자한」제7장 아고기양단(我叩其兩端)

공자는 스스로 지혜롭다고 자처하지 않았지만 가르침을 청하는 사람들을 결코 물리치지 않았다. 정말로 회인불권(誨人不倦)의 참교육가였다. 이 장에서 공자는 자신의 교육 방법을 들려준다. 곧 공자는 그 어떤 어리석은 사람이 질문해 오더라도 질문한 사안의 시종과 본말을 모두 말해 준다고 스스로 밝혔다.

주희는 이 장을 읽고서 공자는 아무리 고루한 사람이 물어 오더라도 성실하게 대하며 남김없이 알려 주었다고 풀이했다. 조선 후기의 안정복도 그렇게 풀이했다. 공자의 수제자 안연은 "부자(夫子)는 순순연선유인(循循然善誘人)이시니라."라고 술회한 적이 있다. "선생님께서는 차근차근 사람을 잘 인도하신다."라고 밝힌 것이다.

그런데 정약용은 이 장을 읽고서 공자는 질문을 받으면 그것을 계기로 사물의 이치와 본말을 고찰해서 알려 주었기 때문에 스스로 더욱 지혜로워졌다고 풀이했다. 즉 공자는 남들에게 성실하게 답하기 위해 어떤 사안이라도 시종과 본말을 익혔으므로 가르침과 배움이 서로 성장하는 교학상장(敎學相長)의 효과를 보았다는 것이다.

어찌하면 남에게 뽐내지 않으면서 아는 바를 나눌 수 있을까? 그리하여 자신의 지혜 또한 증장시킬 수 있을까?

有鄙夫가 問於我하되
유 비 부   문 어 아
空空如也라도 我叩其兩端而竭焉하노라.
공 공 여 야   아 고 기 양 단 이 갈 언

鄙夫는 견식이 없어 고루한 사람이다. 問於我는 나에게 묻는다는 뜻이다. 空空은 물으러 온 사람이 지식이 전혀 없다는 뜻으로 풀이한다. 옛 판본에는 정성 悾(공) 자를 써서 悾悾으로 되어 있는데, 그렇다면 가르치는 사람이 성실하고 우직한 태도를 짓는다는 뜻으로 풀이할 수 있다. 정약용은 후자의 설을 취해 공자가 스스로 지식이 없다고 밝힌 말로 풀이했다. 如는 동사나 형용사 뒤에서 '~하다'라는 뜻을 나타낸다. 두드릴 叩를 주희는 發動(발동)시킨다는 의미로 풀었으나 정약용은 稽考(계고), 즉 지나간 일을 돌이켜 살핀다는 의미로 풀었다. 兩端은 終始(종시), 本末(본말), 上下(상하), 精粗(정추)를 가리킨다. 叩其兩端而竭이란 질문의 구석구석까지 따져 전부 드러낸다는 말이다. 竭은 다할 盡(진)과 같아, 여기서는 '전부 다 말해 준다'는 뜻이다.

007강

배려의 마음

공자께서는 상복 입은 사람과 공복(公服) 입은 사람과 앞 못 보는 사람을 만나면 비록 상대가 젊은이라 하더라도 반드시 일어나셨고, 그들 앞을 지나게 되면 반드시 종종걸음을 하셨다.

「자한」 제9장 자견자최자(子見齊衰者)

공자는 일상의 매 순간에 타인에 대한 경애와 연민의 마음을 지녔으며 그 마음을 행동과 자세로 표현했다. 「자한」편의 이 장이 그 사실을 영상으로 보여 주듯 선명하게 그려 낸다.

공자는 상복 입은 이에게 애도를, 벼슬해서 공복 입고 있는 이에게 존경을, 장애 있는 이에게 동정을 표시했다. 정약용은 그 세 가지가 모두 경(敬)의 태도라고 했다. 상복 입은 이를 공경하는 것은 나의 효도를 미루어 행하는 일, 벼슬해서 공복 입은 이를 공경하는 것은 나의 충심을 미루어 행하는 일, 앞 못 보는 이를 공경하는 것은 나의 진심을 미루어 행하는 일이다. 경은 곧 성심(誠心)을 안팎 구별 없이 유지하는 자세이다.

박제가의 시 「성시전도(城市全圖)」에 보면 "장님이 욕을 하고 아이는 웃고 있네, 건널까 말까 다리는 이미 무너졌는데."라는 구절이 있다. 박제가는 서울의 번화한 모습을 상세하게 그린 그림을 보고 지은 이 시에서 마치 붓에 혀가 달린 듯 서울의 성곽과 거리, 인물과 복색, 관아와 시장 등등의 풍경을 그렸다. 그러면서 해학미를 살리고자 장님과 아이의 모습을 묘사했을 것이다. 하지만 이 장에서 기록된 공자의 태도에 비추어 본다면 박제가는 사회 윤리와 도덕의식이 쇠퇴해 가는 세태를 꼬집으려 한 것인지도 모른다.
　정녕 인간적인 관계를 맺고자 한다면 경애와 연민의 마음으로 타인에게 다가가야 할 것이다.

> 子見齊衰者와 冕衣裳者와 與瞽者하시고
> 見之에 雖少나 必作하시며
> 過之必趨러시다.

　見은 우연히 보는 것이고, 아래의 見之는 만나 보는 것이다. 齊衰는 본래 모친상에 입는 상복이나 여기서는 상복 전체를 대표한다. 상복에는 斬衰(참최)·齊衰(자최)·大功(대공)·小功(소공)·緦麻(시마) 등 五服(오복)의 구별이 있다. 冕은 冠(관)의 하나로, 베로 싼 장방형 판을 위에 붙이고 장식물을 드리운 형태다. 衣裳은 조회 때 입는 公服(공복)을 말한다. 공자는 군주가 명한 官爵(관작)을 중시했기에 공복 입은 사람을 공경했다. 與는 '~와'이다. 瞽者는 앞 못 보는 사람이다. 樂師(악사)라는 설이 있지만 따르지 않았다. 雖少必作은 단문으로 줄여 쓴 복합문이다. 少는 상대가 젊다는 뜻, 作은 공자가 일어난다는 뜻이다. 過之는 그들 앞을 지나간다, 趨는 종종걸음으로 걷는다는 뜻이다.

008강

그리운 스승님

선생님께서는 우러러볼수록 더욱 높고 뚫을수록 더욱 단단하게 느껴지며 앞에 계신 듯하더니 어느새 뒤에 계신다. 「자한」제10장 부자순순연선유지(夫子循循然善誘之) 1

안연은 스승 공자의 도덕과 학문을 흠모해서 위와 같이 말했다. 존경의 마음이 너무 커서 한숨부터 쉬고 꺼낸 말이다. 말을 마친 후에 스승이 우뚝 서 계신 듯 뚜렷하게 보이자 다시 흠송해서 "학문을 그만두려 해도 그만둘 수 없어 나의 재주를 다하고 나니, 선생님께서 서 계신 모습이 우뚝한 듯해서 따라가려 해도 따를 수가 없다."라고 고백했다.

   성호 이익은 북송의 진여의(陳與義)가「감람(橄欖)」이라는 시에서 "사탕수수를 먹으면서 아름다운 경지가 멀다 말라. 감람은 단맛과 쓴맛을 함께 먹는 법"이라고 했던 구절을 인용해서 안연은 학문이 깊어질수록 스승을 더 잘 이해하게 되었다고 설명했다. 동진(東晉) 때 고개지(顧愷之)는 사탕수수를 먹을 때 밑동부터 먹으면서 더 맛 좋은 부분으로 나아갔다. 이에 비해 감람은 처음 먹을 때는 조금 쓰지만 물을 마시면 차츰 단맛이 난다고 한다. 이익은 이 사실을 끌어와 "우러러 볼수록 더욱 높고 뚫을수록 더욱 단단하게 느껴지며 앞에 계신 듯하더니 어느새 뒤에 계신다."라는 말은 쓴맛에 해당하고 "서 계신 모습이 우뚝한 듯하다."라는 말은 단맛에 해당한다고 본 것이다.

내 앞에 우뚝 서 계시던 스승이 정녕 그립다.

仰之彌高하며 鑽之彌堅하며
_{앙 지 미 고}　　　_{찬 지 미 견}
瞻之在前이러니 忽焉在後로다.
_{첨 지 재 전}　　　_{홀 언 재 후}

仰은 우러러봄이다. 彌는 '차츰 더 ~하다'는 뜻을 나타낸다. 鑽은 송곳으로 구멍을 뚫는다는 뜻이다. 仰之彌高는 우러러볼수록 더 높게 여겨질 만큼 인격이 高邁(고매)함을 가리킨다.『시경』에서도 높은 인격을 칭송하면서 "높은 산봉우리를 우러러본다."라고 했다. 鑽之彌堅은 뚫으려 해도 너무 단단해서 도저히 뚫리지 않을 만큼 인격이 剛毅(강의)하다는 뜻이다. 忽焉은 忽然(홀연)과 같다. 在前과 在後는 활동 역량이 황홀할 정도로 自由自在(자유자재)함을 말한 것이다.

誘

009강

높으신 스승님

선생님께서는 차근차근 사람을 잘 이끄셨으니
학문으로 나를 넓혀 주시고 예법으로 나를 단속하게
해 주셨다. 그만두고자 해도 그만둘 수 없어 나의
재주를 다하고 나니, 선생님 서 계신 모습이 우뚝한
듯하다. 비록 선생님을 따르고자 하지만 어디서부터
시작해야 할지 모르겠다. 「자한」 제10장 부자순순연선유지 2

앞 강에서 이어진다. 안연은 스승 공자를 흠모해서 "우러러볼수록 더욱 높고 뚫을수록 더욱 단단하게 느껴지며 앞에 계신 듯하더니 어느새 뒤에 계신다."라고 말하고는 계속해서 위와 같이 말했다.

공자는 차근차근 사람을 잘 이끌되 학문으로 넓혀 주고 예법으로 단속하게 하는 방법을 취했다. 이러한 지도 방침은 박문약례이며, 줄여서 박약이라 한다. 박약은 끊어짐이 없다. 처음과 나중, 깊음과 얕음이 있을 뿐이다. 따르고자 해도 따를 길이 없는 한계에 이르러서도 공부를 쉬지 않는다면 스스로를 성숙시켜 나갈 수가 있다.

이 장에서 가장 가슴을 뭉클하게 하는 대목은 "그만두고자 해도 그만둘 수 없어 나의 재주를 다한다."라는 구절이다. 엄벙덤벙 살아갈 때는 모른다. 아침에 일어나 세수하고 한낮에 이런저런 사람을 만나 수작하며 저녁이면 고단한 몸을 쉬는 일상이 반복될 따름이다. 그러나 "장강과 한수의 맑은 물로 씻고 가을볕으로 쪼인 것과 같은" 위대한 지성, 거룩한 인격에 접하는 순간 우리의 삶은 전혀 다른 방향으로 나아가게 된다. 그리고 그 지성, 그 인격을 닮으려는 공부는 그만두고자 해도 그만둘 수 없게 된다.

인간의 삶은 두 종류다. 위대한 지성, 거룩한 인격의 인도를 받았는가, 그렇지 못한가의 차이에 따라 삶이 달라진다. 『논어』를 읽는 것은 공자로 상징되는 높은 스승과 마주하는 일이다. 그런 인물을 앞에 대하는 것만으로도 우리는 또 걸음을 떼어 놓을 수 있다.

夫子循循然善誘之하사 博我以文하시고
約我以禮하시니라. 欲罷不能하여 旣竭吾才하니
如有所立이 卓爾라 雖欲從之나 末由也已로다.

循循然은 순서를 밟아 차근차근 나아가는 모습을 가리킨다. 誘는 이끌어 나아가게 한다는 말이다. 之는 사람이나 제자를 가리킨다고 보아도 좋다. 博我以文과 約我以禮는 같은 짜임으로, 博과 約이 각각 타동사로 쓰였다. 欲罷不能은 그만두려 하나 그럴 수 없다는 뜻이다. 旣竭吾才의 旣는 완료의 뜻이며, 竭은 消盡(소진)했다는 말이다. 卓爾는 卓越(탁월)한 모습이다. 焉, 然, 爾는 모두 사물을 형용하는 말에 붙이는 助字(조자)이다. 末은 無와 같은 부정사이며, 由는 방법을 뜻한다. 也는 단정, 已는 한정의 어조를 나타낸다.

010강
팔리길 기다린다

자공이 "여기 아름다운 옥이 있다면 이것을 궤 속에 감춰 갈무리해 두어야겠습니까, 제값 주고 살 상인을 찾아서 팔아야 하겠습니까?"라고 여쭈자, 공자께서 대답하셨다. "팔아야지, 팔아야지. 그러나 나는 제값 주고 살 사람을 기다리고 있다."

「자한」 제12장 아대고자야(我待賈者也)

이 장은 출처행장(出處行藏)에 관한 공자의 태도를 잘 말해 준다. 출처행장은 나아가 벼슬하고 물러나 은둔하는 일을 말한다. 은현(隱現)이라고도 한다.

자공은 공자가 죽자 6년 상을 치른 인물이다. 그는 외교에 수완이 있었고 경제적으로도 성공했다. 『사기』 「화식열전」에 보면, 자공이 폐백을 갖춰 제후들을 방문하자 가는 곳마다 제후들이 대등한 예로 대했다고 한다. 젊어서부터 경제에 밝아 그랬는지 세상에 나가 정치에 참여하는 일을 옥 파는 일에 비유했다.

공자는 시기와 상황에 따라 중도를 지킨 시중의 성인이다. 즉 출처행장에서 중용을 지킨 것이다. 하지만 자공의 눈에는 공자가 정치에 적극적으로 참여하지 않는 것이 불만이었다. 그런데 공자는 "나는 제 값 주고 살 사람을 기다리고 있다."라고 했다. 세상에 나가 올바른 이념을 실천하는 것은 당연하지만 그에 상응하는 예우를 받지 못한다면 나갈 수 없다고 말한 것이다.

지조 없이 자신을 팔려는 사람이 있다면 공자는 그를 어떻게 여기겠는가?

>_{자공왈} _{유미옥어사}
>子貢曰, 有美玉於斯하니
>_{온독이장저} _{구선고이고저}
>韞匵而藏諸잇가 求善賈而沽諸잇가.
>_{자왈} _{고지재} _{고지재}
>子曰, 沽之哉, 沽之哉나
>_아 _{대고자야}
>我는 待賈者也로다.

有美玉於斯는 '여기 아름다운 옥이 있다고 한다면'이라고 가정한 것이다. 韞匵而藏은 궤에 감춰 갈무리한다는 말로, 나아가 벼슬하지 않음을 비유한다. 諸는 '그것을 ~합니까?'라는 뜻을 지닌다. 善賈에 대해 교정청 언해본은 '좋은 값'으로 보아 '선가'로 읽었다. 하지만 정약용은 좋은 값에 판다고 해석한다면 높은 관직과 후한 봉급에 자신의 道를 팔아 버린다는 뜻이 되므로 적절치 않다고 보았다. 이에 따르면 善賈는 善估(선고), 즉 큰 상인이며 현명한 군주를 비유한다. 공자는 '沽之哉'를 거듭 말해서 '물론 팔 것이다'라는 뜻을 단호하게 나타냈다.

011강

居 군자가 머무는 곳

공자께서 구이 땅에 거처하려고 생각하시자,
어떤 사람이 "누추할 텐데 어찌하실 건가요?" 하고
여쭈었다. 공자께서 말씀하셨다. "군자가 산다면 무슨
누추함이 있겠는가?" 「자한」 제13장 자욕거구이(子欲居九夷)

공자는 당시 중국이 정치적으로 혼란하자 상심해서 차라리 구이 땅에 가서 살겠다고 했다. 누군가가 그곳은 중국과 문화가 달라 누추할 터인데 어찌하겠느냐고 물었다. 그러자 공자는 아무리 이민족이 사는 곳이라 해도 도로써 인도할 사람만 있다면 도가 행해질 것이기에 언제까지고 누추할 리 없다고 대답했다. 상심과 신념의 교착이 묘하다.

　당나라 유우석은 「누실명(陋室銘)」에서 공자의 이 말을 인용해 "남양(南陽)에는 제갈공명(諸葛孔明)의 초가집이 있었고 서촉(西蜀)에는 양웅(揚雄)의 정자가 있었으니, 공자의 말대로 무슨 누추함이 있겠는가?"라고 했다. 이어 "이 누추한 집은 오직 나의 덕으로 향기가 나리라."라고 자부했다.

조선 시대 허균도 「누실명」을 지어 "내 마음 고요하고 이 몸 편하거늘, 누가 누추하다 하는가!"라 하고는 공자의 이 말로 매듭지었다.

유우석이나 허균이나 글의 일부만 끊어다 쓰는 단장취의(斷章取義)를 했다. 하지만 마음이 안정되고 몸이 편안하다면 아무리 누추한 집이라 해도 고대광실이 부럽지 않다는 정신을 잘 드러냈다.

子欲居九夷러시니 或曰, 陋커니 如之何잇고.
子曰, 君子居之면 何陋之有리오.

양나라 黃侃(황간)은 九夷란 낙랑, 고려(고구려), 왜 등을 가리킨다고 했으나 수긍하기 어렵다. 널리 동방의 지역을 의미하는 말로 보면 좋다. 陋는 鄙陋(비루)함이다. 如之何는 방법이나 행위에 대해 의문을 표시하는 어투이다. 何陋之有는 有何陋를 도치해 강조한 것으로, '무슨 어려움이 있겠는가?'라는 뜻이다.

012강

도가 실현되는 곳

> 밖에 나가서는 공경(公卿)을 섬기고 집에 들어와서는 부모 형님을 섬기며 상을 당해서는 감히 힘쓰지 않을 수 없으며 술 때문에 곤경에 빠지지 않는 것, 이 가운데 어느 것이 내게 있겠는가?
>
> 「자한」 제15장 출즉사공경(出則事公卿)

밖에 나가서 벼슬 높은 사람들을 섬기는 일, 집에 들어와 부모 형님을 섬기는 일, 상을 당해서 힘쓰는 일, 술 때문에 곤경에 빠지지 않는 일 등은 지극히 일상적인 일이다. 하지만 공자는 이런 일상생활의 일을 방과(放過, 허투루 지나침)하지 않았다. 도(道)라는 것은 지극히 쉽고 지극히 가까운 생활 속에서 구현된다고 보았기 때문이다. 공자는 일상적인 일을 충실하게 하며 진리를 찾아 나가면서도 그 일에 능하다고 자부하지 않았다. 오히려 비근한 일에서조차 제대로 하는 것이 없다고 겸손하게 말했다.

정조는 공자의 이 말로부터 일상의 삶에서 도리를 추구하는 신실한 모습, 그러면서도 항시 자만하지 않고 낮은 데 처하고자 하는 겸손한 모습을 읽어 냈다. 성인은 자만하지 않고 항상 부족하게 여겨 탄식한다고 한다. 또 비근한 일부터 공부해 위로 천리에 통달하려 한다고 한다. 이것을 하학상달(下學上達)이라고 부른다. 옛사람은 비근한 일 가운데 특히 쉬운 일로 효제를 꼽았다. 공자가 「술이」 제29장에서 "인은 멀리 있는 것인가? 내가 인을 행하려 한다면 인은 바로 이르러 온다."라고 말한 것은 이 점과 관계가 깊다.

고명(高明)의 수준은 일상 밖에서 추구할 수 있는 것이 아니라고 공자는 가르쳤건만, 그 실행은 어렵기만 하다.

出則事公卿하고 入則事父兄하며
喪事를 不敢不勉하며
不爲酒困이 何有於我哉오.

出則事公卿과 入則事父兄은 같은 형태의 구문이다. 出은 '나아가 조정에 서면', 入은 '들어와 가정에서 쉬면'이라는 뜻이다. 公卿은 三公(삼공)과 九卿(구경) 등 높은 지위의 관리를 말한다. 喪事는 장례를 치르거나 服喪(복상) 중에 있는 일을 말한다. 不敢不勉은 이중 부정을 통해 긍정의 뜻을 강조한 구문이다. 不爲酒困은 술 때문에 곤경에 빠지지 않는다는 뜻으로, 「향당」 제8절에서 "공자께서는 오직 술에는 일정한 양을 정해 두지 않았는데, 어지러운 지경에는 이르지 않게 하셨다."라고 한 말과 통한다. 爲酒困은 피동의 구문이다. 何有於我哉는 '앞의 세 가지 가운데 어느 하나라도 내게 있는가?'라고 반문하는 말이다. 혹은 '이 세 가지 외에 어느 것이 내게 있는가?'라고 풀이하기도 한다.

逝

013강

물을 바라보며

> 공자께서 냇가에 계시면서 말씀하셨다. "가는 것이
> 이와 같구나, 밤낮을 쉬지 않는구나."
>
> 「자한」 제16장 자재천상(子在川上)

이 장을 읽으면 냇가에서 사색에 잠긴 노수(魯叟, 노나라 노인 공자)를 만날 것만 같다. 천상지탄(川上之嘆)이라는 성어가 이 장에서 나왔다. 세상을 올바르게 이끌고자 했던 뜻을 이루지 못한 채 시간만 자꾸 흘러가 버리는 것을 두고 탄식했던 것일까? 하지만 공자가 냇물을 바라보며 세월의 무상함을 한탄했다고는 생각되지 않는다. 오히려 미래에 대한 희망을 버리지 않고 간단없는 정진을 연상했기에 탄식한 것이 아니겠는가?

맹자는 "근원 있는 샘물은 위로 퐁퐁 솟아 나와 아래로 흐르며 밤낮을 멈추지 않는다. 그리고 파인 구덩이들을 모두 채우고 난 뒤에야 앞으로 나아가 마침내 사방의 바다에 이른다."라고 해서 영과(盈科, 구덩이를 채움)의 취지로 풀이했다. 주희는 "천지의 조화(造化)는 가는 것은 지나가고 오는 것은 계속되어 한순간도 쉬지 않는다. 이것이 바로 도체(道體)의 본래 그러한 모습이다."라고 했다. 주희의 설도 일리가 있다. 단 조금 관념적인 도학의 관점에서 풀이한 것 같다.

정약용은 우리의 생명이 간단없이 앞으로 나아가고 있다는 사실을 환기한 말이라고 해석했다. 이 해석이 공자의 내면을 더 잘 파악한 듯하다.

子在川上曰, 逝者如斯夫인저
不舍晝夜로다.

川上은 냇물 위가 아니라 냇가를 말한다. 장소를 가리키는 말 뒤의 上은 그 언저리라는 뜻을 지닌다. 逝者의 逝는 어떤 곳을 향해 간다는 말이다. 如斯夫의 斯는 此(차)와 같아서, '공자가 바라보는 이 냇물'을 가리킨다. 구절 끝의 夫는 감탄의 어조를 나타낸다. 舍는 그쳐 쉼이다. 不舍晝夜는 '밤낮을 가리지 않는다, 쉬지 않는다'는 뜻이다. 逝者가 지닌 뜻에 대해서는 해석이 분분하다. 맹자는 샘물에 근원이 있음을 가리키며, 그것은 학문에 근본이 있음을 비유한다고 보았다. 이에 비해 동진 때 어떤 학자는 逝者란 세월의 흐름을 말하며, 시대가 쇠퇴해서 道(도)가 부흥하지 않자 근심한 것이라고 간주했다. 송나라의 정이와 주희는 天地化生(천지화생)의 기틀과 天體健行(천체건행)의 운동이 한순간도 쉬지 않음을 가리킨다고 풀이했다. 한편 조선 말의 이유원은 삶의 집착에서 벗어나려는 뜻을 담고 있다고 보았다.

進

014강

멈추지 마라

비유하자면 산을 만들 때 마지막 한 삼태기의 흙을 붓지 않아 산을 못 이룬 채 멈추는 것도 내가 스스로 멈추는 것이다. 또한 비유하자면 땅을 고를 때 비록 한 삼태기의 흙을 엎어서 나아가는 것도 내가 앞으로 가는 것이다. 「자한」 제18장 비여위산(譬如爲山)

인간이 자신을 완성하기 위해 고투하는 것을 두고 공자는 산 만드는 일에 비유했다. 산을 이룰 때 마지막 한 삼태기의 흙을 부어야 되듯, 우리의 공부도 중도에 그만두거나 마지막 순간에 포기하지 말고 앞으로 계속 전진해야 한다고 가르친 것이다.

『서경』「여오(旅獒)」편에 보면, 주나라 소공이 무왕에게 "작은 절개를 삼가지 않으면 커다란 덕에 누를 끼쳐 아홉 길의 산을 만드는데 한 삼태기 흙이 모자라 공이 무너지는 것과 같이 된다."라고 했다. 그 '공휴일궤(功虧一簣)'의 뜻이 이 장과 통한다.

『순자』에도 "부적규보(不積跬步)면 무이지천리(無以至千里)요 부적소류(不積小流)면 무이성강하(無以成江河)니라."라고 했다. "반걸음이 쌓이지 않으면 천 리에 이를 수 없고 실개천이 모이지 않으면 큰 강을 이룰 수 없다."라는 뜻이다.

모든 것은 나로 말미암지 남으로부터 말미암지 않는다. 이 사실을 깨닫는 순간, 무한한 자율 앞에서 우리는 숙연해지지 않을 수 없다.

譬如爲山에 未成一簣하여
止도 吾止也며 譬如平地에
雖覆一簣나 進도 吾往也니라.

譬如는 '비유하자면 ~과 같다'는 말이다. 爲山의 爲는 만든다는 뜻이다. 未成一簣는 한 삼태기의 흙을 미처 붓지 않는다는 말이다. 止는 발자국의 형상인데, 발에 힘을 주어 발자국을 내는 데서 '멈추다, 그치다'의 뜻을 지니게 되었다. 吾止也는 다른 사람이 그치게 만드는 것이 아니라 내가 멈추어 그치는 것이라는 뜻이다. 平地는 동사와 목적어로 이루어진 구절로, 땅을 평평하게 한다는 뜻이다. 覆은 '복'과 '부' 두 음으로 읽는데, 여기서는 '엎을 복'이다. 進은 隹(추), 즉 새를 가지고 점을 쳐서 군대의 진퇴를 결정한 데서 '나아가다'라는 뜻을 지니게 되었다고 한다. 吾往은 '내가 쉬지 않고 나아간다'는 말이다.

015강

秀 열매 맺지 못한 꽃

> 싹이 났으나 꽃이 피지 못하는 것도 있고,
> 꽃이 피었으나 열매를 맺지 못하는 것도 있구나!
>
> 「자한」 제21장 묘이불수(苗而不秀)

이 장의 공자의 말에 대해 주희는 배우는 사람이 미처 완성에 이르지 못하는 경우를 한탄한 것이라고 보았다. 한편 황간은 안연이 대성하지 못하고서 일찍 죽은 것을 비유한 것이라고 했다. 이 설도 통한다. 다만 공자는 같은 「자한」 편 제20장에서 안연의 죽음을 애석하게 여겨 "나는 그가 진전하는 것만을 보았고, 그치는 것을 보지 못했다.(吾見其進也, 未見其止也..)"라고 했으니, 안연의 학문을 두고 열매를 맺지 못했다고 논평했을지는 의문이다. 혹은 안연이 학문으로 높은 경지에 이르렀으면서도 단명한 것을 두고 공자가 "꽃이 피었어도 열매를 맺지 못했다."라고 비유했을 수도 있다.

옛날에는 재능이 있으나 단명한 사람을 위해 제문이나 묘갈명을 적을 때 이 장의 말을 인용하는 경우가 많았다. 고려의 이규보는 1222년에 사미승이었던 아들이 요절하자 「상자법원광명(殤子法源壙

銘)」이라는 시를 석 자짜리 나무에 새겨 광에 묻었다. 그 부분인 명(銘)을 보면 슬픔을 참으려는 뜻이 역력하다. "중 옷은 하루만 입어 보아도 족하거늘, 하물며 두 해 겨울 한 해 여름을 입었으니 더 말해 무엇하랴! 네가 죽은 것은 오히려 좋은 일이다."

   조선 시대에는 아동을 하나의 인격으로 대우하지 않았으나, 17세기에 들어와 일부 지식인들은 아동에 깊은 관심을 가지게 되어 조몰(早歿)한 자식을 위해 광지(壙誌)를 남겼다. 다산 정약용은 강진으로 유배가 있을 때 농아라는 막내가 천연두로 죽었다는 소식을 듣고는 아이를 묻을 때 광지를 함께 묻으라고 큰아들에게 시켰다. 아이의 곁에 있었다고 해도 아이가 병에 걸리지 않았으리라고는 장담할 수 없다. 그러나 웃으면 보조개가 생기던 아이의 모습을 생각하면 자신이 하늘에 죄를 지어 아이를 죽게 한 것은 아닐까 자책하지 않을 수 없다고 했다. 한 생명이 충분히 자기 삶을 누리지 못하고 스러진다는 것은 너무도 슬픈 일이다. 그를 기억해 주는 이마저 없다면 더더욱 슬픈 일이다. 재주가 많으나 단명하는 이들을 가끔 본다. 옥황상제가 백옥루의 상량문을 짓게 하려고 불러 갔으리라 여겨도 보지만 꽃만 피우고 열매를 맺지 못한 이들을 위해 애도하지 않을 수 없다.

苗而不秀者가 有矣夫며
<small>묘 이 불 수 자　유 의 부</small>

秀而不實者가 有矣夫인저.
<small>수 이 불 실 자　유 의 부</small>

苗는 곡식이 처음 난 것, 秀는 꽃을 토해 내는 것, 實은 곡식이 익은 것을 말한다. 有矣夫는 '있도다!'라는 뜻을 나타낸다.

聞

016강

후생가외

후생은 두려워할 만하니, 어찌 후생이 장래에 지금의 나만 못할 줄 알겠는가? 그러나 마흔 살이나 쉰 살이 되어서도 세상에 알려지지 않는다면 이는 두려워할 만하지 않다. 「자한」 제22장 후생가외(後生可畏)

중국에서는 새 세대가 부상해 앞 세대를 대체하는 일을 두고 "장강의 뒷 물이 앞 물을 밀어낸다."라고 한다. 「자한」편의 이 장에 나오는 후생가외(後生可畏)라는 말과 뜻이 비슷하다. 하지만 공자가 후생은 두려워할 만하다고 말한 것은 새 세대를 무조건 존중하라는 뜻이 아니었다. 인간의 존엄성은 인격적 진보에 있으며, 그 진보는 각자 '한 삼태기 흙이 모자라 이루지 못하는 일'이 없도록 쉼 없이 노력할 때 가능하다고 말한 것이다.

공자는 또한 "마흔 살이나 쉰 살에도 세상에 알려지지 않는다면 두려워할 만하지 않다."라고 했다. 마흔 살, 쉰 살을 훌쩍 넘긴 사람들이 이 말을 들으면 가슴이 시려 올 듯하다. 그러나 "마흔 살이나 쉰 살이 되도록"이라고 단서를 붙인 것은 반드시 그때가 되어야 사람을 잘 평가할 수 있다는 뜻이 아니다. 명성이 드러난다는 것도 사회적 성공만을 뜻하는 것이 아니다. 어느 정도 나이가 되면 어떤 계층의 사람이든 연륜을 쌓아 훌륭한 인격을 갖추었다는 평판을 들을 만해야 한다고 말한 것이다.

공자는 쉰 살에 천명을 알았다고 했다. 연부역강(年富力强, 앞날이 많고 힘이 강함)을 자부하지 말고 자기완성을 위해 노력하라는 이 가르침을 나이 오십이 넘어서도 알지 못한다면 이야말로 성인에게 부끄러운 일이다.

後生이 可畏니 焉知來者之不如今也리오.
四十五十而無聞焉이면 斯亦不足畏也已니라.

後生은 뒤에 태어난 사람이라는 말로, 後輩(후배)와 같다. 先生이 먼저 태어난 사람인 것과 대비된다. 문장 앞의 焉은 의문사이다. 來者는 後生의 미래를 가리킨다. 今은 지금 사람이니, 여기서는 공자 자신의 지금 상태를 말한다. 四十의 나이는 힘써 벼슬에 나갈 시기라고 해서 强仕(강사)라고 했다. 五十은 공적을 쌓아 작위를 받을 나이를 말한다. 無聞은 명성이 없다는 뜻이다. 斯는 '이에, 그렇다면'의 뜻이다. 也已는 강한 단정의 어조를 드러낸다.

017강

志 절대 빼앗길 수 없는 것

삼군에서 그 대장을 빼앗을 수는 있어도
어떤 사내에게서든 그의 뜻을 빼앗을 수는 없다.

「자한」 제25장 필부불가탈지(匹夫不可奪志)

공자는 인간의 의지를 강조했다. 지(志)는 흔히 '뜻'이라고 번역하는데, 원래는 마음이 어떤 목적을 향해 나아가는 것을 말한다. 곧 지란 인간의 주체적인 의지를 가리킨다. 다만 의(意)와 대비할 때 지는 마음에 본래 주재하는 측면을 가리키고 의는 마음이 발동해 나가는 측면을 가리킨다.

제후의 군대인 삼군(三軍)은 평소 훈련을 통해 조직력을 갖추고 적개심에 불타도록 만들어야 한다. 그런데 삼군이 아무리 숫자가 많아도 그 군사들의 마음이 합치해 있지 않으면 그들의 대장을 쉽게 붙잡을 수 있다. 삼군의 용맹함은 개별적 주체가 아닌 군사들의 집합에 있기 때문이다. 하지만 지는 나의 것이다. 나의 내면에 있기에 남이 쉽게 빼앗아 갈 수 없다.

지를 지닌 사람은 부귀에 마음을 빼앗기지 않고 빈천하다 해서 절개를 바꾸지 않으며 위세에 굴복하지 않을 수 있다. 그렇기에 맹자는 "지는 기(氣)의 장수이다."라고 했고, 또 "선비는 지를 숭상한다."라고 했다. 조선 명종 때 이황은 맹자의 상지(尙志)란 말에서 발단한 책문(策問, 과거 시험에서 선비들에게 부과한 논술 문제)에서, 선비가 무엇을 숭상하는가에 따라 한 시대가 융성하기도 하고 타락하기도 한다고 지적하고는 당시의 선비들이 무엇을 숭상하고 있는지를 물었다.

지금 우리들은 과연 지를 숭상하는가, 지를 훼손하는 다른 무언가를 숭상하는가?

三軍은 可奪帥也어니와
匹夫는 不可奪志也니라.

三軍은 제후들이 지니는 軍勢(군세)를 말한다. 一軍은 1만 2500명의 군사로 편성되었다. 三軍 가운데 中軍(중군)의 대장을 帥(수)라 하며, 이 수가 三軍 전체를 통솔했다. 三軍可奪帥也에서 三軍은 대상을 한정해서 제시하는 말로, '三軍에서는'이란 뜻이다. 전체 문장의 주어는 생략되어 있다. 匹夫不可奪志也도 같은 짜임이다. 匹夫는 '한 남자'라는 뜻이다. 본래 匹夫匹婦(필부필부)라고 하면 一夫一妻(일부일처)의 가족을 이루는 평민을 말하지만, 여기서는 신분상의 개념이 아니다.

018강

선은 멀지 않다

臧

남을 해치지 않고 남의 것을 탐하지 않는다면 어찌 선하지 않겠는가? 「자한」 26장 불기불구(不忮不求)

어느 날 공자는 중유, 즉 자로를 칭송하며 이렇게 말했다. "해진 솜옷을 입고서 여우 가죽이나 담비 가죽으로 만든 옷을 입은 자와 나란히 서 있으면서도 부끄러워하지 않는 자는 유일 것이다." 자로는 빈부 때문에 마음이 흔들리지 않고 도를 향해 나아갈 수 있다고 본 것이다. 그리고 나서 공자는 『시경』 「패풍(邶風) 웅치(雄雉)」 편 가운데 나오는 위의 구절을 외워 자로를 다시 찬미했다.

이에 자로는 위의 시구를 종신토록 외우려고 했다. 그러자 공자는 "이 도(방법)가 어찌 족히 선하겠는가?"라고 말했다. 자로가 스스로 자신의 능함을 기뻐하며 다시 도에 나아가려 하지 않을까 봐 따끔하게 지적해서 일깨운 듯하다.

조선 전기의 정극인(丁克仁)은 「불우헌곡(不憂軒曲)」 제5곡에서 "이윤(伊尹)의 자임함과 유하혜(柳下惠)의 화순함에 나는 능하지 않으나, 공자의 시의(時宜)와 안연의 낙도(樂道)가 곧 원하는 바일세. 위로 하늘을 원망하지 않고 아래로 사람을 허물하지 않으니 마음이 넓고 몸이 편안하도다. 아, 두려워하지 않고 근심하지 않는 광경이 어떠한가! 해치지도 않고 구하지도 않으니 어찌 선하지 않으리. 아, 옛 가르침을 본받는 광경이 어떠한가!"라고 했다. 정극인은 자신이 이윤처럼 재상으로서의 역할을 다하거나 유하혜처럼 어떤 상황에도 벼슬할 수는 없으나 공자처럼 시기를 보아 출처를 결정하고 만일 여의치 못하다면 안연처럼 안빈낙도하리라 결심했다. 그러면서 하늘을 원망하지 않고 남을 허물하지도 않으며 세상의 변화에 두려워하지도 근심하지도 않으면서 남을 해치지 않고 남의 것을 탐내지도 않겠다고 했다. 구절마다 『논어』의 어구들을 따왔는데, 그 끝부분에 바로 이 장에 인용된 『시경』의 구절을 쓴 것이다.

세상을 구원하겠다는 거창한 이상을 말하지 않더라도 과도한 욕망을 부리지 않는 것, 그것만으로 어찌 선하다 하지 않겠는가?

不忮不求면 何用不臧이리오.

『시경』「邶風(패풍) 雄雉(웅치)」의 한 구절이다. 忮는 '해침'이고 求는 '탐함'이다. 臧은 善(선)이다. 何用不臧은 '어찌 善하지 않겠는가?'라고 반문하는 표현이다.

操

019강

겨울에도 푸르른 소나무

날이 추워진 뒤에야 소나무와 잣나무가 시들지 않음을 알게 된다. 「자한」 제27장 송백지후조(松柏之後彫)

세한송백(歲寒松柏)이라는 성어가 이 장에서 나왔다. 1844년에 김정희는 제주도 유배지에서 이 글에 담긴 뜻을 「세한도」로 그려 냈고, 1910년 3월에 안중근은 만주 여순 감옥에서 이 글을 정성스럽게 옮겨 적었다. 그보다 훨씬 이전인 조선 전기에 이행(李荇)은 유배지 거제도에 지은 작은 정자를 세한정이라 했고, 김부필(金富弼)은 안동에 있는 별당을 후조당(後彫堂)이라 했다. 그들 모두, 군자는 환난을 당하더라도 지조를 지켜야 한다는 이 장의 뜻에 공감했기 때문이다.

역사서에는 지조 있는 사람에 관한 일화가 많이 전한다. 한나라 성제(成帝) 때 주운(朱雲)의 절함(折檻, 난간을 부러뜨림) 고사도 그 한 예이다. 주운은 성제에게 "상방서의 참마검(斬馬劍)을 주시면 간신을 참수해서 사람들을 징계하겠습니다."라고 했다. 상방서의 칼은 말을 벨 정도로 예리하다 해서 참마검이라 했다. 성제가 그 간신이 누구냐고 묻자 주운은 바로 성제의 인척 장우(張禹)라고 대답했다. 성제가 노하여 그를 끌어내라고 했지만 주운은 직간을 계속하면서 어전의 난간을 꽉 붙잡고 있었으므로 난간이 부러지기까지 했다.

우리 시대 세한송백의 전형은 어디에서 찾을 수 있을 것인가?

歲^세寒^한然^연後^후에 知^지松^송柏^백之^지後^후彫^조也^야니라.

歲寒은 날이 추워졌다는 말로, 세상이 혼란스러운 것을 비유한다. 이로부터 역경에도 이념을 굳게 지키는 마음을 歲寒心(세한심)이라 하고, 시절이 어려워도 지조를 잃지 않겠다는 맹세를 歲寒盟(세한맹)이라고 하며, 그 지조를 歲寒操(세한조)라 한다. 然後는 그렇게 된 뒤라는 뜻이다. 松柏은 소나무와 잣나무로, 상록수를 가리킨다. 彫는 시들 凋(조)와 같으니, 곧 凋落(조락)의 의미이다. 後彫는 직역하면 뒤늦게 시든다는 말인데, 다른 초목들이 모두 시들어도 끝까지 시들지 않고 남아 있다는 뜻이다. 이후 소나무와 잣나무를 後凋라 부르게 되었다.

020강

德 세 가지 덕

> 지혜로운 사람은 헷갈리지 않고 어진 사람은 근심하지
> 않으며 씩씩한 사람은 두려워하지 않는다.
>
> 「자한」 제28장 지자불혹(知者不惑)

『중용』은 지(知), 인(仁), 용(勇)을 삼달덕(三達德)이라고 했다. 인간의 보편적인 세 가지 덕목이라는 말이다. 「자한」편의 이 장에서 공자는 그 삼달덕을 온전하게 발현하는 사람은 특립독행(特立獨行)할 수 있다고 말했다. 우뚝하게 홀로 서고 올바른 삶의 길을 홀로 나아가는 일, 그것이 특립독행이다. 『중용』에서는 삼달덕의 구현이 성(誠)에서 시작해 성으로 일관한다고 덧붙였다.

조선 후기의 성대중은 『청성잡기』에 삼달덕을 갖춘 산골 백성의 일을 적어 두었다. 한 백성이 산에서 호랑이와 마주치자 재빨리 나무로 올라갔다. 그는 호랑이가 겁을 먹으면 달아난다는 것을 알았으므로 나뭇가지와 옷 속의 솜을 던졌다. 하지만 호랑이는 그것들을 깔고 앉아서는 으르렁거렸다. 이번에는 부싯돌을 쳐서 불을 내 솜에 싸서 던졌다. 그러자 호랑이 꽁무니에 작은 불꽃이 붙었고, 마침 바람이 불

어서 불길이 솟았다. 호랑이는 기겁을 하고 달아나다가 언덕 아래로 굴러떨어졌다고 한다.

이 이야기가 실제 사실인지는 중요하지 않다. 성대중은 이를 통해 인간이라면 누구나 삼달덕을 갖추고 있으며 지혜란 책을 보고 익힌 학식만을 가리키지 않는다는 사실을 말하고자 한 것이다.

현대 사회학은 전문가의 지식만이 아니라 보통 사람의 지혜도 존중해야 한다고 가르친다. 우리의 교육은 지혜의 발현을 도와주는가? 지식의 과잉을 조장하는가?

知者는 不惑하고 仁者는 不憂하고 勇者는 不懼니라.
_{지자   불혹   인자   불우   용자   불구}

知者, 仁者, 勇者는 각각 知, 仁, 勇을 구현하고 있는 사람을 말한다. 惑은 헷갈림, 憂는 염려함, 懼는 두려워함이다. 지혜로운 사람은 사리를 밝게 보므로 의혹이 없고, 어진 사람은 항상 천도를 즐기므로 걱정이 없으며, 용기 있는 사람은 기력이 의리와 부합하므로 두려움이 없다. 삼달덕 가운데 仁이 궁극의 경지에 이르면 知와 勇은 저절로 그 속에 있다고 볼 수도 있고, 知야말로 핵심이라고 볼 수도 있다.

021강
權 함께할 수 없는 것

> 함께 배울 수는 있어도 함께 도로 나아갈 수는 없고,
> 함께 도로 나아갈 수는 있어도 함께 설 수는 없으며,
> 함께 설 수는 있어도 중도(中道)의 실천을 함께할 수는
> 없다. 「자한」제29장 가여공학(可與共學)

함께 배운다는 뜻의 공학(共學)이란 말이 「자한」편의 이 장에서 나왔다. 공자는 공부의 여러 단계를 배움, 도로 나아감, 우뚝 섬, 중도의 실천 등 넷으로 설정했다. 한자로 적으면 학(學), 적도(適道), 입(立), 권(權)이다. 그리고 현실에 적용할 때 융통성을 발휘하는 일을 그 네 단계의 맨 마지막에 두었다.

공자에 따르면 사람들은 함께 배울 수는 있어도 반드시 도로 함께 나아갈 수 있는 것은 아니다. 도를 향해 나아가는 것은 한 사람 한 사람의 결단에 달려 있기 때문이다. 또 도를 향해 함께 나아갈 수는 있어도 반드시 함께 설 수는 없다. 뜻이 같은 사람을 만나면 함께 나아갈 수는 있어도 목표한 이상을 실현해 뜻을 이루는 것은 각자의 몫이기 때문이다. 더 나아가 함께 설 수는 있어도 반드시 중도를 함께 실천할 수는 없

다. 간혹 같은 뜻의 사람을 만나 도를 실현함으로써 함께 설 수는 있어도 현실에 따라 중도를 실천하는 것은 각자의 몫이기 때문이다.

한문 고전에는 우정을 열렬히 칭송하는 내용이 많다.『논어』는 그 대표적인 예이다. 함께 공부해 올바른 세상을 만들어 나가자는 독려의 말이 이 장에 담겨 있다. 공자가 상상한 올바른 세상은 일마다 중도가 지켜지는 세상이었다. 중도는 편향과 고집을 버릴 때 지켜진다.

매사에 평형을 이루어 나가는 일, 이 지극히 어려운 일을 우리는 스스로 해 나가야 한다.

可與共學이어도 未可與適道며
可與適道이어도 未可與立이며
可與立이어도 未可與權이니라.

이 장에서는 可와 未可를 번갈아 써서 '~은 할 수 있어도 ~은 할 수 없다'고 차츰 고조해 나갔다. 與는 '~와 함께'인데, '다른 누군가'라는 목적어가 생략되어 있다. 適道의 適은 '가다, 나아가다'이다. 立은 樹立(수립)으로, 몸을 세워 흔들림이 없고 신념이 굳음을 말한다. 權은 저울의 추인 分銅(분동)이다. 무게에 따라 추를 움직여 적합한 위치를 얻는 데서 사물과 사실을 판정해 적합한 상태를 얻음을 뜻하게 되었다. 정이는 경중을 재서 의리에 부합시키는 것이라 풀이했다. 정약용은 평형을 이루어 중도를 얻는 것이라 풀이했다. 權은 흔히 常道(상도)를 가리키는 經(경)과 짝을 이룬다. 한나라 학자들은 經과 어긋나더라도 궁극적으로 도리에 부합하면 된다는 反經合道(반경합도)를 주장했다. 혹자는 經을 중용이라 보고 權을 그 반대 상태로 보았다. 하지만 정약용은 權이 곧 중용이며 經에서 벗어난 술수가 아니라고 여겼다.

謹

022강

공과 사

공자께서는 고향 마을에서 공손하고 신실하셔서
마치 말을 잘 못하는 듯이 하셨다. 그러나 종묘와
조정에서는 술술 분명하게 발언하되 오로지
근실하셨다. 「향당(鄕黨)」 제1절 공자어향당(孔子於鄕黨)

「향당」 편에는 공자의 사적 생활과 공적 활동을 구체적으로 서술한 내용이 많다. 그 첫머리에서 공자가 향당에서 어떻게 생활했는지를 언급했으므로 편의 이름을 향당이라 했다. 「향당」 편은 본래 전체가 하나의 장이고 그 안에 17개의 절이 있다.

향당은 거주하는 향리, 다시 말해 고향 마을을 뜻한다. 주나라에서는 500호의 취락을 당(黨)이라 하고 25개의 당을 향(鄕)이라 했다고 한다.

공자는 향리에서 부형과 종족을 공경해 자신의 능력이나 지혜를 내세우지 않았다. 그래서 마치 본래 말을 잘 못하는 듯한 태도로 지냈다. 하지만 종묘와 조정에서는 분명하고 유려하게 발언했다. 이는 예법과 정령을 분변하기 위함이었다.

고려의 이제현(李齊賢)은 신종 때의 권세가 기홍수(奇洪壽)와 차약송(車若松)이 중서성에 합좌해서도 고작 공작새나 모란꽃에 대해 이야기했기에 남의 비판을 받았다고 『역옹패설』에 적었다. 조선의 정조는 젊은 관료들이 조정에서 천한 말을 주고받는다고 개탄했다.

사적 공간과 공적 공간도 구별하지 못하는 사람을 어떻게 신뢰하겠는가!

孔子於鄕黨_{공자어향당}에 恂恂如也_{순순여야}하사
似不能言者_{사불능언자}러시다. 其在宗廟朝廷_{기재종묘조정}하시는
便便言_{편편언}하시되 唯謹爾_{유근이}러시다.

恂恂은 온화하고 공손한 모습, 혹은 신실한 모습이다. 같은 글자를 겹쳐 모양이나 태도를 나타내는 첩어의 예다. 如는 형용사 뒤의 助字(조자)이다. 似不能言者는 말을 제대로 내지 못하는 듯이 한다는 뜻으로, 겸손한 태도를 가리킨다. 宗廟는 왕실의 신령을 제사 지내는 곳, 朝廷은 정치를 행하는 곳이다. 단 정약용은 옛날에는 宗廟에서 조회를 보고 명령을 선포했으므로 宗廟와 朝廷이 모두 정치의 장이라고 보았다. 便便은 말을 술술 분명하게 잘하는 모습이다. 교정청 언해본은 '변변'으로 읽었다. 唯謹爾의 唯는 한정의 뜻을 나타내며 爾는 어조사이다.

023강

공자의 식습관

> 밥은 곱게 찧은 쌀로 지은 것을 싫어하지 않으셨고,
> 회는 가늘게 썬 것을 싫어하지 않으셨다. 쉰 음식과
> 썩은 생선과 부패한 고기를 잡숫지 않으셨으며,
> 색이 나쁜 것과 냄새가 나쁜 것을 잡숫지 않으셨으며,
> 설익은 것과 때가 아닌 것을 잡숫지 않으셨다.
>
> 「향당」 제8절 사불염정(食不厭精) 1

이 절은 공자의 식생활에 관해 자세하게 밝혀 두어 매우 흥미롭다. 전체는 매우 길지만 그 가운데 일부만 들어 보았다.

공자 당시의 사람들은 곱게 찧은 쌀로 지은 밥과 가늘게 썬 회를 좋아했다. 공자도 기호가 특별하지 않아서 역시 그것들을 좋아했다. 그래서 "싫어하지 않으셨다."라고 적은 것이다. 그런데 다른 사람들은 그런 것들을 얻지 못하면 구차하게 구했을 것이나, 공자는 그러지 않았다. 정조는 이 점이 바로 공자가 여느 사람들과 다른 점이었다고 풀이했다.

또한 공자는 쉰 음식, 썩은 생선, 부패한 고기, 색이 나쁜 음식, 냄

새가 나쁜 음식은 일절 가까이하지 않았다고 한다. 육신의 건강을 중시했기 때문에 음식물에 신경을 쓴 것이지, 섭생을 하고 보양을 한다고 별난 음식을 찾은 것은 아니다. 그리고 공자는 설익은 음식이나 때가 아닌 음식은 결코 먹지 않았다. 이 역시 공자가 음식을 구차하게 구하지 않았음을 잘 말해 준다.

일상의 식생활에서 구차하거나 까다롭지 않았던 공자의 태도를 본받을 필요가 있지 않을까 한다.

食^{사불염정}不厭精하시며 膾^{회불염세}不厭細러시다.
食^{사의이애}饐而餲와 魚^{어뇌이육패}餒而肉敗를 不食^{불식}하시며
色^{색악불식}惡不食하시며 臭^{취악불식}惡不食하시며
失^{실임불식}飪不食하시며 不時^{불시불식}不食이러시다.

食不厭精의 食는 '먹을 식'이 아니라 '밥 사'이다. 精은 8할 도정한 쌀을 말한다. 不厭은 좋아하기는 하지만 꼭 그것만이어야 한다고 하지는 않는다는 뜻을 지닌다. 膾不厭細의 不厭도 같다. 膾는 소, 양, 물고기 등의 날것을 말한다. 食饐而餲의 食도 '밥 사'이며, 饐와 餲는 쉬어서 냄새가 나고 맛이 변했다는 뜻이다. 魚餒는 물고기의 형태가 망가진 것, 肉敗는 고기가 부패한 것을 말한다. 色惡不食은 색깔이 나쁘면 먹지 않는다는 말로, 조건과 결과를 단문으로 이은 것이다. 臭惡不食 이하도 모두 마찬가지다. 失飪은 제대로 끓이지 못한 것을 말하니, 飪은 삶을 煮(자)의 뜻이다. 不時는 조석의 식사 때가 아님을 가리킨다는 설과 제철이 아니라 익지 않았음을 가리킨다는 설이 있다. 온실에서 조생의 과실을 만들어 냄을 가리키는 것이 아니다.

酒

024강

공자의 주량

술만은 미리 한계를 정해 두지 않으시되, 몸가짐이 흐트러질 정도까지 마시지는 않으셨다. 사 온 술과 사 온 포는 먹지 않으셨다. 생강을 남기지 않으시되, 많이 드시지는 않으셨다. 「향당」 제8절 사불염정 2

앞에 이어 공자의 식습관을 밝혔다. 「향당」 제8절 가운데 여기서 다루지 않은 내용 중에는 지금의 관점에서 보기에 그리 바람직하지 않은 것도 있다. 이를테면 공자는 음식 먹을 때 대화하지 않았다고 하는데, 오늘날 그 태도를 따라 하는 것은 큰 의미가 없을 듯하다.

공자의 주량에 대해서는 '유주무량(唯酒無量)'이라 하고 '불급란(不及亂)'이라 했다. 이 구절을 보면 공자의 주량이 매우 컸던 듯하다. 하지만 정약용은 그런 해석을 일축했다. 술에는 여러 종류가 있고 잔에도 여러 크기가 있으므로 공자는 미리 몇 잔만 마시겠다고 제한하지는 않았을 것이라는 것이다.

예전에 초학들은 '불급란'을 '불급이면 난하니라'라고 끊어, 공자가 술을 적당한 양에 이르기까지 마시지 못하면 난동을 부렸다고 풀이하기도 했다. 우스갯말이되 불경스러운 풀이이다. 정약용이 말했듯, 공자는 술을 마시다가 혈기가 화평하고 맥이 통창해지면 그만두어 몸가짐이 흐트러지지 않도록 했을 것이다.

이 장의 많은 구절이 '~하지 않다'라는 구문임에 주목해야 한다. 현대 생활에서 인터넷에 중독되지 않고 음식을 탐욕스레 먹지 않는 등 자신을 다잡는 의지는 매우 중요하다. 우리는 '~하지 않았던' 공자의 분별력을 배워야 하지 않겠는가?

唯酒無量하사되 不及亂이러시다.
沽酒市脯를 不食하시며
不撤薑食하시며 不多食이러시다

唯酒無量은 오직 술은 한계를 미리 정하지 않았다는 뜻이다. 量은 槪(개)와 같으니, 한계 짓는다는 뜻이다. 沽酒市脯는 시장에서 사 온 술과 포를 말한다. 不食의 食은 먹고 마시는 일을 모두 뜻한다. 당시 민간의 술은 맛이 떫었고 시장의 고기는 독성을 지녔으므로 공자는 시장에서 술과 포를 사 먹지 않았다고 한다. 혹은 집에서 빚고 만든 술과 포가 떨어졌다고 굳이 사 오지는 않았다는 뜻인지도 모른다. 不撤薑食의 撤은 '버리다, 먹다가 남기다'라는 뜻이다. 그 목적어는 薑 혹은 薑食이다. 薑食은 飴薑(이강)이나 蜜薑(밀강)을 가리킨다. 생강은 탁한 기운을 제거하고 신명을 통하게 해 준다고 한다. 공자는 식사에 나온 생강이나 생강 과자를 모두 먹었지만 탐심을 더 내지는 않았다.

仁

025강
사람이 중심

마구간에 불이 나자 공자께서 조정에서 돌아와 "사람이 다쳤느냐?" 하시고, 말에 대해서는 묻지 않으셨다. 「향당」제12절 구분(廐焚)

「향당」편은 공자의 일상생활을 여러 각도에서 묘사했다. 이 절은 공자가 인간을 중시했음을 알 수 있는 일화를 들려준다.

공자의 저택에 딸린 마구간에 불이 났다. 공자는 조정에서 돌아와 그 사실을 알고는 우선 "사람이 다쳤느냐?"라고 물었다. 말이 상했는지 여부는 묻지 않았다는 것이다.

이 일화만으로 공자가 인간과 생물을 차별했다고 해석한다면 무리가 있다. 처음에 공자는 사람이 다쳤을까 너무 염려되어 미처 말에 대해서는 묻지 못했을 것이다. 그러나 어느 정도 사태가 수습되고 나서 공자는 생명을 존중하는 뜻을 확장해 말에 대해서도 물었을 것이다. 인(仁)의 마음은 인간을 중심에 두고 동심원을 그리며 퍼져 다른 생물에게로 이르러 가는 것이므로 순서를 두었던 것이리라.

김시습은 인간이나 다른 생물이나 모두 자연의 질서에 맞추어 살아가며 생명을 길러 나간다는 점에서는 같지만 인간과 생물 사이에는 경중을 두어야 한다고 말했다.

　나를 사랑하듯이 남을 사랑하고, 나아가 살아 있는 모든 것을 사랑하는 마음은 생태계의 유지를 위해서도 매우 소중하다. 하지만 생명을 사랑하는 마음에 경중의 구별이 없다고 할 수는 없을 듯하다.

廐焚이어늘 子退朝曰
傷人乎아 하시고 不問馬하시다

廐는 마구간이다. 공자 개인의 마구간인지 조정의 마구간인지에 관해 의견이 분분한데, 공자 집의 것을 가리킨다고 보면 좋을 듯하다. 『예기』 「잡기」편에 보면, 공자가 집의 마구간에 불이 나서 이웃 사람이 위문하러 오자 그에게 감사의 절을 했다고 한다. 退朝는 조정에서 공무를 보고 퇴출한 것을 말한다. 傷人은 직역하면 '불이 사람을 상하게 했는가?'인데, '불 때문에 사람이 다쳤느냐?'라고 풀이한다. 주희는 위와 같이 끊어 읽었으나, 혹자는 不 자를 아닐 否(부) 자로 보고 '傷人乎不'로 끊어 읽기도 한다. 주희처럼 끊으면 뒤의 어구는 '不問馬'가 되어 '말에 대해 묻지 않았다'는 뜻이 된다. 한편 '傷人乎不'로 끊으면 앞의 어구는 '사람이 상했는가 안 상했는가?'라고 묻는 말이 되고, 뒤의 어구 '問馬'는 이어서 '말에 대해 물었다'는 말이 된다. 주희는 공자가 사람을 귀하게 여기고 가축을 천하게 여긴 것이라고 본 셈이고, 혹자의 설은 공자가 사람과 가축 사이에 차등을 두지 않았다고 본 셈이다. 사람과 동물의 가치가 같은가 다른가의 문제는 조선 후기 성리학의 주요한 논점이었는데, 이와 관련한 견해 차이에 따라 끊어 읽기를 서로 달리할 수 있는 것이다. 여기서는 주희의 설을 따랐다.

友

026강

공자의 사귐

붕우가 죽어서 돌아갈 곳이 없을 때는 "나의 집에 빈소를 차려라."라고 말씀하셨다. 붕우가 주는 것은 비록 그것이 수레나 말이라 해도 제사 지낸 고기가 아니라면 절하지 않으셨다.

「향당」 제14절 붕우사무소귀(朋友死無所歸)

이 절은 공자가 벗과 사귄 의리에 대해 기록했다. 벗과 사귀는 의리는 시대에 따라 달라질 수밖에 없으므로 공자의 방식을 오늘날 그대로 따를 수는 없을 것이다. 하지만 '제2의 나'라고 할 수 있는 벗을 사귀는 마음은 고금과 동서가 다르지 않을 듯하다.

공자는 벗이 죽었는데 그 집이 너무 가난해서 빈소조차 차릴 수 없을 때는 자신의 집에 빈소를 차리도록 했다. 또 벗이 물건을 줄 때는 제사 지낸 고기 이외의 것들은 모두 절하지 않고 받았다. 친구 사이에는 있는 사람이 없는 사람에게 물품을 줘서 서로 통해 쓰는 유무상통(有無相通)의 도리가 있다고 보았기 때문이다.

「헌문」 제46장에 보면 공자가 원양(原壤)이라는 친구를 대한 일화가 나온다. 공자가 외출에서 돌아오니 원양이 와 있었는데, 한쪽 무릎을 세운 채로 있을 뿐 예절을 갖추지 않았다. 공자는 "어려서는 공손하지 못하고 자라서는 도를 이어받지 않으며 늙어서도 죽지 않는 것이 바로 적이다!"라고 하면서 지팡이로 그의 정강이를 툭 쳤다. 붕우의 허물을 충심으로 일깨워 주는 이런 아름다운 교도가 오늘날에도 존재한다면 외롭다고 한탄할 사람이 어디 있겠는가!

朋友死하여 無所歸어든
曰, 於我殯이라 하더시다.
朋友之饋는 雖車馬라도
非祭肉이어든 不拜러시다

朋友는 友朋으로도 적는다. 참고로 親舊(친구)는 본래 가까운 親戚(친척)과 오랜 知人(지인)을 뜻했는데, 朋友의 뜻으로 쓴다. 無所歸는 유해를 받아 줄 가까운 친척이 없음을 말한다. 於我殯은 내 집에 빈소를 두라는 뜻이다. 殯은 장례를 치르기 전까지 관을 안치해 두는 곳을 말한다. 천자, 제후, 대부는 각각 7, 5, 3개월, 士(사)는 2개월간 관을 빈소에 두었다. 『예기』「단궁」편에 보면, 빈객이 묵을 집이 없자 공자는 "살아서는 내 집을 집으로 삼고 죽어서는 내 집을 빈소로 삼아라."라고 했다. 이 장에는 빈소로 삼으란 말만 있다. 하지만 공자는 살아서 갈 곳 없는 벗에게 또한 "내 집을 집으로 삼아라."라고 했을 것이다. 饋는 贈物(증물)이다. 벗 사이에서는 물건을 주면 보통 절을 하고 받았으나, 공자는 재물을 통해 쓰는 것이 벗 사이의 의리라고 여겨 수레나 말과 같은 고가품을 받아도 예배하지 않았다. 다만 친구가 제사에 쓴 고기를 나누어 줄 때는 그의 조상을 친 조상처럼 여겨 예배하고 받았다고 한다.

027강

儀 공자의 생활 태도

> 잠잘 때 죽은 사람처럼 하지 않으셨으며, 집에 거처할 때 모양을 내지 않으셨다. 상복 입은 자를 보면 비록 평소 아주 가까운 사이라 해도 반드시 낯빛을 바꾸셨으며, 면류관 쓴 자와 앞 못 보는 사람을 보면 비록 일상적인 자리라 해도 반드시 예모로 대하셨다. 「향당」 제15절 침불시(寢不尸)

「향당」 편에서 공자의 생활 태도를 기록한 절에 나오는 글이다. 공자는 잠잘 때 죽은 사람처럼 꼿꼿이 눕지 않았으며, 집에 거처할 때는 제사 지낼 때나 손님 만날 때와는 달리 겉모습을 꾸미지 않았다.

이 절의 뒷부분은 「자한」 제9장과 통한다. 거기서는 "공자께서는 상복 입은 사람과 공복 입은 사람과 앞 못 보는 사람을 만나게 되면 비록 상대가 젊은이라 하더라도 반드시 일어나셨고, 그들 앞을 지나게 되면 반드시 종종걸음을 하셨다."라고 했다.

상복 입은 사람이란 가족의 죽음 등으로 비탄에 빠져 있는 사람을 말한다. 평소 사이가 가깝고 자주 만나서 새삼스레 위로의 말을 할 필요가 없는 사람에게도 공자는 반드시 낯빛을 바꾸어 엄숙한 뜻을 표시했다는 것이다. 또 면류관을 쓴 사람이란 조정에 들어가 정무를 보는 사람이란 뜻인데, 공자는 그런 사람을 거리나 사적인 자리에서 만나더라도 반드시 예를 갖추어 대했다. 그리고 앞 못 보는 사람처럼 신체적 장애 때문에 고통받는 사람을 만나면 늘 경건한 태도로 대했다.

공자는 늘 경애의 태도와 연민의 마음을 지니고 남을 대했으므로 유사한 일화가 거듭 기록되었을 것이다. 위대한 지성은 따스한 감성을 함께 지니는 법이 아니겠는가!

寢不尸하시며 居不容이러시다.
見齊衰者하시고 雖狎이나 必變하시며
見冕者與瞽者하시고 雖褻이나 必以貌러시다.

齊衰는 본래 돌아가신 어머니를 위해 입는 喪服(상복)이지만, 여기서는 돌아가신 아버지를 위해 입는 斬衰(참최)를 아우른다. 雖는 '비록 ~일지라도'의 뜻인데, 뒤에 주어가 생략되고 狎이라는 술어만 있다. 狎은 사이가 무척 가깝다는 뜻이니, 곧 親狎(친압)이란 말이다. 必變은 반드시 안색을 장엄하게 바꾸었다는 말이다. 冕者는 면류관이라는 예관을 쓴 고관을 가리킨다. 瞽者는 맹인으로, 신체적인 장애가 있는 사람을 포괄적으로 가리킨다. 褻은 '자주 보아 아주 가깝다', 또는 '평상시에 만난다'는 뜻으로 풀이한다. 以貌는 예의에 부합하는 태도로 대한다는 뜻이다. 變이 낯빛을 고치는 정도인 데 비해 貌는 예를 극진히 다함을 말한다.

028강

때에 맞는 행동

새가 사람의 기색을 보고 날아올라 빙 돌다가 다시 앉는다. 공자께서 "산기슭 다리의 암꿩이여, 때로구나! 때로구나!" 하셨다. 자로가 잡아 올리자 세 번 냄새를 맡고 일어나셨다.

「향당」 제17절 색사거의(色斯擧矣)

「향당」편의 마지막이다. 첫 문장은 눈앞 광경을 묘사하되 옛 시나 속담을 인용한 듯하다. 즉 "새가 사람의 기색을 보고 날아올라 빙 돌다가 다시 앉는다."라는 말은 원문이 네 글자씩 이루어진 구절을 둘 사용한 것으로 보아 시의 일부였을 가능성이 높다. 공자가 창작한 시인지 옛 시인지는 알 수 없다. 공자는 꿩이 사람의 기색을 살피고 날아올랐다가 다시 나무에 앉는 광경을 노래한 이 시를 읊고 나서 꿩도 시중에 맞게 행동한다고 칭송했을 것이다.

그런데 자로는 그 꿩을 요리해 올렸다. 공자는 차마 거절할 수 없어 세 번 냄새만 맡고는 일어났다. 이 구절은 자로가 꿩에게 먹이를 주자 꿩이 세 번 냄새 맡고 날아갔다고 풀이하기도 한다. 이러한 풀이에 따르면 이 장은 꿩이 욕심 내지 않는 모습을 묘사한 것으로, 공자가 이록(利祿)에 연연하지 않았으며 담백했다는 사실을 은유한 듯도 하다.

대개 이 절은 시적인 묘사와 일화의 서술을 통해 시중의 중요성을 말한 것이라고 해석된다. 앞서 「술이」 제10장에서 공자는 안연을 두고 "용지즉행, 사지즉장(用之則行, 舍之則藏)"이라 했다. 세상에 나가 이상을 실천하든 숨어 살며 덕을 수양하든 어느 경우라도 모두 자유자재하다고 말한 것이다.

우리가 생각해야 할 점은 이것이다. 나는 과연 진퇴동작(進退動作)이 자유자재한 참주체인가?

> 色_색斯_사舉_거矣_의하여 翔_상而_이後_후集_집이니라.
> 曰_왈, 山_산梁_양雌_자雉_치가 時_시哉_재時_시哉_재인저.
> 子_자路_로共_공之_지한대 三_삼嗅_후而_이作_작하시다.

色斯擧矣의 色은 '기색을 살피다', 斯는 '이에', 擧는 '날아오르다'이다. 翔은 '빙 돌다'이다. 集은 나무에 새가 모여 있음을 나타내는 회의자이다. 曰 이하의 두 구절은 공자의 말이다. 山梁은 산 계곡에 걸쳐 있는 다리, 雌雉는 암꿩이다. 時哉時哉는 행동이 때에 맞는 것을 예찬한 말이다. 정약용은 사냥꾼이 다리 쪽으로 가는 것을 본 공자가 꿩이 날아가야 할 때라고 염려한 말이라고 보았다. 여기서는 주희의 설을 따랐다. 子路共之의 共은 붙잡는다는 뜻의 拱執(공집)이다. 三嗅의 嗅는 대개 '냄새 맡을 후'로 읽지만, 날개 편다는 뜻의 狊(격)과 통한다고 보는 설도 있다.

029강

彬 내용과 형식

> 사람들은 선배들의 예악에 대해 촌스러운 사람 같다
> 하고 후배들의 예악에 대해서는 군자 같다 하지만
> 내가 예악을 쓴다면 선배들을 따르겠다.
>
> 「선진(先進)」 제1장 선진어예악(先進於禮樂)

「선진」편 25장 가운데 첫 장은 예악과 시대 상황의 관계에 대해 공자가 언급한 내용을 실어 두었다. 한문 고전에서 예악이란 곧 문화 일반을 가리키는 말이다. 예악은 실질적 내용인 질(質)과 수사적 형식인 문(文)이 조화를 이루어야 하지만 그 둘을 실제로 조화시키기란 쉬운 일이 아니다. 양자는 모순적 관계 속에서 변화하고 또한 발전한다고 할 수 있다. 그런데 역사상의 한 시점에 양자가 균형을 이루지 못해 어느 한쪽이 우세한 경우는 어떻게 평가할 것인가? 이 장에서 공자는 그 문제에 관한 생각을 밝혔다.

    공자가 살았던 춘추 시대 주나라 말기 사람들은 선진 시대의 예악이 문보다 질이 지나쳐 촌스러운 데 비해 자신들의 예악은 문과 질이 조화를 이루어 군자답다고 여겼던 듯하다. 하지만 공자는 그 통념을 비판하고 "내가 예악을 쓴다면 선배들을 따르겠다."라고 선언했다. 공자가 보기에 당시의 예악은 문이 질보다 지나치거늘 사람들은 그 사실을 살피지 못했다. 「옹야」 제6장에서 공자는 문질빈빈(文質彬彬)의 상태를 군자의 이상으로 삼았다. 문과 질이 어우러져 빛을 내야 군자라 할 수 있다는 것이다.

한편 정약용은 문이 제대로 닦여 있어야 질을 회복할 수 있거늘 주나라 말기는 문이 질보다 나은 상태가 아니었으므로 공자가 비판한 것이라고 해석했다. 일설로 참고할 만하다.

우리 시대의 문화는 문과 질, 어느 쪽이 우세한가? 그리고 지금의 이 상태는 사회의 발전에 보탬이 되는가, 그렇지 못한가?

先進이 於禮樂에 野人也요
後進이 於禮樂에 君子也라 하나니
如用之則吾從先進하리라.

先進은 선배, 後進은 후배란 의미이다. 주나라 초 사람이 先進, 공자의 시대인 주나라 말 사람들이 後進이다. 野人은 본래 도성 밖의 사람이나 농부를 가리키지만, 여기서는 소박한 사람을 가리킨다. 한편 여기서 君子는 교양인을 뜻한다. 先進부터 君子也까지는 당시 사람들의 말을 옮긴 것이다. '如~則~'은 '만일 ~하다면 곧 ~한다'는 뜻으로, 如는 若(약)과 같다. 用之의 之는 禮樂을 가리킨다. 先進과 後進의 두 가지 태도 가운데 하나를 가리킨다는 설도 있다.

030강

부모를 위한 마음

> 효성스럽다, 민자건이여. 그 부모와 형제가 칭찬하는 말에 남이 이의를 표하지 못하겠구나.
>
> 「선진」 제4장 효재민자건(孝哉閔子騫)

「선진」편에는 공자의 문인들에 대한 논평이 많다. 이 장은 민자건의 효에 대해 논평한 것인데, 훗날 민자건은 이십사효(二十四孝) 가운데 한 사람으로 꼽히게 된다. 민자건은 본명이 손(損)이고, 자건은 자(字)이다.

한나라 때 유향이 엮은 『설원(說苑, 세원)』에 보면, 민자건의 어머니가 두 아들을 남기고 죽은 뒤 아버지가 재취해서 또 아들 둘을 낳았다고 한다. 한번은 민자건이 아버지를 위해 수레를 몰다가 말고삐를 놓쳤기에 아버지가 그의 손을 잡았더니 손이 얼어 있었다. 옷이 무척 얇았기 때문이었다. 아버지가 집으로 가서 후처 소생의 두 아들을 불러 보니 그들의 옷은 두툼했다. 아버지는 후처와 이절(離絕)하려고 했다. 하지만 민자건은 "어머니가 계시면 한 아들만 홑옷을 입지만, 어머니가 떠나시면 세 아들이 추위에 떨게 됩니다."라고 간했다. 아버지가 그의 말에 감동해 후처와 이절하지 않았다고 한다.

이 이야기는 계모를 폄하하는 뜻이 담겨 있으므로 사실 그대로는 아닌 듯하다. 하지만 민자건의 부모 형제가 그의 효성이 깊다고 했고, 다른 사람도 그 평가에 이의를 제기하지 않았으니 누가 이것을 쉬운 일이라 하겠는가.

옛사람들은 『시경』을 보다가 "애애부모 생아구로(哀哀父母 生我劬勞)"라는 대목에 이르면 책을 덮고 울고는 했다. "슬프고 슬프다 부모시여. 나를 낳느라 애쓰고 고생하셨도다!"라는 뜻이니, 얼마나 가슴 아픈 말인가. 하지만 지금 부모님 생전에 이 구절을 읊으며 눈물 흘릴 사람이 몇이나 되랴?

孝哉라 閔子騫이여.
人不閒於其父母昆弟之言이로다.

孝哉閔子騫은 주어와 술어를 도치한 감탄문이다. 공자는 제자의 字(자)를 부른 예가 없으므로, 이 말은 일반인이나 민자건의 가족이 논평한 말인 듯하다. 人은 가족이 아닌 남을 뜻한다. 閒은 간극이니, 간극에 물건을 끼워 넣듯 異議(이의)를 표시하는 것을 말한다. 其는 민자건을 가리킨다. 昆弟는 형제와 같은 말이다.

031강

말을 조심하라

남용이 백규의 구절을 세 번씩 되풀이해 외거늘,
공자께서 형님의 딸을 그의 아내로 삼게 하셨다.

「선진」 제5장 남용삼복백규(南容三復白圭)

말을 삼간다는 뜻의 삼복백규(三復白圭)라는 성어가 여기에서 나왔다. 남용(南容)은 성이 남궁(南宮), 이름은 괄(适) 혹은 도(縚)이며, 자가 자용(子容)이다. 그래서 남궁자용이라 불렸으며 두 글자로 줄여 남용이라고도 불렀다. 「공야장」 제2장에서 공자는 그를 두고 "나라에 도가 있으면 버려지지 않고 나라에 도가 없어도 벌이나 죽음을 면할 것이다."라고 평가했다. 이 장에서는 남용이 말을 신중히 하겠다고 다짐하는 것을 높이 샀다. 즉 공자는 남용이 늘 말을 조심했으므로 나라에 도가 있으면 등용되고 나라가 혼란스럽더라도 형벌을 받지 않으리라 확신한 듯하다.

『사기』「공자세가」에 보면 공자가 주나라로 가서 노자를 만났다고 한다. 정약용은 당시 함께 간 남궁경숙(南宮敬叔)이 곧 남용이라고 보았다. 단언하기 어렵다. 다만 노자가 공자에게 들려주었다는 말은 새겨 둘 만하다. 당시 노자는 "총명하고 깊이 살피면서도 죽임을 당하는 사람은 남을 비난하기 좋아하는 자이고, 넓은 지식과 언변을 지니고도 몸을 위태롭게 하는 사람은 남의 악을 들춰내는 자이다."라고 말했다고 한다.

공자도 노자도 신언(愼言, 말을 조심함)을 가르쳤다. 공자의 제자 자공 또한 사불급설(駟不及舌)이라고 했다. 사불급설은 네 마리 말이 끄는 수레로도 혀를 따라잡지 못한다는 말로, 한번 잘못 뱉은 말은 되돌릴 수 없으므로 신중히 말하지 않으면 안 된다는 뜻이다. 이런 가르침이 있는데도 말조심이 어려운 것은 어째서인가?

南容이 三復白圭어늘
孔子가 以其兄之子로 妻之하시다.

三復은 세 번 거듭 외운다는 말이다. 여기서 三이란 숫자는 꼭 세 번이란 뜻이라기보다는 '여러 번 많이'라는 뜻을 나타낸다. 圭는 장방형이되 윗부분이 뾰족한 瑞玉(서옥)이다. 白圭는 희고 깨끗한 圭인데, 여기서는 『시경』「大雅(대아)」에 들어 있는 「抑(억)」편의 한 구절을 말한다. 곧 "白圭之玷(백규지점) 尙可磨也(상가마야) 斯言之玷(사언지점) 不可爲也(불가위야)"이니, "흰 구슬의 흠은 갈아서 고칠 수 있지만, 말의 흠은 갈아서 고칠 수 없네."라는 뜻이다. 兄之子의 子는 남녀 통칭이다.

032강

부모의 자식 사랑

재주가 있든 없든, 그 부모는 자기 자식을 말하며 아끼는 법입니다. 「선진」 제7장 재부재각언기자(才不才各言其子)

공자의 애제자 안연이 죽자 그 아버지 안로(顔路)가 공자에게 수레를 주십사고 청했다. 수레를 팔아 관을 넣을 곽(槨, 덧널)을 마련하려고 한 것이다. 공자는 거절하면서 "재주가 있든 없든, 그 부모는 역시 자기 자식을 말하며 아끼는 법입니다."라고 말했다. 그리고 이렇게 덧붙였다. "내 아들 리(鯉)가 죽었을 때도 널뿐이었고 덧널은 없었습니다. 나는 수레로 덧널을 사려고 하지 않았습니다. 대부의 반열에 든 적이 있으므로 예법상 걸어 다닐 수 없기 때문입니다."

공자는 벼슬 살기 이전에 옛 객사 주인의 초상에는 참(驂, 수레 모는 말의 곁마)을 주어 부의한 일이 있다. 하지만 가장 아끼던 제자 안연의 초상에는 수레를 내주지 않았다. 정약용은 공자가 예(禮)는 지나쳐서는 안 된다는 원칙에 따라 덧널을 쓰는 후장(厚葬)을 막기 위해 완곡하게 말한 것이라고 보았다. 그래서인지 공자는 문인들이 안연의 장례를 후하게 치르려 할 때에도 반대했다.

공자의 말 가운데 자식을 사랑하는 마음은 누구나 같다고 한 말은 많은 생각이 들게 한다.

　조선 인조 때 학자 조익은 아들 내양(來陽)이 죽자 제문을 지어 "아! 내 아들아, 지금 어디에 가 있느냐. 너는 어째서 내 곁에 있지 않느냐."라고 통곡하고는 "재주가 있거나 없거나 간에 또한 각자 내 자식이라고 하면서 아끼게 마련이다."라고 공자의 말을 인용했다.

　어느 부모든 자기 자식을 말하며 사랑하는 법이다. 그렇거늘 딸아 아들아, 너는 그 사실을 모른단 말이냐?

才_재不_부才_재에 亦_역各_각言_언其_기子_자也_야니라.

才不才는 '재주가 있든 재주가 없든'이다. 賢不賢(현불현), 賢不肖(현불초) 등과 뜻이 같다. 그 주어는 其子의 子이다. 亦各言其子也의 주어는 其子의 부모로, 부모로서는 누구나 자기 자식에 대해 말하며 아끼고 사랑한다는 뜻이다.

哀

033강
누구에게 도를 전하랴

**안연이 죽자 공자께서 말씀하셨다. "아아, 하늘이
나를 망하게 하는구나, 하늘이 나를 망하게 하는구나!"**
「선진」 제8장 천상여(天喪予)

사랑하는 제자 안연이 죽자 공자는 너무도 비통해했다. 앞서 보았듯 안연의 아버지 안로가 아들의 덧널을 마련하려고 수레를 주십사 청했을 때 공자는 거절했다. 후장을 막으려고 그랬을 것이다. 그렇지만 공자는 처음 안연의 부음을 들었을 때 큰 충격을 받고 위와 같이 말했다.

생전의 안연은 종일 공자를 모시고 있으면서 조금도 스승의 뜻을 거스르지 않아 마치 어리석은 자와 같았다. 스승에게 질문을 하지 않았으므로 공자가 그를 계발시켜 줄 필요도 없었을 것이다. 하지만 안연은 스승에게서 배운 것을 늘 실천했으므로 공자는 경탄했다. 그런 그가 죽었으니 공자는 도를 전할 수 없게 되었음을 깊이 슬퍼한 것이다. 공자 나이 일흔을 넘긴 때였다.

공자의 태도가 평소와 달랐으므로 제자들이 수군거렸다. 그러자 공자는 "안연을 위해 통곡하지 않고 누굴 위해 통곡할 것인가?"라고 반문했다.

공자는 제자 자로가 죽었을 때도 "아, 슬프다! 하늘이 나를 망쳐 버렸다!"라고 했다. 아끼던 제자가 죽어 도를 전할 수 없게 되자 몹시 슬퍼한 것이다. 제자들의 말과 행동에는 흡족하지 않은 면도 있었지만, 공자는 제자들을 진정으로 사랑했다. 공자를 헐뜯는 이들은 공자의 제자들 가운데 정치적으로나 학문적으로나 성공한 자가 어디 있느냐고 따지기도 한다. 하지만 성공했느냐 하지 못했느냐는 중요한 문제가 아니다. 제자들은 진정한 가치를 배우기 위해 공자의 문하에 들었을 것이다. 배움의 가치를 속된 잣대로 평가한다면 정말 한심하다.

만년의 공자는 도가 행해지지 않는 데다가 기대를 건 제자들이 먼저 죽어 도를 전할 수 없게 되자 매우 슬퍼했다. 수없이 소맷자락을 뒤집어 얼굴의 눈물을 닦았을 것이다. 그 슬픔을 공감할 수 있어야 『논어』를 제대로 읽었다고 할 수 있으리라.

顔淵(안연)이 死(사)커늘
子曰(자왈), 噫(희)라 天喪予(천상여)삿다 天喪予(천상여)삿다.

噫는 슬퍼서 내는 '아아'라는 소리를 옮긴 말이다. 天喪予는 '하늘이 나를 망하게 했다'는 뜻이니, 喪은 亡(망)과 같다. 같은 말을 반복해서 깊은 비탄의 감정을 드러냈다.

034강

 사람의 일

> 계로가 귀신 섬기는 일을 여쭈어 보자, 공자께서는 "사람도 제대로 섬기지 못하거늘 어찌 귀신을 섬길 수 있겠느냐?"라고 말씀하셨다.
>
> 「선진」 제11장 계로문사귀신(季路問事鬼神) 1

삶과 죽음의 이치는 알기 어렵다. 다만 그 이치를 따지려고 골몰하다 보면 형이상(形而上)의 세계에서 헤어나지 못하게 된다. 공자는 제자 계로, 즉 자로가 죽음의 문제에 지나치게 빠져들까 우려해 일상의 삶에 더욱 충실하라고 가르쳤다. 자로는 지역 풍토나 성향 때문에 죽음의 문제에 각별한 관심을 가졌던 것인지도 모른다.

『묵자』「명귀(明鬼)」편은 천하의 이익을 일으키고 해악을 제거하기 위해서는 귀신의 존재를 밝혀야 한다고 하면서 역사 속에 귀신이 나타났던 사실들을 열거하고 성왕의 정치가 귀신 섬기기를 근거로 삼았던 사실을 강조했다. 하지만 『중용』은 이렇게 말했다. "귀신의 덕이라고 하는 것은 성대하다. 보려 해도 보이지 않고 들으려 해도 들리지 않으며 만물의 체가 되어 만물을 낳으니 하나도 빠뜨림이 없다. 천하의 사람들로 하여금 재계하여 몸을 맑게 하고 의복을 갖추어 제사를 지내게 한다. 아슴푸레하게 위에 있는 듯하고 좌우에 있는 듯하다." 귀신은 인간의 일에 끼어들어 인간에게 해악을 끼칠 수가 없다. 다만 인간은 망자를 경건하게 추모함으로써 혹 존재할지 모를 혼령을 위로할 뿐이다.

사람이 자신의 뜻을 다 펴지 못하고 단명하는 것은 정녕 불행한 일이다. 일생의 수명을 다하고 죽는 경우라 해도 사랑하는 사람들과 헤어진다는 것은 정말 안타깝다. 이럴 때 우리는 죽음 너머에 어떤 세계가 있지 않을까 생각해 보기도 한다. 하지만 죽음 뒤의 일을 천착하지 말라고 공자는 가르쳤다. 현세의 순간순간을 충실하게 살라고 한 것이다.

계로문사귀신
季路問事鬼神한대
자왈   미능사인   언능사귀
子曰. 未能事人이어늘 焉能事鬼리오.

계로, 즉 자로는 卞(변) 땅 사람으로 공자보다 아홉 살 적었다. 그는 수탉 깃 갓을 쓰고 수퇘지 가죽띠를 두른 무뢰배의 차림으로 공자를 찾아왔으나 공자가 禮(예)로 대하자 감동해서 제자가 되었다. 鬼神의 鬼는 조상신, 神은 산천 등의 자연신이다. 자로의 질문은 사람이 죽은 뒤 귀신이 된다는 통념을 바탕에 둔 듯하다. 未能은 '~할 수 없다', 焉能은 '어찌 ~할 수 있는가?'이다. 후자는 반문 속에 부정의 뜻을 싣는 구문이다.

035강

生 　삶에 충실하라

> 계로가 "감히 죽음에 대해 여쭈고자 합니다." 하자, 공자께서는 "삶도 아직 모르는데 어찌 죽음을 알겠는가?"라고 말씀하셨다. 「선진」 제11장 계로문사귀신 2

앞에 이어 공자와 제자 자로의 대화가 계속된다. 이번 대화는 죽음의 문제와 관련된다.

　공자는 은나라의 상제 관념, 주나라의 천명사상과 예 이념을 계승하되 하늘에 대한 관심을 인간에 대한 관심으로 바꾸었다. 그런데 공자가 고제인 자로에게조차 귀신과 죽음의 문제를 명료하게 설명해주지 않은 것을 두고 탄조(吞棗)에 가깝지 않나 의심할 수 있다. 탄조란 골륜탄조(鶻圇吞棗) 혹은 혼륜탄조(渾淪吞棗)를 줄인 말로, 대추를 씹지 않고 그냥 삼키면 맛을 알 수 없듯 학문을 논하면서 조리를 분석하지 않고 모호하게 처리한다는 말이다. 음식물을 씹지 않고 그냥 넘기는 것을 혼륜탄이라고 한다.

　주희는 공자가 엽등을 경계한 것이라고 변론했다. 즉 삶과 죽음, 생명의 시원과 종말은 본래 같은 이치이지만 배움에는 순서가 있기에 단계를 뛰어넘을 수 없다고 천명했다는 것이다. 그리고 주희는 이렇게 말했다. "정성과 공경으로 사람을 섬기지 못한다면 반드시 신을 섬길 수 없을 것이며, 시초의 근원을 추구해 태어난 연유를 알지 못한다면 반드시 종말로 돌아가 죽음의 의미를 알 길이 없을 것이다." 정약용도 주희의 해설을 존중했다.

선종에서는 조고각근(照顧脚跟)이라고 한다. "네 발밑을 돌아보라."라는 뜻이다. 지금 여기가 아닌 곳에 별스러운 세계가 있으리라 여기지 말고, 지금 이곳에서 삶의 가치를 발견하고 존재의 의미를 생각하라는 뜻이다.

지금은 역시 인간답게 살아가는 문제를 더 생각해야 할 때이다.

敢問死하노이다.
曰, 未知生이면 焉知死리오.

敢問死에서 敢問은 자신보다 윗사람에게 공손하게 질문하는 어법이다. 그 주어는 앞에 나왔던 季路(계로)다. 曰 이하는 공자의 말이다. 앞에서 子曰(자왈)이라 했으므로 여기서는 子를 생략했다. 한문의 대화문에서는 뒤에 나오는 曰의 주어를 생략하는 일이 많다. 未知는 '아직 ~을 모른다', 焉知는 '어찌 ~을 알겠는가?'이다.

036강

언필유중

노나라 사람이 창고를 개축하자, 민자건이 "옛것을 그대로 두고 수리하면 어떤가? 어찌 반드시 새로 고쳐 지어야 한단 말인가?"라고 했다. 공자께서는 "저 사람은 말이 없지만, 이야기하면 반드시 사리에 맞는구나!"라고 하셨다.

「선진」 제13장 노인위장부(魯人爲長府)

말을 하면 반드시 사리에 들어맞는 것을 언필유중(言必有中)이라고 한다. 바로 이 장에서 나왔다.

노나라 소공은 삼환이라 불리는 세 대부들의 세력을 억누르고자 장부(長府)라는 창고를 확장해서 무기를 비축하려고 했다. 공자의 제자 민자건은 소공이 결코 삼환을 징벌할 수 없거늘 괜스레 장부를 개축한다면서 백성들이나 들볶을까 봐 염려했다. 그래서 "옛것을 그대로 두고 수리하면 어떤가? 어찌 반드시 새로 고쳐 지어야만 한단 말인가?"라고 비판한 것이다.

공자는 말보다 실천을 중시하는 한편, 사리에 맞게 말해야 한다고 가르쳤다. 여기서는 민자건의 말이 사리에 부합하는 점을 높이 평가했다. 민자건의 어떤 말을 공자는 사리에 맞다고 보았는가? 옛것을 함부로 파괴하지 않고 그대로 두고 수리하는 일이 중요하다는 사실을 언급했기 때문이다. 노나라 창고의 개축 문제를 둘러싼 논쟁을 문화 제도의 존치 문제와 연결시키는 것은 비약의 감이 없지 않다. 하지만 이 장은 고대 문화의 보존에 관한 초보적 담론이라고 해석할 수도 있다.

    공자는 이렇게 생각했을 것이다. 문화와 제도에는 바꿔야 할 것도 있지만 보존해야 할 것도 있다. 지속시켜야 바람직한 것을 정치적 이유 때문에 갑자기 바꾼다면 우리의 발밑을 허무는 결과가 초래되지 않겠는가?

> 魯人이 爲長府러니 閔子騫이 曰,
> 仍舊貫如之何오 何必改作이리오.
> 子曰, 夫人이 不言이언정 言必有中이니라.

魯人은 노나라 정치를 맡아보는 사람으로, 昭公(소공)을 가리킨다. 여기서는 爲長府는 長府, 즉 창고를 개축한다는 말이다. 仍은 '그대로 따르다', 舊貫은 '옛일'이다. 如之何는 '어떠할까?', 何必改作은 '어찌 반드시 고쳐 지어야 하는가?'이다. 단 정약용은 '어찌 반드시 새 화폐를 주조해야 하는가?'로 풀이했다. 貫을 '일'이 아니라 '돈꿰미'로 본 것이다. 여기서는 통설을 따랐다. 夫人은 '저 사람'이다. 有中은 적중함이 있다는 말이다.

037강
升 승당입실

> 공자께서 "유의 슬을 어찌 나의 집에서 연주하겠는가?"
> 하시자, 다른 제자들이 그를 공경하지 않았다.
> 공자께서는 "유의 학문은 당에는 올랐으나 아직 방에
> 들어오지 못했을 따름이다."라고 하셨다.
>
> 「선진」 제14장 유지슬(由之瑟)

학문의 조예가 깊어지는 것을 두고 승당입실(升堂入室)이라 한다. 당은 손님을 응접하는 대청이며 실은 당보다 안쪽에 있는 방으로, 도(道)의 깊고 얕음을 비유한다. 바로 「선진」편의 이 장에서 나온 성어이다.

공자는 유, 즉 자로의 슬 연주를 좋아하지 않았다. 자로는 용맹을 좋아해서 살벌한 음색으로 연주했기 때문에 공자는 그의 음악을 받아들이지 않았던 듯하다. 정약용은 자로의 슬 연주가 『시경』의 주남과 소남에 부합하지 않는다고 꾸짖은 것이라 풀이했다.

그런데 공자가 이렇게 자로의 음악을 평가한 이후로 다른 제자들이 자로를 공경하지 않게 되었다. 그러자 공자는 제자들을 야단쳤다. 자로는 도의 정미(精微)한 곳에 이르지는 못했지만 이미 학문이 고명

정대(高明正大)하다고 인정한 것이다.

공부에는 승당은커녕 창이나 담장 너머로 엿보는 단계도 있다. 창으로 엿보는 것을 규유(窺牖), 담장 너머로 엿보는 것을 규장(窺墻)이라고 한다. 또 후세의 사람은 과거의 스승을 직접 면대할 수 없으므로 맹자가 말했듯 부득이 사숙(私淑)해야 한다. 옛사람의 저서를 읽으면서 나 자신을 맑고 선하게 다스리는 일이 사숙이다. 『논어』를 읽는 우리는 모두 공자를 사숙하는 사람이다.

子曰, 由之瑟을 奚爲於丘之門고.
門人이 不敬子路한대
子曰, 由也는 升堂矣오 未入於室也니라.

由는 仲由(중유)이니 곧 공자의 제자 자로이다. 瑟은 琴(금)보다 큰 27현금 혹은 25현금이다. 어떤 판본에는 瑟 앞에 鼓(고) 자가 더 있다. 鼓瑟은 슬을 탄다는 뜻이다. 奚爲은 '어찌 ~하겠는가'라는 뜻을 지닌 반어적 표현이다. 丘之門은 '孔丘(공구)의 문'이니, 공자가 자기 집을 일컬은 말이다. 由也의 也는 '~로 말하면'이다.

038강

과유불급

> 자공이 "사와 상 중에서 누가 더 낫습니까?"라고 여쭈자, 공자께서는 "사는 지나치고 상은 모자란다." 라고 말씀하셨다. 자공이 "그러면 사가 낫습니까?" 하자, 공자께서는 "지나침은 미치지 못함과 같다." 라고 말씀하셨다. 「선진」 제15장 사여상야숙현(師與商也孰賢)

같은 스승을 모신다 해도 제자들은 각자 스승에게 인정받기 위해 서로 경쟁하기 마련이다. 평가의 중요성은 고금이 다르지 않다. 다만 공자는 평가를 통해 모두가 공유해야 할 기본 태도를 제시했다. 평가를 통해 경쟁을 조장하는 오늘날의 교육과 달랐던 것이다. 「선진」편의 이 장이 그 사실을 잘 말해 준다. 과유불급(過猶不及)이란 성어가 여기서 나왔다.

사는 자장으로, 진(陳)나라 사람이었으며 공자보다 48세 어렸다. 재기가 있고 어려운 일을 도맡아 하기 좋아했다. 상은 자하로, 공자보다 44세 어렸다. 근실하되 소심했다.

자공은 자장과 자하를 비교한다면 누가 더 낫냐고 공자에게 물었다. 그러자 공자는 자장은 기준보다 지나친 점이 있고 자하는 모자란 점이 있는데, 지나침은 모자람이나 마찬가지므로 둘 다 바람직하다 할 수 없다고 했다.

공자는 중용을 이상으로 삼았기에 정도를 벗어난 진취(進取)와 퇴영(退嬰) 모두를 비판했다. 오늘날의 경우에도 교육 제도가 정도를 벗어난 진취를 강요한다면 올바르다 할 수 없을 것이다.

子貢이 問, 師與商也가 孰賢이니잇고.
子曰, 師也는 過하고 商也는 不及이니라.
曰, 然則師愈與잇가. 子曰, 過猶不及이니라.

'~與~(也)孰賢'은 '~와 ~로 말하면 누가 더 나은가?'라고 묻는 말로, 孰은 의문사다. 이 글에는 過가 무엇보다 지나친지, 不及이 무엇보다 못 미치는지는 나타나 있지 않다. 대개 현실적 요구와 가치 이념이 조화를 이룬 상태인 중도에 비해 지나친 것 또는 못 미치는 것이라고 풀이한다. 然則은 '그렇다면'이라는 뜻을 지닌 접속사다. 師愈與의 愈는 낫다는 말이다. 與는 의문의 어조로 문장을 맺는다. 師與商의 與가 비교의 뜻인 것과 다르다.

039강

북을 울려 꾸짖어도 좋다

계씨가 주공보다 부유하거늘 염구가 그를 위해 무거운
세금을 매기고 심하게 모아서 재산을 더 늘려 주자,
공자께서는 "그는 나의 제자가 아니니, 그대들아,
북을 울려 그를 꾸짖어도 좋다."라고 말씀하셨다.

「선진」 제16장 계씨부어주공(季氏富於周公)

조선 시대 국학인 성균관에는 명고법(鳴鼓法)이 있었다. 과실 있는 학생에게 북을 짊어지게 하고 다른 학생들이 그 북을 두들기며 그를 성토해서 반교(泮橋) 문밖으로 쫓아냈다고 한다. 그 근거가 「선진」 편의 이 장이다.

공자의 시대에 노나라는 군주의 권력이 미약하고 세 대부인 삼환의 세력이 강했다. 그중 계손씨의 권세가 특히 막강했으니, 주공의 후예로서 주나라 경사(卿士)로 재직하는 사람보다도 부유했다. 그런데 공자의 제자 염구, 즉 염유는 계손씨를 위해 백성들에게 세금을 무겁게 부과하고 부당한 세금까지 걷어서 계손씨의 재산이 불어나게 해 주었다. 그러자 공자는 이제 염유는 자신의 제자가 아니라고 하고는 다른 제자들에게 "북을 울려 그를 꾸짖어도 좋다."라고 했다.

정약용은 공자가 실제로 북을 울려 성토하라고 한 것이 아니라 염유의 죄는 군법으로 다스릴 만하다고 지적한 것이라고 풀이했다. 성균관의 명고법과 같은 것은 『논어』를 잘못 읽은 결과 생겨난 풍습이라고 본 것이다.

공자는 권력에 예속되어 대중에게 해악을 끼치는 자를 군법으로 다스려도 좋다고 말했다. 공자의 말은 단호하다. 정무를 담당하는 사람들은 그 질책을 받지 않도록 조심해야 할 것이다.

季氏가 富於周公이어늘
而求也가 爲之聚斂而附益之한대
子曰, 非吾徒也로소니
小子아 鳴鼓而攻之라도 可也니라.

季氏는 노나라 군주를 위협했던 삼환 가운데 위세가 가장 컸던 계손씨이다. 周公은 흔히 주나라 成王(성왕)을 보좌한 성인을 뜻하지만, 여기서는 주공의 후예로서 주나라 卿士(경사)로 재직하는 사람을 가리킨다. 혹은 노나라 군주를 빗대어 말한 것일 수도 있다. 앞의 而는 역접, 뒤의 두 而는 순접의 접속사다. 求는 공자의 제자 염유의 이름으로, 당시 계손씨 집안의 사람인 계강자 밑에서 일하고 있었다. 이름을 불렀으므로 이 구절도 공자의 말을 옮겨 실제 사실을 기록한 것으로 본다. 聚斂은 세금을 무겁게 매기고 심하게 거둬들임이다. 爲之는 '그를 위해'이고, 附益은 增益(증익)함이다. 吾徒는 나의 문인, 小子는 문인을 부르는 이인칭이다. 攻은 꾸짖을 責(책)과 같다. 鳴鼓는 군대에서 불의한 자를 성토하는 방법이었다.

040강

순응이냐 개척이냐

> 공자께서 말씀하셨다. "회는 거의 도에 가깝되 쌀독이 자주 비는구나. 사는 천명을 받아들이지 않고 재물을 불렸으되 생각은 자주 사리에 맞는구나."
>
> 「선진」 제18장 회야기서호(回也其庶乎)

인간에게 운명이란 무엇인가? 운명을 그대로 따라야 하는가, 바꾸어야 하는가? 이 장의 범범한 인물평 속에는 깊은 성찰의 계기가 담겨 있다.

공자의 고제인 회와 사, 즉 안연과 자공은 성격이나 생활 태도가 서로 달랐다. 안연은 운명에 순응해서 안빈낙도했지만 자공은 운명을 개척해서 재물을 불렸다. 자하가 말했듯 당시 사람들은 부귀재천이라 생각했다. 공자는 안빈낙도하는 안연에 대해 운명에 순응한다고 칭찬하면서도 그의 가난을 애석하게 여겼다. 또 자공의 삶에 대해서는 천명에 순응하지 않고 인위를 중시하는 측면을 비판했지만 그의 사고방식은 자주 사리에 맞는다고 인정했다.

공자는 천명을 따르는 삶을 높이 쳤다. 하지만 쌀독이 자주 빈다는 뜻의 누공(屢空)을 결코 좋게 보지는 않았다. 정약용은 이렇게 말했다. "만일 아침저녁 식사 거르는 일을 도에 가까운 경지의 표준이라 여긴다면 도를 배우는 자는 마땅히 굶주려야 할 것이다." 인위적으로 재물을 불리는 일은 옳다고 할 수 없다. 그렇다고 가난 그 자체가 득도의 표징인 것 또한 아니다. 안빈낙도는 참 어려운 말이다.

子曰, 回也는 其庶乎오 屢空이니라.
賜는 不受命이오 而貨殖焉이나 億則屢中이니라.

其庶乎는 '거의 가까울 것이다'라는 뜻이니, 안연의 삶이 도리에 가깝다고 평한 말이다. '其~乎'는 추측과 감탄의 어조를 나타낸다. 屢空은 쌀독이 자주 빈다는 뜻이다. 不受命은 운명을 고분고분 받아들이지 않는다는 말이다. 貨殖은 '재물을 불림'이다. 焉은 단정의 어조로 문장을 맺는다. 億則屢中은 사고방식이 도리에 적중한다는 말이다. 億은 臆測(억측)이나 忖度(촌탁, 남의 마음을 미루어서 헤아림)의 뜻이다.

踐

041강

성인의 자취를 따른다

> 자장이 사람 가르치는 도를 여쭈자 공자께서
> 말씀하셨다. "성인의 자취를 밟지 않는다면,
> 역시 깊은 방 속까지 들어가지는 못한다."
>
> 「선진」 제19장 자장문선인지도(子張問善人之道)

이 장은 공자와 자장 사이의 문답을 기록한 것인데, 두 가지로 해석이 가능하다.

첫째, 성인이나 군자에 비해 진리에 미처 도달하지 못한 단계에 있는 선인(善人)에 대해 논했다고 볼 수 있다. 주희는 선인을 좋은 바탕을 지녀 악을 저지르지는 않지만 아직 옳게 배우지 못한 사람이라고 정의했다. 이 경우 선인의 도(道)란 말은 선인이 처한 위상을 가리킨다. 둘째, 선인이 되도록 가르치는 방도에 대해 논했다고 볼 수 있다. 정약용의 설이 그렇다.

첫째 해석에 따르면 이 장은 선인이 창업(創業)에 약간의 능력이 있다고 해서 성인이 실천했던 자취를 따르려 하지 않는다는 뜻이 된다. 이 해석은 인간의 차별상에 주목한다. 둘째 해석에 따르면 이 장은 남을 가르칠 때 성인의 자취를 따르게 하지 않는다면 그는 높은 경지에 이르지 못한다는 뜻이 된다. 성인의 자취를 따른다는 것은 삶의 본보기가 될 사람을 정해 그의 언행을 지금 현실에 맞게 재해석하고 그 이상을 실천하는 일이다. 이는 『논어』의 맨 처음에서 강조했던 '학'의 의미이기도 하다.

사실 공자는 배울 때 엽등이 없어야 한다고 했지, 선인이 군자가 될 수 없다고 단정하지는 않았다. 공자는 「학이」 제7장에서 "비록 배우지 않았다 하더라도 나는 그가 배웠다고 말할 것이다."라고 해서 배우지 않았으나 진정으로 선량한 사람을 존중했기 때문이다.

순수하고 선량한 사람은 누구나 궁극의 진리에 도달할 수 있을 것이다. 다만 엽등의 조급함을 경계하면서 전형이 될 만한 인물의 발자취를 따라 나가야 할 것이다.

子張이 問善人之道한대
子曰, 不踐迹이면 亦不入於室이니라.

善人에 대해서는 두 가지로 풀이할 수 있다. 첫째, 좋은 바탕을 지녀 악을 저지르지는 않지만 아직 옳게 배우지 못한 사람이라고 볼 수 있다. 주희의 해석이다. 둘째, 善을 修善(수선)이란 동사로 보아 사람을 교육함이라고 풀이할 수 있다. 정약용의 해석이다. 踐迹은 성인의 道를 따르고 전철을 지키는 循道守轍(순도수철)을 뜻한다. 不踐迹은 첫째 해석에 따르면 善人이 성인이 실천한 자취를 따르려 하지 않는다는 뜻이 된다. 둘째 해석에 따르면 남을 가르칠 때 '성인의 자취를 따르게 하지 않는다면'이라는 가정이 된다. 亦은 '아무래도 역시'이다. 不入於室은 道의 깊은 곳에 들어가지 못함을 비유한 말이다.

042강
빈말을 조심하라

> 공자께서 말씀하셨다. "언론이 독실하다고 해서 그 사람을 편든다면 그 사람이 군자다운 사람이겠느냐, 외모만 장엄하게 꾸미는 사람이겠느냐?"
>
> 「선진」 제20장 논독시여(論篤是與)

옛사람이나 오늘날의 사람이나 언론과 덕행의 불일치를 경계하곤 한다. 공자도 이 장에서 "언론이 독실한 사람이 과연 군자다운 사람일까, 외모만 장엄하게 꾸미는 사람일까?"라고 반문했다. 언론만 독실한 것을 논독(論篤)이라 한다.

   군자는 언어나 용모가 그 내면과 일치해서 표리가 한결같은 사람이다. 이에 비해 겉으로는 장엄하지만 안으로는 악한 몹쓸 자가 색장자(色莊者)이다. 「헌문」 제5장에서 공자는 "유덕자(有德者)는 필유언(必有言)이어니와 유언자(有言者)는 불필유덕(不必有德)이니라."라고 했다. 내면에 덕을 지닌 사람은 좋은 말을 하지만, 좋은 말을 하는 사람이 반드시 내면에 덕을 갖춘 것은 아니라는 뜻이다. 이 장에서는 색장자의 언론이 일견 유려하다고 해서 그 사람을 얼른 인정하고 편들면 안 된다고 경고했다.

공자는 언론만 독실하고 외모만 장엄한 것을 거듭 경계해 교언영색의 사람 중에는 어진 이가 거의 없다고도 했다. 그렇거늘 최근에는 대중 매체와 인터넷이 발달하면서 말이나 글이 언뜻 보아 그럴싸하면 그대로 그 사람을 인정하는 경향이 있다. 그러나 정약용이 지인의 회갑을 축하하며 지은 다음 시를 새겨봐야 할 것이다. "지식에 대해서는 걱정 마라, 그대의 지식은 이미 넉넉하다. 하지만 알고도 실천하지 않는다면, 이것을 논독이라 하느니라."

나도 혹 시류에 휩쓸려 도리에 부합한 듯 그럴싸한 말을 하는 것은 아닌가? 부끄러워할 일이다.

> 子曰, 論篤을 是與면
> 君子者乎아 色莊者乎아.

論篤은 언론이 사리에 부합해서 그럴싸한 것을 가리킨다. 是는 앞에 나온 論篤의 사람을 가리킨다. 與는 許與(허여, 옳다고 찬성함)이다. 한문에서는 술어가 앞에 오고 목적어가 뒤에 오지만, 목적어가 지시 대명사면 앞에 둬서 강조할 수 있다. 君子者乎는 그 論篤의 사람이 군자다운 사람인가 반신반의하는 말이다. 色莊者乎의 주어도 그 論篤의 사람이다. 色莊은 외적으로 나타나는 언어나 용모가 장엄함을 말한다. '~乎 ~乎'는 '~일까, 아니면 ~일까' 하고 묻는 구문이다.

043강

적절한 가르침

> 구는 소극적이므로 나서게 했고 유는 과감하므로
> 물러나게 한 것이다.
>
> 「선진」 제21장 자로문문사행저(子路問聞斯行諸)

어느 날 유와 구, 즉 자로와 염유는 똑같이 "좋은 말을 들으면 듣자마자 그대로 실천해도 좋습니까?"라고 공자에게 질문했다. 자로와 염유가 '좋은 말'이라고 거론한 것은 궁핍한 사람을 구하는 일을 비롯해 의로운 일을 두루 포괄한다. 공자는 자로에게 "부형이 계시거늘 어떻게 듣자마자 그대로 실천하겠느냐?"라고 주의를 주고, 염유에게는 "듣자마자 그대로 실천해라."라고 일러 주었다. 이에 어린 제자 공서화가 같은 물음에 상반된 대답을 한 것을 이상하게 여겨 질문했다. 공자는 염유는 소극적이므로 나서게 했고 자로는 과감하므로 물러나게 한 것이라고 설명했다.

앞서 보았듯 「옹야」 제10장에서도 염유는 "저는 선생님의 도를 좋아하지 않는 것은 아니지만 힘이 부족합니다."라고 해서 공자로부터 스스로 한계를 짓지 말라는 꾸짖음을 들은 바 있다. 한편 「공야장」 제

14장에 보면 "자로유문(子路有聞)이오 미지능행(未之能行)하여서 유공유문(唯恐有聞)하더라."라고 했다. 자로는 가르침을 들으면 반드시 실행하려고 했으므로 좋은 말을 듣고 아직 실천하지 못한 사이에 다시 새 가르침을 듣는 것을 두려워할 정도였다는 뜻이다.

공자는 제자들의 성격이나 처지를 일일이 고려해서 각자에게 가장 적절한 가르침을 주었다. 그런 참교육을 오늘날에는 찾아보기 어려운 듯하다.

求^구也^야는 退^퇴故^고로 進^진之^지하고
由^유也^야는 兼^겸人^인故^고로 退^퇴之^지호라.

退는 물러난다는 뜻이니, 염유의 주저주저하는 면을 두고 한 말이다. 접속사 故는 현토할 때는 앞으로 붙이고 현대 표점에서는 뒤로 붙인다. 즉 표점을 한다면 求也退, 故進之가 된다. 進之란 그를 격려해서 나서게 했다는 뜻이다. 兼人은 남의 몫까지 아울러 실행한다는 말로, 자로의 지나치게 적극적인 면을 두고 한 말이다. 退之란 그를 견제해서 물러나도록 한다는 뜻이다.

044강

敬

경외의 마음

선생님께서 계시거늘 제가 어찌 감히 죽겠습니까?
「선진」 제22장 자외어광(子畏於匡)

공자가 광이라는 곳에서 포악한 양호로 오인되어 난처한 처지에 놓였을 때 일이다. 제자 안연이 일행보다 뒤처져 아무도 그의 생사를 알 수가 없었다. 마침내 안연이 합류하자 공자는 "네가 죽은 줄만 알았다."라고 했다. 이에 안연은 "선생님께서 계시거늘 제가 어찌 감히 죽겠습니까?"라고 대답했다. 안연은 공자가 해를 모면하고 피신해 있으리라 확신했으며 어떻게든 스승을 모시려 했던 것이다. 이 일화를 통해 안연이 공자를 얼마나 신뢰하고 경애했는지 잘 알 수 있다.

안연은 천명을 믿었기에 생사의 문제 때문에 마음을 썩이지 않았던 듯하다. 목은 이색은 공자가 병이 들었을 때 평소의 생활이 신명의 뜻과 부합했으므로 산천에 기도를 할 필요가 없다고 거절했던 것과 같은 뜻이 안연의 말에도 들어 있다고 보았다. 한편 정약용은 안연이 스승을 아버지처럼 여겼기 때문에 자식의 도리를 다했다고 풀이했다. 옛날에는 아버지가 살아 있으면 자식 된 자는 가벼이 재난에 휩쓸려서는 안 된다고 여겼기 때문이다.

　1930년대 어느 여름 큰 비 내리는 날, 서울역 앞에서 한 사람이 진창에 엎디어 흰 도포 차림의 노인에게 큰절을 올리는 광경이 목격되었다고 한다. 노인은 이건방(李建芳), 빗속에 큰절을 올리던 사람은 정인보였다. 이처럼 큰 선생을 뵙고 자신을 한없이 낮추는 마음이 있어야 누군가를 스승으로 삼는다고 말할 수 있을 것이다.

　우리의 삶을 추동하는 힘은 실로 누군가에 대한 신뢰와 경외의 마음에 있지 않겠는가.

　　　　　　子在어시니 回何敢死리잇고.
　　　　　　자재　　　　회하감사

　子는 선생님이니, 공자를 가리킨다. 在는 '존재하다, 살아 있다'라는 뜻이다. 신성한 기구를 표시하는 才(재)와 土(사)로 이루어져 점유와 지배의 뜻을 나타낸 글자인데, 존재를 나타내는 말로 쓰인다. 回는 안연의 이름으로, 여기서는 그가 자기 자신을 가리키는 말로 쓰였다. 何敢은 '어찌 감히 ~하겠는가?'라고 반문하는 어법이다. 何敢死는 반문의 어법을 빌려 '가볍게 죽을 수 없다'는 뜻을 나타냈다.

045강
도리로 섬길 것

> 이른바 대신이라는 사람은 바른 도로써 임금을 섬기고 그렇지 못하면 그칩니다. 지금 유와 구는 구신이라 할 만합니다. 「선진」 제23장 계자연문(季子然問)

신하에는 대신(大臣)과 구신(具臣)이 있다. 그 차이는 무엇인가? 대신은 도(道)로써 임금을 섬기는 신하이고, 구신은 머릿수를 채울 뿐인 신하다. 이 장에서 공자는 그 둘을 대조함으로써 불의의 권력자를 통렬하게 비판했다.

기원전 498년 무렵, 노나라 대부로서 실권을 쥐고 있던 계씨 일문의 계자연(季子然)은 공자의 제자 자로와 염유를 가신으로 삼고 의기양양해했다. 그는 공자에게 "중유(자로)와 염구(염유)는 대신이라고 할 만합니까?"라고 물어 긍정의 대답을 듣고자 했다. 그러나 대부가 자기 신하를 대신이라 일컫는 것은 참람한 일이었으며, 공자는 계자연에게 권력을 지닐 정당성이 없다고 여겼다. 공자는 "당신이 다른 인물들에 대해 물을 줄 알았는데, 고작 중유와 염구에 대해 묻는단 말입니까?"라고 되묻고는 그 두 사람은 결코 대신일 수 없다고 위와 같이 논평했다.

계자연은 다시 "구신이라면 군주의 명령을 무조건 따릅니까?" 물었다. 공자는 "그들이라고 해도 아버지나 군주를 시해하는 일은 따르지 않을 것입니다."라고 단언했다. 염유는 계씨 집안이 태산에 여제를 지내는데도 막지 못했고 가렴주구(苛斂誅求)를 그만두도록 간언하지도 못했다. 공자는 염유가 정의를 실천하지 못했음에 불만을 느끼고 앞으로는 불의에 타협하지 말기를 바랐기에 이렇게 대답한 것이다.

과거 조정의 신하는 군주에게 충성하는 것이 의무였으므로 대신이나 구신은 군주에 대한 충성의 정도에서 구분되었다. 하지만 현대 정치는 삼권 분립을 이상으로 삼고 있으며 정부 각료라 해도 통수권자에게만 충성할 수는 없다. 그런데 관료나 공직자가 정의 관념도 없이 그저 자리만 채우고 있다면 공자의 무리에게 비난을 사도 마땅하리라. 대체 지금 각료 가운데 바른 도로 정치를 해 나가는 대신은 누구인가?

所謂大臣者는 以道事君하다가
不可則止하나니 今由與求也는 可謂具臣矣니라.

所謂란 '이른바'로 풀이한다. 者는 '~라 하는 것은'으로 풀이한다. 以는 수단, 방법, 기준을 나타내므로 以道事君은 道로써 군주를 보필한다는 말이다. 不可則止란 군주를 道로 보필할 수 없을 때는 스스로 물러난다는 말이다.

046강
정치와 학문의 관계

자로가 "백성이 있고 사직도 있으니 어찌 반드시 글을 읽은 뒤에야 배움이라 하겠습니까?"라고 하자, 공자께서는 "그래서 강변하는 자를 미워하는 것이다." 라고 하셨다. 「선진」 제24장 자로사자고위비재(子路使子羔爲費宰)

공자의 제자 자로는 노나라 대부 계씨의 가신이 되어 동문수학한 자고(子羔)를 계씨의 영지였던 비읍(費邑)의 읍재(邑宰)로 추천했다. 자고는 이름이 고시(高柴)인데 당시 아직 학문이 완숙하지 못했다. 그래서 공자는 그가 비읍의 읍재가 된다면 수련 공부에 해악을 끼치게 될 것이라고 우려했다. 하지만 자로는 실제로 정치를 해 보는 일이 중요하지 독서만 학문이라 할 수는 없지 않느냐고 공자에게 반문했다. 공자는 자로의 이 말이 자로 자신의 경솔함을 숨기려는 의도를 담고 있다고 보아 그를 몹시 꾸짖었다.

『예기』에서는 마흔의 나이를 강사(强仕)라고 했다. 그 나이가 되어야 비로소 이념을 실천하기 위해 벼슬에 나아간다는 말이다. 정나라 대부 자피(子皮)가 한 젊은이에게 자기 영토를 맡기려고 "실제 정치를 하는 것이 학문이자 수양일 수 있다."라고 말했다. 그러자 정나라의 현명한 대부 자산은 "공부한 뒤 정치한다는 말은 들었어도, 정치를 학문이나 수양으로 여긴다는 말은 들은 적이 없다."라고 하면서 말렸다.

이념 추구의 학문과 정치적 실천을 꼭 분리해서 볼 것은 아니다. 하지만 정치를 학문이라 간주해 학자들이 정치를 담당하려 나선다면 옳다고 할 수 없을 것이다.

子路曰, 有民人焉하며 有社稷焉하니
何必讀書然後에 爲學이리잇고.
子曰, 是故로 惡夫佞者하노라.

有民人焉과 有社稷焉은 같은 짜임을 가진 구절들이다. 民人은 人民과 같다. 社稷은 토지신 社와 곡물신 稷을 합한 말이다. 고대 중국에서는 수도와 마찬가지로 지방에도 社稷의 壇(단)을 두었다. '何必~爲~'는 '어찌 반드시 ~라 하겠는가' 하고 반문하는 구문이다. 여기서 爲學은 학문을 한다는 말이 아니라 학문으로 간주한다는 말이다. 惡夫는 '저 ~을 嫌惡(혐오)한다'이다. 佞者는 强辯(강변)의 인물을 말한다.

047강
勵 스승의 격려

> 내가 너희보다 하루라도 나이가 많다고 해서 어려워 마라. 평소 너희는 말하기를 남이 나를 몰라준다고 하지만, 만약 누군가 너희를 알아준다면 어떻게 하겠느냐? 「선진」제25장 무오이야(毋吾以也)/언지(言志) 1

『논어』 가운데서도 아주 정채 있는 대목이다. 이 장은 공자의 제자들이 각자 품은 뜻을 말한다는 점에서 '언지(言志)' 장이라고도 부른다. 무대 위의 연극을 보듯 공자와 그 제자들의 대화가 생동적이며, 대화의 방식과 내용이 현대 교육과 철학에 대해 시사하는 바가 크다.

자로, 증석, 염유, 공서화 등 네 제자가 공자를 모시고 있을 때의 이야기이다. 공자가 "어려워하지 마라."라고 다독이고는 "만약 누군가 너희를 알아준다면 어떻게 하겠느냐?"라고 물었다.

제자들은 자기를 알아주는 사람이 없어서 뜻에 맞는 일을 할 수 없다고 평소 불평을 했다. 「학이」 제1장에서 공자는 "인부지이불온(人不知而不慍)이면 불역군자호(不亦君子乎)아."라고 말했다. 남이 나를 알아주지 않더라도 노여워하지 않으면 군자라고 할 수 있지 않겠느냐는 뜻이다. 뒤집어 보면, 자신의 존재가 미미해서 남들이 몰라줄 때 불만을 품게 되고 심지어 초조해지는 것이 상정(常情)이라 할·수 있다. 공자는 그 초조한 심정을 잘 알고 있었기에 스스럼없이 포부를 말해 보라고 권한 것이다. "내가 너희보다 하루라도 나이가 많다고 해서 어려워 마라." 이 말은 곧 제자들을 힘닿는 데까지 계발해 주고자 했던 참스승의 언어이다.

以吾一日長乎爾나 母吾以也하라.
居則曰不吾知也라 하나니
如或知爾면 則何以哉오.

以는 이유를 나타낸다. 一日長乎爾는 너희보다 하루 나이가 많다는 말로 겸손한 표현이다. 乎는 비교의 기능을 하고, 爾는 너희라는 뜻의 이인칭이다. 母吾以也는 내가 나이가 많다는 이유 때문에 대답하기 어려워하지 말라는 말이다. 母는 금지의 뜻을 나타낸다. 吾以는 以吾를 도치한 표현이다. 居는 '평소'이다. 不吾知也는 '나를 알아주지 않는다'는 뜻이다. 如는 '만일 ~이라면'의 뜻을 나타낸다. 或知爾의 或은 '혹자' 또는 '혹은'으로 풀이한다. 何以哉는 '어떻게 하겠느냐?'라는 뜻이다. 以 뒤에 동사 爲(위)가 생략되어 있다고 보면 좋다.

抱

048강

자로의 포부

자로가 불쑥 말했다. "큰 나라 사이에 끼어 있는 천승의 나라에 이웃 나라 군대가 쳐들어오고 게다가 기근이 닥친다고 해도, 제가 다스리면 삼 년 지나서는 백성들이 용기를 지니고 의리에 맞는 도를 알도록 만들 수 있습니다." 공자께서 미소 지으셨다.

「선진」 제25장 무오이야/언지 2

앞에 이어진다. 공자가 제자들에게 평소 품은 뜻을 말해 보라고 하자, 자로가 먼저 자기 뜻을 말했다. 이 장에서는 품은 뜻을 지(志)라고도 쓰고 선(撰)이라고도 썼다. 후자는 '지을 찬'이 아니라 '갖출 선'으로 읽는데, 마음속에 갖추어 둔 뜻을 말한다.

자로는 정치가로서 활약하겠다는 포부를 지니고 있었다. 그는 자신이 다스린다면 외우내환(外憂內患)에 시달리는 천승의 나라일지라도 3년이면 정치를 본궤도에 올려놓을 수가 있다고 했다. 다른 때 공자는 자로에 대해 "천승의 나라에서 부(賦, 병사를 기르기 위해 토지세를 걷는 일)를 맡아보게 할 만하다."라고 논평한 바 있다. 그만큼 자로는 정치가로서의 재분(才分)을 지니고 있었던 듯하다.

그런데 공자는 자로의 말을 듣고 대답 없이 미소만 지었다. 자로의 기상과 포부를 인정하면서도 자신의 뜻과는 다소 다르다고 여겼기 때문인 듯하다. 조선 후기의 위백규(魏伯珪)가 지적했듯 자로가 분수를 모르고 망상에 사로잡혀 있다고 비웃은 것은 아니다.

제 분수를 모르고 망상에 사로잡히는 것을 월등망대(越等妄大)라고 한다. 누구나 재분을 벗어나지 않되 포부를 실현할 수 있는 세상이 곧 우리가 꿈꾸는 세상이다.

子路率爾而對曰, 千乘之國이
攝乎大國之間하여 加之以師旅오
因之以饑饉이어든 由也爲之면
比及三年하여 可使有勇이오
且知方也케 하리이다. 夫子哂之하시다.

率爾는 가볍고 돌연하며 솔직하게 불쑥 행동하는 것을 나타낸다. 攝은 '끼어 있다'로, 接(접)과 같다. 大國은 병거 만 승을 징발할 수 있는 나라이다. 師는 2500명, 旅는 500명의 군단이다. 加之以師旅는 '이웃 나라에서 군대로 쳐들어오면'이다. 饑饉은 흉년을 뜻한다. 由也의 由는 자로가 자기 자신을 일컬은 말이다. 爲는 治(치)와 같다. 比及의 比는 及과 같다. 三年을 말한 것은 옛날에는 3년마다 치적을 考査(고사)했기 때문이다. 使는 '~로 하여금'으로, 뒤에 人民(인민)이란 말이 생략되었다. 方은 의리에 부합하는 도를 가리킨다. 哂은 미소 짓는다는 말이다.

049강

뜻이 중요하다

"점아, 너는 어떠냐?" 슬을 타던 소리가 잦아들더니
쟁그랑 하고 슬을 놓고 일어나 증석이 대답했다.
"저들의 포부와 다릅니다." 공자께서 말씀하셨다.
"무엇이 걱정이냐? 역시 각자 뜻을 말한 것이다."

「선진」 제25장 무오이야/언지 3

앞에 이어진다. 공자가 제자들에게 평소 품은 뜻을 말해 보라고 하자, 자로가 먼저 자기 뜻을 말한 후 염유와 공서화가 이어서 말했다. 염유는 사방 60~70리나 50~60리의 작은 나라에서 3년 안에 백성의 생활을 안정시킬 것이나, 예악으로 백성을 감화시키지는 못하겠다고 겸손하게 말했다. 공서화는 종묘의 제사나 제후의 회동 때 예복을 갖추어 입고 보좌 역을 했으면 한다고 더욱 겸손하게 말했다.

그러자 공자는 증석을 향해 "점(點)아, 너는 어떠냐?"라고 물었다. 점은 곧 증석의 이름이다. 증석이 타던 슬이라는 악기의 소리가 돌연 잦아들었다. 마침내 증석은 쟁그랑 소리를 마지막으로 슬을 밀쳐놓고 일어서서 "저는 저들의 포부와 다릅니다."라고 했다.

공자의 문하에서는 자신의 뜻을 말로 표현함으로써 스스로 지닌 재분을 돌아보게 했다. 각자의 개성을 고려하지 않고 미리 정해진 하나의 목표만을 향해 학생들을 내달리게 한다면 참교육이라 할 수 있겠는가.

點_점아 爾_이는 何如_{하여}오.
鼓瑟希_{고슬희}러니 鏗爾舍瑟而作_{갱이사슬이작}하야
對曰_{대왈}, 異乎三子者之撰_{이호삼자자지선}호이다.
子曰_{자왈}, 何傷乎_{하상호}리오 亦各言其志也_{역각언기지야}니라.

爾何如의 爾는 이인칭, '~爾'의 爾는 의성어 뒤에 오는 조사이다. 鼓는 악기를 탄다는 뜻이다. 希는 소리가 잦아드는 것을 말한다. 舍瑟의 舍는 놓을 捨(사)의 옛 글자이다. 撰은 '갖출 선'으로 읽으며 갖출 具(구)와 같으니, 抱負(포부)를 가리킨다. 何傷乎는 '무엇이 마음을 아프게 하겠는가', 또는 '걱정할 것 없다'는 말이다. 亦各言其志也는 '역시 누구나 다 자기의 뜻을 말한 것이니 너도 스스럼없이 말해 보라' 권하는 말이다.

浴沂

050강

증석의 포부

> 증석이 말했다. "늦봄에 봄옷이 다 지어지면 갓 쓴 대여섯 사람, 동자 예닐곱 사람과 함께 기수에서 몸 씻고 제터에서 바람 쐬고서 시 읊으며 돌아오겠습니다." 공자께서는 감탄하면서 "나는 너를 허여한다."라고 말씀하셨다.
>
> 「선진」 제25장 무오이야/언지 4

'언지' 장의 계속이다. 공자는 제자들의 포부를 듣고 누구에게 동의했는가? 바로 증석이었다. 증석은 어떤 포부를 말했는가? "늦은 봄에 갓 쓴 대여섯 사람, 동자 예닐곱 사람과 함께 기수에서 몸 씻고 제터에서 바람 쐬고서 시 읊으며 돌아오겠습니다." 증석의 이 쇄락(灑落)한 기상을 일컬어 기수에서 몸 씻는다는 말을 따와 욕기(浴沂)의 기상이라고 한다. 공자는 증석을 인정했다. 이를 여점(與點)이라고 한다.

공자는 자로, 염유, 공서화의 포부에 대해 전적으로 동의하지는 않았다. 증석을 인정했지만 그가 극기복례의 경지를 드러냈다고 칭송한 것도 아니다. 정약용이 풀이했듯, 애당초 공자는 나라 다스리는 일을 염두에 두고 제자들의 뜻을 물은 것이므로 자로, 염유, 공서화 세 사람의 대답은 잘못이라고 할 수 없다. 다만 당시는 시운이 불리했다. 그래서 증석이 세 사람과는 달리 자신이 좋아하는 바를 따르겠다고 말하자 공자는 그를 인정한 것이다.

주희는 증석이 천리가 유행하고 곳에 따라 충만해서 결함이 전혀 없음을 보았다고 논평했다. 명나라 때 왕수인은 바로 증석의 이 기상에서 도덕주의의 속박을 벗어난 자유로운 개성을 발견했다.

증석은 마음이 활달해 천지 만물과 함께 운행했기에 사물들이 각각 제 곳을 얻은 오묘한 조화의 상태를 터득할 수 있었던 듯하다. 그가 그랬듯이 천시에 순응하면서 유유자적하는 태도를 우리는 배워야 할 것이다.

曰, 莫春者에 春服이 旣成이어든
冠者五六人과 童子六七人으로 浴乎沂하고
風乎舞雩하여 詠而歸호리이다
夫子喟然歎曰, 吾與點也하노라.

莫春은 暮春과 같다. 者는 시간을 나타내는 부사에 붙은 어조사이다. 春服은 봄날 입는 가벼운 겹옷이다. 冠者는 스무 살에 관례를 올린 성인, 童子는 15~16세의 소년이다. 沂는 노나라 성 동남쪽을 흐르는 시내이다. 浴은 손과 얼굴을 씻는 일, 風은 바람 쐬는 일이다. 舞雩는 舞를 추며 기우제를 지내는 약간 높은 곳이다. 詠而歸는 시 읊으면서 돌아온다는 말이다. 喟然은 한숨 쉬는 모습이다. 與는 許與(허여)이다.

051강

復 극기복례

> 사욕을 극복해 예로 돌아가는 것이 인이니, 하루
> 사욕을 극복해 예로 돌아간다면 천하가 그 인으로
> 귀화하게 된다. 인을 행하는 것은 자기로부터
> 말미암지, 남으로부터 말미암겠는가.
>
> 「안연(顏淵)」 제1장 극기복례(克己復禮) 1

「안연」편 24장의 첫 장을 '극기복례(克己復禮)' 장이라고 한다. 제자 안연이 인(仁)에 대해 묻자 공자는 극기복례가 곧 인이라고 대답했다. 공자의 근본 사상인 인의 본질에 대해 진지하게 설명한 장이다.

극기는 본래 몸을 검속한다는 뜻의 약신(約身)과 같다. 하지만 성리학자들은 사사로운 욕망을 이기는 것이라고 풀이했다. 복례는 선왕의 예법으로 돌아간다는 뜻이다. 정약용도 옛 주석을 따라서 예의로 돌아가는 일이 복례라고 보았다. 이에 비해 성리학자들은 천리인 예를 회복하는 것이라고 풀이했다.

옛 주석과 정약용에 따르면 극기복례는 결국 자기 몸을 검속해서 선왕의 예법을 실천한다는 뜻이었다. 한편 성리학의 관점에 따르면 극기복례는 사욕을 극복해 천리를 회복하는 것이 된다. 조선 시대의 학자들은 대개 성리학의 설을 따랐다.

사사로운 욕망을 이기는 일은 자기를 조절하는 소극적 활동이다. 예의로 돌아가는 것은 사회적 보편성을 획득하는 적극적 행위이다. 극기복례는 그 두 측면을 모두 포함한다. 자기 부정의 구조를 띤 이 극기복례는 참된 나를 찾는 유력한 방법이다. 이 극기복례는 남으로부터 말미암는 수동적 행위가 아니라 나로부터 말미암는 자율적 행위이다. 이 점을 명심해야 할 것이다.

克己復禮가 爲仁이니 一日克己復禮면
天下가 歸仁焉하나니
爲仁이 由己니 而由人乎哉아.

克己復禮爲仁의 爲는 '~이다'로 풀기도 하고 '~을 행한다'로 풀기도 한다. 一日은 '하루' 혹은 '하루아침에'이다. 天下歸仁은 천하 사람들이 仁德으로 향한다는 말이니, 仁德 있는 사람에게 동조한다는 뜻이다. 정약용은 歸를 歸化(귀화)로 보았다. 一日은 仁을 행하는 시간이 아주 짧은 것을 가리키고, 天下는 仁의 효과가 아주 넓게 파급되는 것을 가리킨다. 爲仁은 仁을 행한다는 뜻이다. 由己는 자기로부터 말미암는다는 말이니, 仁을 행함이 자주적, 자율적 행동임을 뜻한다. 而는 역접의 접속사다. 由人乎哉는 '남으로부터 말미암겠는가?'라는 뜻으로, 반어적 표현이다.

052강
극기복례의 조목

> 예가 아니면 보지 말고, 예가 아니면 듣지 말고,
> 예가 아니면 말하지 말고, 예가 아니면 행동하지 말라.
> 「안연」 제1장 극기복례 2

앞에서 이어진다. 안연이 인(仁)에 대해 묻자 공자는 극기복례가 인이라 했다. 다시 안연이 극기를 실천하기 위한 조목에 대해 묻자 공자는 네 가지 물(勿)을 말했다. 유명한 사물(四勿)의 가르침이다.

공자는 사사로운 욕망을 이기려면 시청언동(視聽言動)을 주재하는 마음을 다잡아야 한다고 보아, 예에 부합하지 않는 일은 보려고도 들으려고도 하지 말고 말하려고도 행하려고도 하지 말라고 했다. 정이는 그 뜻을 부연해서「사물잠(四勿箴)」을 지었다.

『회남자』에 보면 증자가 한때 몸이 말랐다가 뒤에 풍성해졌다는 일화가 있다. 자하가 그 까닭을 묻자 증자는 이렇게 대답했다. "처음에는 부귀의 즐거움을 누리려 했다가 도의 훌륭함을 보고 그것을 좋아하게 되었습니다. 두 가지가 마음속에서 다툴 때는 몸이 말랐다가, 도를 좋아하게 된 뒤로 넉넉해졌습니다." 당시 부귀의 즐거움은 비례

(非禮)와 불의의 행태로 간주되었다.

   사실 우리 마음에는 비례와 불의를 따르려는 경향과 예와 정의로 나아가려는 경향이 혼재한다. 마음속에서 그 둘이 교전할 때, 안연이 그랬듯 결연하게 말하자. "제가 비록 불민합니다만, 사물의 가르침을 일생 실천할 사업으로 삼겠습니다."

非禮勿視하며 非禮勿聽하며
非禮勿言하며 非禮勿動이니라.

勿은 '~하지 말라'는 뜻의 금지사다. 非禮勿視는 '눈앞의 일이 선왕 이래의 예법에 부합하지 않는다면 너는 그것을 보지 말라'는 뜻이다. 非禮의 주어와 勿視의 주어가 다른데도 그 둘이 모두 생략되어 이어져 있다. 아래 세 구절도 마찬가지다. 같은 글자 수, 같은 구조, 같은 내용의 문장을 셋 이상 늘어놓는 것을 유구법 또는 누층법이라 한다. 視는 見(견)과 다르고, 聽은 聞(문)과 다르다. 보려고 해서 보는 것이 視, 들으려고 해서 듣는 것이 聽이다.

053강

인이란 무엇인가

> 문을 나서면 큰 손님을 대하듯이 하고 사람을 부릴
> 적에는 큰 제사를 받들듯이 하며, 자기가 바라지 않는
> 일은 남에게 베풀지 말라. 그렇게 하면 나라에서도
> 원망이 없고 집 안에서도 원망이 없을 것이다.
>
> 「안연」 제2장 중궁문인(仲弓問仁)

중궁이 인에 대해 묻자 공자는 안연에게 대답했던 것과는 다르게 대답했다. 인을 규정하며 "자기가 바라지 않는 일은 남에게 베풀지 말라."라고 한 말이 여기에 나온다. 뒤의 「위령공」 제23장에서 공자는 인의 심리 상태라고 할 '서(恕)'를 설명하면서 다시 이렇게 말한다. 또한 이 말은 증자가 공자의 말을 다른 제자들에게 설명하며 "선생님의 도는 충서일 따름이다."라고 했을 때의 '서'와도 통한다.

공자는 안연에게 극기복례가 인이라고 가르쳤다. 그런데 여기서 중궁에게는 경(敬)을 주로 하고 서를 행하는 것이 인이라 했다. 둘 사이에 등급의 차이가 있다고 보기도 한다. 하지만 정약용은 극기가 곧 서이며, 공자의 가르침은 일관되어 있다고 풀이했다.

자기를 지켜 공(恭)의 태도를 지닌 사람이라면 남에게 정중한 경의 태도와 남을 배려하는 서의 마음을 지닐 것이다. 공, 경, 서를 강조하는 이 평범한 가르침을 제대로 실행하지 못하는 것이 우리의 병폐이다.

出門如見大賓하고 使民如承大祭하며
己所不欲을 勿施於人이니
在邦無怨하며 在家無怨이니라.

出門은 문밖을 나가 군주 밑에서 벼슬을 살거나 남과 교제하는 일을 가리킨다. 如見大賓은 公侯(공후)와 같은 귀한 손님을 맞이하듯 공손히 대하라는 말이다. 如는 '~처럼 하라'는 뜻이다. 『명심보감』에서는 "집 안에 들어오면 사람이 없어도 사람이 있는듯 하라."라는 예절을 가르쳤다. 使民은 백성에게 力役(역역)을 부과하는 일을 말한다. 如承大祭는 하늘의 신이나 조상의 신을 제사 지내는 일을 받들어 행하듯이 경건히 하라는 뜻이다. 己所不欲, 勿施於人은 '자기가 바라지 않는 것을 남에게 강요하지 말라'는 뜻으로, 己와 人이 상대된다. 在邦은 제후의 조정에서 대부의 지위에 있는 것, 在家는 벼슬 살지 않고 집에서 주로 생활하는 것이다. 無怨은 남으로부터 원망받는 일이 없다는 뜻이다.

054강
訒 말을 함부로 하지 말라

어진 사람은 말을 참아서 한다.
「안연」 제3장 사마우문인(司馬牛問仁)

제자 사마우(司馬牛)가 인에 대해 묻자, 공자는 "어진 사람은 말을 참아서 한다."라고 대답했다. '참아서 한다'는 말은 말 더듬을 인(訒) 한 글자로 되어 있다. 이 글자는 과묵하며 말을 함부로 하지 않는다는 뜻인데, 주희는 '참아서 한다'로 풀이했다. 대개 경솔하게 말을 많이 하지 않도록 경계한 것이라고 보면 좋다.

사마우는 공자의 대답이 너무 단순하다고 여겨 "말을 참아서 하면 인이라 이를 수 있습니까?"라고 다시 물었다. 그러자 공자는 "행하기가 어렵거늘 말을 참아서 하지 않을 수 있겠는가?"라고 반문했다. 행하기가 어렵다는 것은 일반적인 의미에서 실천하기가 어렵다는 뜻인 듯도 하고, 인(仁)을 행하기가 어렵다는 뜻인 듯도 하다. 주희는 전자의 뜻으로 보았고 정약용은 후자의 뜻으로 보았다.

우선 공자가 사마우의 물음에 대해 '인(訒)' 자로 답한 것은 사마우가 평소에 말이 많고 조급했기 때문이라고 볼 수 있다. 이 장 다음에 사마우가 다시 군자에 대해 물은 것을 보면 그가 평소 말이 많았음을 알 수가 있다.

한편 정약용이 풀이했듯이, 공자는 인(仁)의 실행을 중시했으므로 가볍게 인을 말하는 것을 경계했다고 볼 수도 있다. 「자로」 제27장에서 "강하고 굳세고 질박하고 어눌함이 인에 가깝다."라고 하고, 「학이」 제3장에서 "말을 잘하고 얼굴빛을 잘 꾸미는 자 가운데는 어진 사람이 드물다."라고 한 것도 인이란 실행하기 어렵기 때문이라고 볼 수 있다.

仁者는 其言也訒이니라.
(인자) (기언야인)

其言也는 '그 말로 말하면', '그 말은'이란 뜻이다. 訒은 '과묵해서 말을 함부로 내지 않는다, 참아서 한다'는 말이다.

055강
성찰하는 삶

사마우가 "근심하지 않고 두려워하지 않으면 군자라 할 수 있습니까?"라고 여쭈자, 공자께서는 "안으로 돌이켜 보아 허물이 없거늘 무엇을 근심하고 무엇을 두려워하겠는가?"라고 말씀하셨다.
「안연」 제4장 사마우문군자(司馬牛問君子) 1

공자는 자기 성찰을 중시했다. 그 사실을 잘 말해 주는 성어가 이 장에 나오는 내성불구(內省不疚)이다. 사마우가 군자란 어떤 존재냐고 묻자, 공자는 "군자불우불구(君子不憂不懼)"라고 대답했다. 군자는 근심하지 않고 두려워하지 않는다는 뜻이다. 사마우는 군자가 보통 사람과는 달리 대단히 고원한 존재일 것이라고 여겼기에 그런 정도로 군자라 할 수 있느냐고 다시 물었다.

『사기』에 의하면 사마우는 공자를 죽이려 했던 사마환퇴(司馬桓魋)의 아우로, 말이 많고 경솔한 면이 있었다. 앞서 보았듯 사마우가 인에 대해 물었을 때 공자는 "어진 사람은 말을 참아서 한다."라고 대답했다. 사마우는 형 사마환퇴가 송나라에서 난을 일으킬 때 직접 가

담하지는 않았으나 남몰래 근심하고 탄식했다. 공자는 그 마음을 살펴 스스로 돌이켜 볼 때 허물이 없고 괴로워할 바가 없다면 아무것도 두려워하지 않아도 된다고 다독인 것이다.

「헌문」 제30장에서 공자는 "어진 사람은 근심하지 않고 지혜로운 사람은 헷갈리지 않으며 씩씩한 사람은 두려워하지 않는다."라고 했고 「자한」 제28장에도 같은 말을 반복했다. 내성불구의 뜻을 되새기면서, 윤동주가 말했듯 "죽는 날까지 하늘을 우러러 한 점 부끄럼이 없기를" 다짐해 본다.

　　　　　왈 불 우 불 구　　사 위 지 군 자 의 호
　　　　　曰, 不憂不懼면 斯謂之君子矣乎잇가.
　　　　　자왈　　내 성 불 구　　　부 하 우 하 구
　　　　　子曰, 內省不疚어니 夫何憂何懼리오.

曰의 주어는 사마우인데 생략되어 있다. 斯는 앞에 나온 말을 가리킨다. 疚는 허물이 있어 괴로워한다는 뜻이다. 夫는 말을 꺼낼 때 쓰는 말로 별다른 뜻이 없다. 何憂何懼의 두 何는 각각 뒤에 오는 동사의 목적어이다. 짧은 의문문에서 목적어가 의문사인 경우에는 동사 앞으로 도치된다.

056강

사해동포

자하가 말했다. "저는 이렇게 들었습니다. '죽음과 삶에는 정해진 운명이 있고, 부자가 되고 귀하게 되는 것은 하늘에 달려 있다.'라고 말입니다. 군자가 경건해서 과실이 없고 다른 사람과 교제할 때 공손해서 예의를 지킨다면 온 세상이 다 형제이리니, 군자가 어찌 형제가 없음을 걱정하겠습니까?"

「안연」 제5장 사마우문군자 2

사마우가 근심스럽게 자하에게 물었다. "남들은 다 형제가 있는데 저만 형제가 없습니다." 앞서 언급했듯 사마우는 형 사마환퇴가 공자를 죽이려 한 일이 있는 데다가 송나라에서 난을 일으킨 적도 있으므로 형제가 없는 것이나 다름없다고 탄식한 것이다. 혹은 실제로 형이 죽고 난 뒤 탄식한 것인지도 모른다. 이에 자하는 삶과 죽음, 부귀는 모두 하늘에 달려 있다는 천명론과 군자는 온 세상의 사람들과 형제라는 사해형제(四海兄弟)의 설로 사마우를 위로했다.

"사생유명(死生有命)이오 부귀재천(富貴在天)이라."라는 천명론은 참으로 가슴에 담아 두어야 할 명언이다. 조선 후기의 홍석주(洪奭周)는 「무명변(無命辨)」에서 이렇게 말했다. "궁색하고 영달함은 명에 달려 있으므로 무리하게 구할 수 없다. 죽고 사는 것은 명에 달려 있으므로 무리하게 피할 수 없다. 귀하고 천함은 명에 달려 있으므로 무리하게 영위할 수 없다. 가난하고 부유함은 명에 달려 있으므로 무리하게 도모할 수 없다." 운명 결정론을 주장한 것이 아니라, 천명이 어디 있느냐며 의롭지 못한 짓을 자행하는 사람들을 비판한 것이다.

한편 『대대례』를 보면 증자는 "군자가 인(仁)으로써 뜻을 세우며 행실을 먼저 하고 말을 뒤로하면 천 리 밖 사람이라도 모두 형제가 될 수 있다."라고 했다. 어느 시인처럼 "고립을 피하여 시들어" 간다며 서글퍼하기보다, 자하와 증자의 말을 되새겨 보아야 하리라.

子夏曰, 商은 聞之矣로니 死生有命이오
富貴在天이라 호라. 君子가 敬而無失하며
與人恭而有禮면 四海之內가 皆兄弟也니
君子가 何患乎無兄弟也리오.

商은 자하의 이름이다. 聞之의 之는 死生有命, 富貴在天 두 구절을 가리킨다. 단 청나라 학자는 死生有命부터 皆兄弟也까지 가리킨다고 보았다. 어느 경우든 자하는 그 말을 공자에게서 들었을 것이다. 死生有命, 富貴在天은 나누어 풀이했지만 실은 死生(사생)과 富貴(부귀)가 天命에 달려 있다는 말이다. 이런 짜임을 互文(호문)이라 한다. 無失은 과실이 없다는 말로, 아래의 有禮(유례)와 짝을 이룬다. 與人은 '남과 교제하다', 四海之內는 '온 천하 사람'이라는 뜻이다. '何患乎~'는 '어찌 ~을 걱정하겠는가?'로 반어적 표현이다.

明

057강
통찰력이란 무엇인가

> 물이 차츰 젖어 들듯이 하는 헐뜯는 말과 살갗을 파고드는 하소연이 통하지 않는다면 밝다고 할 수 있을 것이다. _{안연 제6장 자장문명(子張問明)}

자장이 명(明), 곧 통찰력에 대해 묻자 공자는 위와 같이 대답했다. 그리고 바로 이어서 "물이 차츰 젖어 들듯이 하는 헐뜯는 말과 살갗을 파고드는 하소연이 통하지 않는다면 멀리까지 밝게 본다고 할 수 있다."라고 했다. 통찰력의 중요성을 강조해서 덧붙인 말이다.

지도자는 총명(聰明)해야 한다. 총은 귀가 밝은 것, 명은 눈이 밝은 것이다. 『서경』「순전(舜典)」에서는 순임금을 찬양해서 "명사목(明四目) 달사총(達四聰)"이라 했다. 눈으로 사방을 살피고 귀를 사방에 기울였다는 말이다. 그런데 눈이 밝다 해서 아무것이나 다 보고 귀가 밝다 해서 아무 말이나 다 들어서는 안 된다. 옛날에 군주가 면류관을 쓴 것은 이 때문이다. 면류관의 앞에 주옥을 꿰서 늘인 끈은 좋은 것만 골라서 본다는 뜻을, 양쪽에 단 주광은 긴요하지 않은 말은 듣지 않는다는 뜻을 상징적으로 표현한다.

인간은 갖가지 사회 단체나 정치 조직 속에서 살아가지 않을 수 없으며, 이때 조직 전체를 관장하는 지도자는 각 사람에게 적합한 책무를 분배하는 권력을 위임받는다. 그렇기에 어느 구성원보다도 통찰력이 요구된다. 지금 이 시대의 지도자에게 가장 요구되는 덕목도 바로 이 장에서 말한 총명인 것이다.

> 침윤지참   부수지소
> 浸潤之譖과 膚受之愬가
> 불행언   가위명야이의
> 不行焉이면 可謂明也已矣니라.

浸潤은 물이 땅을 차츰 적셔 들어가듯 사람의 마음을 파고드는 것을 말한다. 譖은 남에 대해 근거 없이 비난하는 일이다. 膚受는 피부가 갈라지듯 절박하다는 뜻이다. 단 정약용은 피부의 병이 차츰 골수로 스며드는 듯하다는 뜻으로 풀이했다. 愬는 자기의 억울함을 하소연하는 일이다. 이런 하소연은 너무 절박해서 실상을 제대로 살피기 어렵게 만든다. 不行은 먹혀들지 않는다는 뜻이다. '可謂~'는 '~라 이를 만하다'이다. 也已矣는 단정의 어조사를 중첩해서 어조를 강화했다.

信

058강

정치의 첫째 요건

자공이 정치에 대해 여쭈자, 공자께서는 "식량을 풍족히 하고 군대를 충분히 갖춘다면 백성들이 믿을 것이다."라고 하셨다. 자공이 "부득이하게 이 세 가지 중에서 하나를 버려야 한다면 무엇을 먼저 버려야 합니까?"라고 여쭈자, 공자께서는 "군대를 버려야 한다."라고 하셨다. 자공이 "부득이하게 이 두 가지 중에서 하나를 버려야 한다면 무엇을 먼저 버려야 합니까?"라고 여쭈자, 공자께서는 "식량을 버려야 한다. 옛날부터 사람에게는 모두 죽음이 있다. 그러나 백성이 믿지 않으면 정치는 제대로 설 수 없다."라고 하셨다. 「안연」 제7장 자공문정(子貢問政)

이 장은 정치의 요건에 대해 깊이 생각하게 한다. 자공이 정치에 대해 묻자 공자는 정치의 요건으로 풍족한 식량, 충분한 군사력, 백성의 신뢰를 들고는 백성의 신뢰가 가장 중요하다고 강조했다.

공자가 처음에 대답한 "족식족병민신지의(足食足兵民信之矣)"에 대해 조선 선조 때 교정청본은 "족식족병이면 민신지의리라."라고 현토했다. 이는 "창고 가득히 쌓고 무기를 갖춘 다음에 교화가 실행되고 백성이 나(군주)를 신뢰하게 되는 법이다."라는 주희의 풀이를 따른 것이다. 반면 정약용은 만약 주희의 해석대로 식(食)과 병(兵)이 민신(民信)을 얻는 조건이라면 뒤에 자공이 "이 세 가지 중에서"라고 말할 수 없다고 반박하며 그 셋을 대등하게 파악했다. 이에 따르면 "족식하며 족병하며 민신지니라."라고 현토해야 할 것이다. 여기서는 두 설을 종합해서 식량과 군대가 백성의 신뢰를 얻는 필요조건이라고 보고, 다시 그 셋이 정치의 요건이라고 중층적으로 풀이했다.

「자로」 제1장에서 자로가 정치에 대해 물었을 때 공자는 "먼저 백성에게 모범을 보이고 백성들을 위로해야 한다."라고 말했다. 자로에게는 정치가의 자세에 대해 말하고, 자공에게는 정치의 근본 요체를 말한 것이다. 둘 다 현대의 정치가들이 귀 기울여야 할 말이다.

子貢이 問政한대 子曰, 足食足兵이면 民信之矣리라. 子貢曰, 必不得已而去인댄 於斯三者에 何先이리잇고. 曰, 去兵이니라. 子貢曰, 必不得已而去인댄 於斯二者에 何先이리잇고. 曰, 去食이니, 自古皆有死어니와 民無信不立이니라.

자공은 '必不得已而去~何先?'이라는 어구를 거듭 써서 공자에게 질문을 던졌다. 공자는 去兵과 去食을 차례로 말한 뒤 마지막으로 백성들의 신뢰가 없어서는 안 된다고 강조했다.

文質

059강

문채와 바탕

> 문채는 바탕과 같고 바탕은 문채와 같아야 하는 것이니, 범이나 표범의 털 제거한 가죽은 개나 염소의 털 제거한 가죽과 같습니다. 「안연」 제8장 문유질질유문(文猶質質猶文)

춘추 시대 위나라 대부 극자성(棘子成)이 공자의 제자 자공에게 "군자는 실질이 중요할 따름입니다. 어찌 몸을 닦아 꾸밀 필요가 있겠습니까?"라고 물었다. 이에 자공은 "애석하군요, 그대가 군자에 대해 말씀하시는 것은! 사불급설이라 했습니다."라 하고는 위와 같이 "문채는 바탕과 같고 바탕은 문채와 같아야 합니다."라고 덧붙였다.

자공은 군자란 문(文)과 질(質), 즉 겉모습과 바탕이 조화를 이루어야 한다고 강조했다. 만일 가치 있는 공부를 하거나 인간다운 교양과 예절을 익힘으로써 스스로 용모와 동작을 가다듬지 않는다면 군자인지 미개인지 구별할 수 없게 될 것이다. 자공은 그런 상태가 마치 털이 없다면 호랑이 가죽이나 표범 가죽을 개가죽이나 염소 가죽과 구별할 수 없는 것과 같다고 비유한 것이다.

공자와 그 문하는 문과 질 가운데 어느 한쪽도 경시하지 않았다.

「옹야」 제16장에서 공자는 "바탕이 문채보다 두드러지면 촌스럽고 문채가 바탕보다 두드러지면 매끈하기만 하다."라고 했고, 다시 바탕과 문채가 어우러져 빛을 내야 군자일 수 있다고 강조했다. 당시에는 질박한 풍조가 사라지고 겉만 요란하게 꾸미는 사람들이 많았기에 문과 질을 둘 다 갖추라고 역설한 듯하다. 지금 우리 시대는 어떠한가?

文^문猶^유質^질也^야며 質^질猶^유文^문也^야니
虎^호豹^표之^지鞟^곽이 猶^유犬^견羊^양之^지鞟^곽이니라.

文猶質也와 質猶文也는 짜임이 같다. 猶는 완전히 같지는 않지만 사실상 같다는 의미를 나타낸다. 뒤의 猶도 그렇다. 文이란 학문이나 예악의 소양을 가지고 용모나 동작을 우아하게 꾸미는 것을 말한다. 質이란 忠信(충신) 등 인간 본연의 바탕을 말한다. 鞟은 털을 제거한 날가죽이다. 마지막 두 구절은 아무리 호랑이나 표범의 가죽이라 해도 털이 없다면 개가죽이나 염소 가죽과 같아져 구별할 수 없게 된다는 뜻이다.

060강

함께 잘사는 길

**백성이 풍족하면 군주 혼자 부족하겠으며,
백성이 부족하면 군주 혼자 풍족하겠습니까.**

「안연」 제9장 애공문어유약(哀公問於有若)

노나라 애공은 흉년이 들어 재용이 부족하니 어떻게 해야 좋겠느냐고 공자의 제자 유약, 즉 유자에게 물었다. 유자는 철법(徹法)을 쓰라고 권유했다. 철법이란 주나라에서 백성들에게 수확의 10분의 1을 공평히 조세로 걷었다고 전해지는 이상적인 세법을 말한다. 철(徹)은 통철(通徹, 통틀음)해서 균등히 한다는 뜻이라고도 하고, 중간에 다른 이권자를 개입시키지 않고 관리가 직접 거두어 간다는 뜻이라고도 한다. 그런데 애공은 당시 사정으로는 백성들에게 10분의 2를 거두어도 부족하다고 불평했다. 이에 유자는 "백성이 풍족하면 군주 혼자 부족하겠으며, 백성이 부족하면 군주 혼자 풍족하겠습니까?"라고 반문했다. 군주가 선정을 베풀어서 백성이 잘살게 되면 군주만 홀로 빈궁하게 남겨지겠느냐는 뜻이다.

공자는 인정(仁政)과 덕치(德治)를 중시했지만 물질적 토대를 무시하지 않았다. 백성의 경제력을 토대로 국비를 충당해야 한다는 실질적인 경제관을 지니고 있었다. 그 관점이 제자 유자에 의해 구체적인 언설로 나타났다. 정약용에 따르면, 당시 노나라에서 세 대부인 삼환이 세금을 착취해서 공실(公室)의 비용이 부족했으므로 유자는 철법을 통해 그 모순을 혁파할 수 있다는 뜻을 드러내고자 "군주 혼자 부족하겠으며 군주 혼자 풍족하겠습니까?"라고 말한 듯하다.

정치는 자유, 정의, 인권과 같은 큰 이념을 구현해야 한다. 그렇다고 이념만 강조하고 시민의 생활을 개선시키지 못한다면 정치가 제대로 이루어질 수 없다. 옛사람들은 대경대법(大經大法)만 강조하다 보면 현실 대응의 구체적인 대책을 갖추기 어렵다는 것을 잘 알았다. 알고도 좀처럼 실천하지 못하는 것은 옛날이나 오늘이나 마찬가지인 듯하다.

百姓이 足이면 君孰與不足이며
백성   족   군 숙 여 부족

百姓이 不足이면 君孰與足이니잇고.
백성   부족   군 숙 여 족

百姓足, 君孰與不足는 조건과 결과의 관계로 이루어져 있다. 君孰與不足에서 孰은 누구 誰(수)와 같다. '누구와 더불어 부족하겠는가?'라고 말해 결코 부족하지 않으리라는 뜻을 나타낸 반어적 표현이다. 아래의 君孰與不足도 '누구와 더불어 풍족하겠는가?'라고 말해 결코 풍족할 수 없다는 뜻을 거꾸로 나타냈다.

061강

德 덕을 높이는 방법

> 충실과 신의를 중심으로 삼고 정의로 옮겨 가는 것이 덕을 높이는 방법이다. 사랑할 때는 오래 살기를 바라다가 미워지면 죽기를 바라는데, 같은 사람에 대해 오래 살기를 바라다가 다시 죽기를 바라는 이것이 바로 미혹이다.
>
> 「안연」 제10장 자장문숭덕변혹(子張問崇德辨惑)

자장이 공자에게 숭덕변혹(崇德辨惑)에 대해 묻자 공자는 위와 같이 대답했다. 숭덕변혹이란 덕을 높이고 미혹을 해소하는 일을 말한다. 자장은 말과 행동이 당당한 사람이었으므로 인간의 완성에 관한 깊은 견해를 선생님에게서 듣고자 한 듯하다. 하지만 공자의 대답은 어떤가? 너무 평범하지 않은가? 숭덕에 대해서는 "충실과 신의를 중심으로 삼고 정의로 옮겨 가는 것이 덕을 높이는 방법이다."라고 대답했다. 덕을 높이려면 충실과 신의를 지키면서 일마다 정의를 추구해야 한다고 강조한 것이다. 미혹에 대해서는 "사랑할 때는 오래 살기를 바라다가 미워지면 죽기를 바라는 것을 말한다."라고 대답했다.

미혹을 해소하려면 개인적인 호불호가 바뀌었다고 해서 사람에 대한 사랑과 신뢰를 바꾸지 않아야 한다고 강조한 것이다.

뒤에 보면 번지도 공자에게 숭덕변혹의 문제를 물었다. 공자는 힘든 일을 앞서 하고 보답을 바라지 않는 것이 숭덕이고, 한때의 분노 때문에 일신을 돌보지 않고 부모에게까지 재앙을 끼치는 것이 미혹이라고 했다. 이 대답도 평범하다.

공자의 대답은 평이하나 그 말에는 울림이 있다. 나 자신 스스로나 남을 대해서나 올바른 마음을 전일(專一)하게 갖는 일, 이보다 더 고귀한 일이 또 어디 있겠는가!

主忠信하며 徙義가 崇德也니라.
愛之란 欲其生하고 惡之란 欲其死하나니
旣欲其生이오 又欲其死가 是惑也니라.

主忠信은 忠實(충실)과 信義(신의)의 마음을 專一(전일)하게 갖는다는 뜻이다. 徙義는 義로 옮겨 간다는 말인데, 모든 일이 正義(정의)에 부합하도록 한다는 뜻이다. 愛之欲其生은 누군가를 사랑해서 그가 오래 살기를 바란다는 말, 惡之欲其死는 누군가를 미워해서 그가 빨리 죽기를 바란다는 말이다. 旣欲其生, 又欲其死는 한때는 사랑해서 오래 살기를 바랐으면서 이제는 미워해서 그 사람이 죽기를 바란다는 뜻이다. 천명에 의해 결정되는 삶과 죽음의 문제를 인력으로 어찌할 수 있으리라 생각한다면 미혹되었다 하지 않을 수 없다. 이 점을 깨닫는다면 미혹을 해소할 수 있다고 공자는 말한 것이다. 단 정약용은 백성들을 井田法(정전법)으로 살려 놓고서 세금을 무겁게 걷어 죽게 만드는 일이라고 풀이했다. 일설로 소개해 둔다.

062강

政 치국안민의 도리

제나라 경공이 정치에 대해 공자에게 묻자, 공자께서는 "군주는 군주다워야 하고 신하는 신하다워야 하며 아버지는 아버지다워야 하고 자식은 자식다워야 합니다."라고 대답하셨다.

「안연」 제11장 제경공문정어공자(齊景公問政於孔子)

신라 경덕왕이 국정의 자문을 구하려 했을 때 신하들은 「찬기파랑가」의 작가로 유명한 고승 충담사(忠談師)를 모셔 왔다. 충담사는 「안민가(安民歌)」를 지어 그 마지막 구절에서 "임금답게 신하답게 백성답게 한다면 나라 안이 태평할 것입니다."라고 했다. 「안연」 편의 이 장에서 뜻을 취해 온 것이다.

　공자는 제나라 경공(景公)이 정치에 대해 묻자 "군군신신부부자자(君君臣臣父父子子)" 여덟 자를 일러 주었다. 경공은 이름을 저구(杵臼)라 하며 영공(靈公)의 아들인데, 제나라 대부 최저(崔杼)가 장공(莊公)을 시해하고 옹립했다. 경공은 세금을 무겁게 부과하고 형벌을 가혹하게 시행했다. 또 첩의 아들을 태자로 세워 훗날 국난을 초래했다.

이에 그동안 세력을 확장했던 진씨(陳氏)가 제후의 자리를 대신하게 된다. 공자는 실상과 추세를 꿰뚫어 보고, 인간이 지켜야 할 큰 도리이자 정사의 근본인 저 여덟 자를 말한 것이다.

공자는 이름과 실질을 부합시키는 정명(正名)을 정치의 근간으로 여겼다. 정명이란 사회 구성원 각자가 명분에 맞는 덕을 실현함으로써 올바른 질서를 형성하는 것을 말한다. 정명 사상은 이름과 실질이 맞지 않는 경우 그 시정을 요구하는 강력한 논리가 될 수 있으므로 반드시 보수적인 것은 아니다. 『주역』도 누구나 자기가 있을 곳을 얻어야 한다는 각득기소(各得其所)의 이념을 말하지 않았던가!

齊景公이 問政於孔子한대
孔子對曰, 君君, 臣臣, 父父, 子子니이다.

君君, 臣臣, 父父, 子子에서 앞에 놓인 君, 臣, 父, 子는 각각 그 사람을 가리키고 뒤에 놓인 글자들은 각각 그에 맞는 도리를 다한다는 뜻을 지닌다. 곧 똑같은 글자이면서 각각의 앞 글자는 명사, 뒷 글자는 동사이다.

063강

판결의 요건

> 공자께서는 "한마디 말로 송사를 판결할 수 있는 사람은 아마 유일 것이다."라고 말씀하셨다. 자로는 승낙한 일을 미루지 않았다.
>
> 「안연」 제12장 자로무숙낙(子路無宿諾)

재판은 쉬운 문제가 아니다. 그렇기에 한마디 말로 공정한 판결을 내려 옥사를 마감하는 편언절옥(片言折獄)이 아쉽다. 이 성어는 「안연」편의 이 장에서 나왔다. 공자는 유, 곧 자로가 송사의 판결에 뛰어났다고 칭찬했다. 그 뒤 문장은 후대의 논평이다.

1792년에 연암 박지원은 안의(安義) 현감으로 부임하다가 경상 감사의 부탁으로 의심스러운 옥사들을 심리했다. 당시 현풍(玄風)의 살옥(殺獄)에서 아버지와 아들이 살인죄를 서로 떠넘기고 있었다. 박지원은 아들과 아버지의 심리 상태를 관찰해서 초검 때 범인으로 지목되었던 아들이 진범일 것이라는 정황 증거를 제시했다. 그야말로 편언절옥이었다.

편언에 대해 옛 주석은 '송사 당사자의 한쪽 말'로 보았다. 정약용은 그 설을 지지하되 '진실 없는 자의 한쪽 말'로 새겼다. 그렇다면 공자의 말은 "원고나 피고의 한쪽 말만 듣고도 그 말이 진실이 아님을 꿰뚫어 송사를 판결할 수 있는 사람은 아마 유일 것이다."라고 풀이할 수 있다. 자로는 원고나 피고의 한마디 말만 듣고도 송사를 판결할 수 있을 만큼 남의 말을 잘 파악했다. 공자가 다른 곳에서 거듭 강조했고 뒷날 맹자도 강조하는 지언(知言)에 능했던 것이다. 지언은 일상의 말에서 표현 형식과 정서의 내용을 제대로 파악하는 일을 뜻한다.

자로는 이렇게 말의 형식과 내용을 중시했으므로, 일상의 삶에서도 자신의 말이 빈말이 되지 않도록 힘썼을 것이다. 그렇기에 자로는 승낙한 일을 미루지 않는 신실한 태도를 지켰다는 평가를 받았다. 남에게는 빈말을 하지 말라고 요구하면서 자기 자신은 말의 신의를 지키지 않는 사람은 자로의 죄인이다.

이 장은 법조인의 자세에 관해 교훈을 준다. 재판관이라면 평소 말에 신의가 있어야 한다. 판결은 단순한 기술이 아니다. 인격에 토대를 둔 행위여야 하리라.

子曰, 片言에 可以折獄者는
其由也與인저. 子路는 無宿諾이러라.

片言은 '한마디 말'이다. 주희는 半言(반언)이라 풀었으니, '판결의 말이 채 끝나기도 전'이라는 뜻으로 본 것이다. 可以는 '~할 수 있다'이다. 折獄의 折은 斷(단), 獄은 訴訟(소송)이다. '其~與'는 '아마 ~이리라'는 의미를 나타낸다. 宿은 머무르도록 둔다는 뜻이니, 無宿諾은 승낙한 것은 미루지 않는다는 말이다. 그토록 신의가 있기에 남들의 신뢰를 받았다는 뜻을 함축한다.

064강

訟

송사를 없게 한다

송사를 처리함은 나도 남과 같겠으나, 반드시
송사함이 없게 하리라.

「안연」 제13장 필야사무송호(必也使無訟乎)

공자는 송사의 문제와 관련해서 자로의 편언절옥보다 더욱 근본적인 해결책을 제시했다. 즉 공자는 송사를 잘 처리하기보다 송사가 발생하지 않도록 해야 하며, 그러려면 덕치와 예교를 통해 백성들을 감화해야 한다고 보았다.

『대학』에서는 이 장을 인용하며 이렇게 말했다. "공자는 '송사를 처리함은 나도 남과 같겠으나 반드시 송사함이 없게 하리라.'라고 했다. 진실 없는 자가 허탄한 송사를 일으킬 수 없게 해서 크게 백성의 마음을 두렵게 하는 것이니, 이것을 일러 근본을 안다고 한다." 위정자가 자기 자신의 내면을 닦고 덕으로 사람들을 다스려 윤리 의식을 높임으로써 무실(無實)의 송사를 일으키지 않게 해야 한다는 것이다. 근대 이전에는 위정자가 도덕적으로 완전하다면 백성들이 두려워하는 마음을 갖게 되어 질서를 어지럽히는 일이 없으리라고 여겼다. 그래서 위정자의 수신과 덕치로 대외민지(大畏民志, 백성의 마음을 크게 두렵게 만듦)의 효과를 얻는 것을 지본(知本, 근본을 앎)이라 한 것이다.

그런데 중국 삼국 시대 위(魏)나라의 왕필(王弼)은 이 구절이 일의 처음을 잘 도모한다는 뜻인 모시(謀始)에 대해 말한 것이라고 풀이했다. 일의 처음을 잘 도모한다는 것은 적절한 제도를 마련하는 일을 뜻한다. 특히 송사와 관련해서 말한다면 덕망 있는 사람이 계약서 등의 문건을 잘 관리해서 송사가 일어나지 않게 하는 일이다.

공자는 행정과 법무보다 수신과 덕치를 통한 교화를 우선시했으므로 왕필의 해설이 옳은 것은 아니다. 다만 현대의 행정과 법무에서는 위정자의 수신만 강조할 수 없다. 제도를 정비해 처음을 잘 도모하는 측면도 중시해야 할 것이다.

聽訟^{청송}이 吾猶人也^{오유인야}나 必也使無訟乎^{필야사무송호}인저.

聽訟은 소송을 듣고 是非(시비)와 正邪(정사)를 판단하는 일이다. 吾猶人은 '나는 남과 같아 특별히 뛰어난 면이 없다'는 뜻이다. 必也는 '어떻게 해서든 반드시'라는 의미를 지닌다. 使無訟에서는 使의 목적어인 백성 혹은 세상이 생략되었다고 보아도 좋고 無訟을 그 목적어로 보아도 좋다. 乎는 기원과 의지의 어조를 지닌 종결사이다.

065강

誠

정치가의 자세

> 자장이 정치에 대해 여쭈자, 공자께서는 "지위에 있으면서 게을리하지 말고 정치를 행할 때 충심으로 해야 한다."라고 말씀하셨다.
>
> 「안연」 제14장 자장문정(子張問政)

정치는 지금이나 옛날이나 쉬운 일이 아니다. 자장이 정치하는 자세에 대해 묻자 공자는 지위에 있으면서 게을리하지 말고 정무를 볼 때 충심을 지녀야 한다고 했다. 뒤의 충심을 지녀야 한다는 말은 쉽게 이해되지만, 앞의 게을러서는 안 된다는 말은 조금 의아하다.

그런데 뒤의 「자로」 제1장에 보면 공자는 자로가 정치에 대해 물었을 때도 백성들보다 먼저 수고해야 하며 게을러서는 안 된다고 강조했다. 조선 시대의 많은 정치가들이 이유야 어떻든 걸핏하면 정치에 싫증을 내고 산수 자연 속으로 돌아가려고 한 사실에 비추어 보면 공자의 말이 무근은 아니라고 생각된다.

자장은 공자보다 48세나 젊은 사람이다. 젊기 때문인지 태도는 당당했지만 속은 그다지 여물지 않았다. 정치에 대해서도 의욕은 강하지만 실제로 일을 해 나갈 열의가 부족했던 듯하다.

정이는 자장이 다소 어질지 못하고 백성을 진심으로 사랑하는 마음이 부족했기 때문에 정치에 성의를 다하지 않을 우려를 산 것이라 추측했다. 그 지적은 자장만이 아니라 자로에게도 해당할 것이다. 또 그 말은 오늘날 정치와 행정을 맡은 사람들에게도 높은 꾸짖음이 될 수 있으리라.

경북궁의 정전을 근정(勤政)이라 이름 붙이고 그 곁의 집무처를 사정(思政)이라 이름 붙였던 선인들의 뜻을 되새겨 볼 일이다.

子張이 問政한대
子曰, 居之無倦하며 行之以忠이니라.

問政은 정치에 대해 묻는다는 말이다. 子曰 이하는 공자의 말이다. 居之는 '지위에 있으면서' 혹은 '정치를 마음에 두어서'라고 풀이한다. 無倦은 권태를 느껴서는 안 된다는 말이니, 곧 열의를 다해 始終如一(시종여일)하라는 뜻이다. 行之以忠은 정치를 행하기를 忠의 태도로 하라는 뜻이다. 忠은 주희에 따르면 안과 밖이 하나인 表裏如一(표리여일)의 태도를 가리킨다.

066강

成 남의 완성을 돕는다

군자는 다른 사람의 좋은 점을 이루게 해 주고 나쁜 점은 조장하지 않는다. 소인은 이와 정반대다.
「안연」제16장 군자성인지미(君子成人之美)

공자는 누구나 나의 완성에 그치지 말고 남의 완성에도 힘쓰라고 가르쳤다. 남을 대할 때는 결코 남의 단점을 부추기거나 모르는 체 지나쳐서는 안 된다고 했다. 이 장에서 공자는 군자라면 결코 다른 사람의 나쁜 점을 조장하지 않는다고 분명히 말했다. 반면 소인은 군자와 덕성이 다르다. 소인은 다른 사람이 좋은 점을 이루지 못하도록 방해하고 나쁜 점을 부추겨 한 인간을 파멸시키기까지 한다.

「이인」제16장에서 공자는 "군자유어의(君子喩於義)"라고 했다. 군자는 도의(道義)에 밝다는 말이니, 군자는 어떤 일에서든 도의를 기준으로 삼는다는 뜻이다. 소인은 이와 달리 이익에 밝기에 어떤 일에서든 이익을 기준으로 삼는다. 또한 군자는 현실에 안주하지 않고 사태를 방과(放過)하지도 않는다. 같은 「이인」편의 제3장에서 공자는 "오직 어진 사람만이 능히 남을 좋아할 수 있고 또 남을 미워할 수 있다."라고 했다. 어진 사람은 도의에 밝은 군자를 좋아할 줄 알고 이익만 추구하는 소인을 미워할 줄 안다고 말한 것이다.

　공자가 이 시대를 산다면 "나는 이제껏 인을 좋아하는 사람도 불인을 미워하는 사람도 본 적이 없다."라고 탄식하지나 않을까?

$$\underset{\text{군 자}}{君子}는 \underset{\text{성 인 지 미}}{成人之美}하고 \underset{\text{불 성 인 지 악}}{不成人之惡}하나니$$
$$\underset{\text{소 인}}{小人}은 \underset{\text{반 시}}{反是}니라.$$

成은 유도하고 권장해서 이루어 준다는 뜻이다. 人之美는 成의 목적어다. 美와 惡은 각각 미덕과 악행, 혹은 미명과 악명을 뜻한다. 反是는 앞의 내용과 반대라는 말이다. 不成人之惡에 대해서는 남의 무능이나 실패를 숨겨 준다고 풀이할 수도 있다. 『춘추』의 해석서인 『공양전』에서 보듯, 옛사람은 외국의 큰 잘못은 기록하고 자국의 대신이나 군주가 저지른 큰 잘못은 숨겨서 덮었으며, 위정자의 훌륭한 점을 칭찬할 때는 길게 하고 나쁜 점을 비평할 때는 짧게 했다. 이것이 不成人之惡과 관계된다고 볼 수 있다. 하지만 정약용은 그런 풀이를 비판했다. 소인이 형벌에 저촉될 정도의 큰 죄악을 저지르면 군자는 가차 없이 그를 엄벌에 처해야 한다고 보았기 때문이다. 여기서는 정약용의 설을 따른다.

067강

正

정치란 바루는 것

다스릴 정(政)은 바르게 할 정(正)입니다. 당신이 솔선해서 스스로를 바르게 한다면 누가 감히 바르지 않겠습니까? 「안연」 제17장 정자정야(政者正也)

노나라 대부 계강자가 정치의 요체를 묻자, 공자는 정치란 '바루는 것'이라고 대답했다. 간명한 정의 속에 웅변을 담고 있는 정치론이다. 계강자는 계손씨로, 이름은 비(肥)이며 강(康)은 시호이다. 공자의 만년에 그 아버지 계환자(季桓子)의 뒤를 이어 정권을 잡았다.

공자는 「위정」 제20장에서 계강자에게 위정자의 솔선수범을 역설하며 대개 다음과 같은 뜻의 말을 했다. "윗사람이 장중한 태도로 대하면 백성들도 저절로 존경할 것이고, 윗사람이 부모에게 효도하고 백성을 사랑하면 백성들도 자연히 충성할 것입니다. 윗사람이 훌륭한 사람을 등용하고 재능 없는 사람을 가르친다면 백성들도 선행을 서로 권할 것입니다." 이는 당시의 대부들이 읍을 점탈하고 군주를 배반하는 부정을 저지르고 있음을 에둘러 비판한 것이기도 하다.

『맹자』도 정치의 강령으로 군주를 바로잡는 정군(正君)을 매우 중시했다. 전한 때 동중서(董仲舒)는 무제(武帝) 즉위 초에 올린 현량 대책문(賢良對策文)에서 이렇게 말했다. "임금이 된 자는 자기 마음을 바로잡아 조정을 바르게 하고, 조정을 바로잡아 백관을 바르게 하며, 백관을 바로잡아 만백성을 바르게 하고, 만백성을 바로잡아 사방을 바르게 해야 합니다. 사방이 바르게 되면 멀고 가까운 곳 모두가 감히 한결같이 바른길로 나오지 않음이 없게 되어 사특한 기운이 그 사이에 범접하지 못하게 될 것입니다." 남송 때 주희도 "군주가 스스로의 마음을 바로잡아야 한다."라고 했다. 이 모든 말을 관념적이고 원론적이라고 무시할 수는 없다. 오늘날 우리는 주권자로서 정치에 임하는 정당성을 어디에서 찾겠는가? 우선 나 자신의 정의로움에서 찾아야 하지 않겠는가?

政者는 正也이니 子帥以正이면
孰敢不正이리오.

政者, 正也는 한 개념을 정의하는 '~(者), ~也'의 구문이다. 피정의항인 政과 정의항인 正은 발음상 유사하다. 이렇듯 발음이 같은 단어로 개념을 정의하는 방식을 聲訓(성훈)이라 한다. 子帥以正의 子는 이인칭, 帥은 率(솔)이며 이때 帥은 率先(솔선)이나 引率(인솔)로 풀이한다. 以는 수단이나 방법을 나타내는 介詞(개사, 전치사와 후치사)다. 帥을 率先으로 본다면 이 장은 「위정」 제20장에서 공자가 계강자에게 率先垂範(솔선수범)을 강조했던 뜻과 통한다. 孰敢不正은 아무도 감히 不正을 저지르지 못한다는 뜻을 담은 반어적 표현이다. 孰은 의문 대명사다.

節

068강

욕심을 버리라

> 만일 당신이 탐욕을 부리지 않는다면, 비록 상을 준다
> 해도 백성들이 도적질을 하지 않을 것입니다.
>
> 「안연」 제18장 계강자환도(季康子患盜)

노나라 대부 계강자는 당시 생계형 절도가 많은 것을 우려했다. 그가 치안의 방도를 묻자, 공자는 "먼저 당신이 탐욕을 부리지 않는다면"이라는 말로 말문을 열었다.

계씨는 노나라의 권력을 도적질했다. 그 가운데서도 계강자는 적장자의 지위를 빼앗았다. 그렇기에 공자가 "구자지불욕(苟子之不欲)"이라고 한 말은 본래 '진실로 당신이 도적질을 하지 않는다면'이라고 해야 할 말을 에둘러 '진실로 당신이 탐욕을 부리지 않는다면'이라 말한 것으로 볼 수 있다.

단 정약용은 공자가 그토록 박절하게 말했을 리 없다고 보고 "정말로 그대가 백성들이 도적질하는 것을 바라지 않는다면"이라고 풀이했다. 『맹자』「양혜왕 상」에 나와 있듯, "형벌을 너그러이 하고 세금을 줄여 그들로 하여금 위로는 부모를 섬기고 아래로 처자를 양육

하게 해서 흉년이 들어도 죽음을 모면하게 한다면"이라는 전제가 공자의 말에 깔려 있다고 보았기 때문이다. 곧 정약용은 위정자가 인의의 정치를 행하지 않고서 백성들의 도적질이 없기를 바란다면 애초에 백성의 도적질을 바라지 않는 마음이 없었던 것이나 마찬가지라고 여긴 것이다.

어느 풀이를 따르든 공자의 의도는 분명하다. 그 의도를 현대에 적용하면 이렇게 말할 수 있다. 절도를 줄이려면 지도층부터 솔선해서 탐욕을 버려야 한다. 복지 제도를 제대로 시행해야 생계형 절도가 없어질 것이다.

구자지불욕　　수상지　　부절
苟子之不欲이면 雖賞之라도 不竊하리라.

苟는 '만일, 진실로'의 뜻이다. 子는 이인칭으로, 계강자를 가리킨다. 不欲은 대개 탐욕을 부리지 않는다는 뜻으로 풀이한다. 賞之는 백성들의 도적질에 대해 상을 준다고 가정한 말이다. 不竊은 백성들이 훔치지 않는다는 말이다. 盜(도)가 남의 물건을 공공연하게 자기 것으로 삼는 일인 데 비해 竊은 남이 모르는 틈을 노려 몰래 자기 것으로 삼는 일이다.

069강

군자의 덕은 바람

> 군자의 덕은 바람이고 소인의 덕은 풀이니, 풀은 위에 바람이 불어오면 반드시 눕는다.
>
> 「안연」 제19장 군자지덕풍(君子之德風)

시인 김수영은 「풀」에서 "풀이 눕는다/ 비를 몰아오는 동풍에 나부껴/ 풀은 눕고/ 드디어 울었다/ 날이 흐려서 더 울다가/ 다시 누웠다"라고 했다. 바람이 불면 풀이 눕는다는 이미지는 이 장과 관계있다. 이 비유는 『맹자』 「등문공 상」에도 나온다.

노나라 대부 계강자가 공자에게 "무도한 자를 죽여 본보기를 보임으로써 백성들을 올바른 길로 나아가게 한다면 어떻겠습니까?"라고 물었다. 공자는 "당신은 정치를 하면서 어째서 사람을 죽이는 방법을 쓰려고 합니까? 당신이 스스로 선(善)을 추구한다면 백성들도 저절로 선으로 나아갈 것입니다."라고 하고는, 위와 같이 풀과 바람의 비유를 들었다.

『후한서』에 보면 마요(馬廖)란 인물이 명덕 황후에게 상소해 이렇게 말했다. "옛 책에 오왕(吳王)이 검객을 좋아하자 상처 입는 백성이 많아지고 초왕(楚王)이 세요(細腰, 여인의 가는 허리)를 좋아하자 궁중에 굶어 죽는 사람이 많아졌다고 했습니다. 장안 사람들은 성안에서 높은 상투를 좋아하자 사방의 상투가 한 자씩 높아졌다고 합니다." 높은 사람의 기호에 따라 세간의 풍조가 심하게 바뀌는 현상을 지적한 말로, 왕과 관료들이 사치를 부려 백성의 이익을 침탈해서는 안 된다는 뜻이다.

백성들은 바람이 불면 몸을 뒤집는 풀과 같다. 그래서 민초(民草)라고 한다. 지도층이 물신을 숭배하면서 사회의 시민들에게 윤리 의식을 운운한다면 정말 우스운 일이 아닐 수 없다.

君子之德은 風이오 小人之德은 草라.
草上之風이면 必偃하나니라.

이 장에서 君子와 小人은 정치적 지배자와 피지배자를 가리킨다. 草上之風必偃에서 주어는 草다. 上은 위에 더한다는 말로, 어떤 판본에는 尙(상)으로 되어 있다. 之는 草를 가리킨다. 偃은 눕는다는 뜻이다.

070강

達 통달에 대하여

> 무릇 통달이란, 질박하고 정직하여 정의를 좋아하며,
> 남의 말을 가려듣고 안색을 살펴서, 사려 깊게
> 상대방을 겸손하게 대하므로, 나라에서도 반드시
> 통달하고 집안에서도 반드시 통달하는 것이다.
>
> 「안연」 제20장 사하여사가위지달의(士何如斯可謂之達矣) 1

기술, 기예, 예술의 한 분야에 숙련되어 남다른 재능을 지닌 사람을 달인(達人)이라고 부른다. 『춘추좌씨전』에서는 도리에 널리 정통한 사람을 가리키는 말이었다. 달인대관(達人大觀) 혹은 달관이란 말이 있듯, 도리에 널리 정통한 사람은 천지간의 사물을 높은 곳에서 관찰한다고 한다. 그 후 특정 영역에서 정통한 사람도 달인이라 부르게 되었고 생활의 달인이란 말까지 파생되어 나왔다.

　통달했다는 평가를 들으면 누구든 기분이 좋다. 자장이 사(士)의 신분으로서 어떻게 해야 통달한 사람으로 평가받겠느냐고 스승에게 물었다. 그러자 공자는 자네가 말하는 통달이란 무엇인가 하고 반문했다. 자장은 제후의 조정에서 벼슬 살면서 명성이 있고 집안의 일족

사이에서 명망이 높은 것을 말한다고 대답했다. 그러자 공자는 고개를 가로젓고는 통달이란 내면의 덕이 자연스럽게 언어와 용모로 나타난 상태를 가리킨다고 다시 정의했다.

　주변 사람들에게 인정받고 사회적으로 명망이 높다고 해서 달인은 아니다. 내면의 성실함이 바깥으로 우러나와서 직무와 사업으로 구현되어야 달인인 것이다. 우리는 노련함을 과시해 타인의 인정을 구하기보다 스스로 참된 달인이 되어야 하지 않을까.

夫達也者는 質直而好義하며
察言而觀色하여 慮以下人하나니
在邦必達하며 在家必達이니라.

質直은 질박하고 정직함, 好義는 정의를 좋아함이다. 察言은 남의 말을 바르게 이해함, 觀色은 남의 안색을 살펴 마음을 꿰뚫어 봄이다. 慮는 사려 깊음, 下人은 남의 아래에 처하는 겸손함을 말한다. 在邦은 제후의 조정에서 벼슬사는 일, 즉 공적 활동을 가리킨다. 在家는 집안에서 일족과 어울려 생활하는 일, 즉 사적 활동을 가리킨다.

聞

071강
진정한 명성

> 무릇 명성이 난다는 것은 겉으로 안색을 꾸며
> 어질다는 평판을 얻지만 행실은 어긋나 있는 것으로,
> 그러한 상태에 안주해 스스로 의심하지 않기에
> 나라에서도 반드시 명성이 나고 집안에서도 반드시
> 명성이 난다. 「안연」 제20장 사하여사가위지달의 2

앞에 이어진다. 공자는 제자 자장에게 제후의 조정에서 벼슬 살면서 명성이 있고 집안에서 명망이 높다고 해서 통달했다고 할 수는 없으며, 참된 통달이란 내면의 덕이 자연스럽게 언어와 용모로 나타남을 가리킨다고 정정해 주었다. 이어서 공자는 명성만 좋게 나는 문(聞)은 결코 통달의 달(達)과 같지 않다고 선을 그었다. "명성이 난다는 것은 겉으로 안색을 꾸며 어질다는 평판을 얻지만 행실은 어긋나 있는 상태"라고 공자는 비판했다.

살아가면서 수지맞는 일은 남들이 겉만 보고 좋은 평판을 해 주는 것이 아닐까? 덕을 쌓아도 좋은 평판이 나지 않으면 그런 생각을 할 수도 있다. 하지만 실질과 다른 평판을 듣고 기꺼워한다면 결국 어떤

인간이 되겠는가?

내면의 덕이 언어와 용모로 나타나는 통달한 사람을 달사(達士)라고 한다. 이에 비해 남의 평판만 좋을 뿐 실질적인 내용이 없는 사람을 문인(聞人)이라고 한다. 달사는 성실, 용서, 겸손을 실천한다. 이에 비해 문인은 기만, 자부, 교만의 태도를 보일 따름이다. 우리는 늘 그 둘의 갈림길에 서 있다.

夫聞也者는 色取仁而行違오
居之不疑하나니 在邦必聞하며
在家必聞이니라.

夫는 발어사이다. 聞也者는 '명성이 난다는 것'이란 뜻이다. 色取仁은 안색을 꾸며 어질다는 평판을 받는다는 말이고, 行違는 행실이 그러한 평판과 어긋난다는 말이다. 居之不疑는 그런 상태에 안주해 스스로 의심하지 않음을 말한다. 주희는 스스로 의심하지 않아 기탄이 없음을 말한다고 보았다. 반면 조선 후기의 朴世堂(박세당)은 다른 사람이 자신의 거짓을 알지 못한다고 해서 스스로의 처신을 의심하지 않는 것을 말한다고 풀이했다. 거짓을 행하다가 굳어진 자를 가리킨다고 본 것이다. 정약용은 다른 사람이 하고자 하는 바를 독점하고도 의심이 없음을 뜻한다고 보았다. 在邦必聞은 제후의 조정에서 반드시 명성이 나지만 통달과는 거리가 멀다는 뜻이다. 在家必聞은 일족 사이에서 반드시 명성이 나지만 통달과는 거리가 멀다는 뜻이다.

先

072강

할 일을 먼저 하라

할 일을 먼저 하고 이득을 뒤로 돌리는 것이 덕을 높이는 법 아니겠는가? 자신의 악은 꾸짖고 남의 악은 꾸짖지 않는 것이 간특함을 경계하는 법 아니겠는가?

「안연」 제21장 번지종유(樊遲從遊) 1

선인들은 공직을 맡으면 "할 일을 먼저 하고 이득을 뒤로 돌린다."라는 각오를 다졌다. 이 장에 나오는 선사후득(先事後得)의 뜻을 새긴 것이다.

공자의 제자 번지가 선생님을 모시고 기우제 지내는 터를 산보하다가 덕을 높이고 악을 제거하며 마음속 의혹을 밝히는 방법에 대해 물었다. 곧 숭덕, 수특(脩慝), 변혹 등 자기 계발의 방법을 질문한 것이다. 공자는 질문이 훌륭하다고 칭찬하고 숭덕과 수특에 대해 우선 가르쳐 주었다.

해야 할 일을 먼저 하고 그 결과의 소득은 중시하지 않는 것이 덕을 높이는 방법이다. 자신의 악은 꾸짖고 남의 악은 꾸짖지 않는 것이 간특함을 경계하는 방법이다. 이 말을 공자는 반어법을 써서 완곡하게 말했다. 단정적으로 말하지 않은 까닭은 제자가 그 의미를 스스로 터득하기를 바랐기 때문일 것이다. 또 덕을 높이는 방법이나 간특함을 경계하는 방법이 이뿐인 것은 아니지만, 번지에게는 해당하는 방법이라고 보아 넌지시 일러 준 것이다.

선사후득은 타인과의 관계에서 인을 실천하는 방법이요, 자신의 악을 책망하는 것은 자기 내면을 다스리는 방법이다. 자기 계발 서적이 범람하지만 이렇게 절실한 논리를 담은 책은 별로 없는 듯하다.

先事後得이 非崇德與아.
攻其惡이오 無攻人之惡이 非脩慝與아.

先事後得은 곤란한 일을 먼저 하고 보답을 얻으려 하지 않는다는 뜻이다. 곤란한 일이란 육체적이나 기술적으로 어려운 일이 아니다. 힘써 제 마음으로 남의 마음을 헤아려 행하는 強恕(강서)의 행실을 말한다. 非崇德與의 '非~與'는 반문함으로써 그렇다고 강조하거나 상대방의 동의를 구하는 말이다. 非脩慝與도 짜임이 같다. 攻其惡은 '자신의 惡을 가책함'이고, 無攻人之惡은 '남의 惡을 가책하는 일이 없음'이다. 자신의 잘못은 다스리지 않으면서 남의 잘못을 들춰내 꾸짖어서는 안 된다는 뜻이다. 慝은 마음 心(심)과 숨을 匿(닉)으로 이루어진 글자로, 마음 깊이 숨은 惡의 뿌리를 말한다.

修

073강

화를 다스리라

하루아침의 분노로 자기 자신을 잃어버리고 그 재앙이
부모에게까지 미친다면 미혹이 아니겠는가?

「안연」 제21장 번지종유 2

앞에 이어진다. 번지가 덕을 높이고 악은 제거하며 마음속 의혹을 밝히는 자기 계발의 방법에 대해 묻자, 공자는 앞의 두 가지에 대해 직접 그 방법을 일러 주었다. 곧 남을 위해 어려운 일에 힘쓰고 보답을 얻으려 하지 않는 것이 숭덕의 방법이고, 남의 악이 아니라 자신의 악을 나무라는 것이 악의 뿌리를 다스리는 방법이라고 했다.

하지만 마음속 의혹을 밝히는 변혹의 문제에 대해서는 그 방법을 말하는 대신 질문자의 미혹된 면을 짚어 주어 병근(病根)을 스스로 알아서 치료할 수 있도록 했다.

번지는 농사짓는 법과 채소밭 가꾸는 법을 배우려고 했는데, 그는 거칠고 비루하지는 않았으나 준민(俊敏)하지 못했다. 그는 또한 순간적으로 일어나는 화를 참지 못해서 일을 그르칠 우려가 있었던 듯하다. 공자는 돌연히 화를 내어 자기 자신을 잃으면 그 화가 부모에게까지 미칠 수 있으므로 늘 자신을 다잡고 이성적으로 행동하라고 타일렀다.

젊은이들 가운데는 죽음의 문제, 우주의 진리, 미래의 불확실성 등에 대해 진지하게 고민하는 사람들이 있다. 삶의 의미를 스스로 묻는 것은 매우 중요한 일이지만, 그런 문제를 지나치게 사색하다가 몸을 해치는 것은 바람직하지 못하다. 공자는 "생각만 하고 배우지 않으면 위태롭다."라고 경계한 바 있다. 반면 어떤 젊은이들은 삶에 대한 성찰을 학습으로 성숙시키기 이전에 하루아침의 분노 때문에 자신을 망치기도 한다. 그런 사람의 미혹에 대해 공자가 뭐라 말하랴!

一朝之忿_{일조지분}으로 忘其身_{망기신}하여
以及其親_{이급기친}이 非惑與_{비혹여}아.

一朝之忿은 아주 짧은 시간에 일어나는 분노이다. 朝는 하루아침인데, 흔히 아주 짧은 시간을 나타낸다. 忘其身은 자기 자신을 잃어버려 일생을 허무하게 만들어 버림이다. 以及其親은 재앙을 肉親(육친)에게까지 미침이다. 非惑與는 '惑이 아니겠는가' 하고 반문하는 표현이다.

074강

 사랑과 앎

> 번지가 인에 대해 여쭈자 공자께서는 "사람을 사랑하는 것이다."라고 말씀하셨다. 번지가 지에 대해 여쭈자 공자는 "사람을 알아보는 것이다."라고 말씀하셨다. 「안연」 제22장 번지문인(樊遲問仁) 1

공자가 제자 번지와 문답한 내용은 『논어』에 모두 일곱 번 나온다. 「안연」편의 이 장에서는 번지와 공자의 문답 뒤에 번지와 자하의 대담이 길게 이어진다. 번지의 질문에 공자는 인(仁)과 지(知)를 각각 애인(愛人), 즉 '사람을 사랑하는 것'과 지인(知人), 즉 '사람을 알아보는 것'으로 간명하게 정의했다. 양자를 나의 내부에서 충족되는 개념이 아니라 남과의 관계를 통해 완성되는 개념으로 본 것이다.

공자가 사람을 사랑하고 사람을 알아보는 문제에 대해 말한 것은 『회남자』에서 인과 지를 훌륭한 덕목으로 꼽은 것과 통한다. 『회남자』에서는 인을 사람을 사랑함, 지를 사람을 알아봄으로 규정하고는 그것들을 통치 원리와 연계시켰다. 곧 사람을 사랑하면 가혹한 형벌이 없어지고 사람을 알면 혼란한 정치가 없어진다고 했다. 춘추 시대

진(晉)나라 대부 지백(智伯)은 다섯 가지 재능이 있었지만 남을 사랑하지 않았기 때문에 패망했다. 제나라 왕 건(建)은 세 가지 뛰어난 기교가 있었으나 사람을 알아보지 못했기 때문에 진(秦)나라의 포로가 되었다.

사람을 사랑하면 어진 정치를 실현할 것이고 사람을 제대로 알면 올바른 인사를 통해 정치를 안정시킬 것이다. 공자와 『회남자』가 말한 애인과 지인의 뜻은 현대에도 무척 적실한 듯하다.

樊遲가 問仁한대 子曰, 愛人이니라.
問知한대, 子曰, 知人이니라.

問仁은 仁에 대해 물었다는 말이다. 問知는 知에 대해 물었다는 말이다. 愛는 仁을 구성하는 가장 첫 번째 도리이다. 問知의 주어는 번지인데, 문맥상 헷갈리지 않으므로 생략했다. 공자가 말한 知人의 뜻은 공자의 부연 설명, 그리고 번지와 자하의 대화를 통해 자세하게 밝혀진다. 대개 사람을 알아보고 그를 적절한 지위에 등용해 정무를 맡긴다는 뜻을 함축한다.

075강

곧은 이를 등용하라

> 정직한 사람을 들어 쓰고 굽은 사람을 버려두면 굽은 사람을 곧게 만들 수 있다. 「안연」 제22장 번지문인 2

앞에 이어진다. 번지는 공자로부터 인이란 사람을 사랑하는 것, 지란 사람을 알아보는 것이라고 정의하는 말을 들었다. 하지만 지인의 뜻을 이해하지 못했다. 이를 알아차린 공자는 다시 정직한 사람을 등용하는 문제를 지인과 연계시켜 부연했다. 이 부연의 말은 주희의 설을 따르면 "정직한 사람을 들어 쓰고 굽은 사람을 버려두면 굽은 사람을 곧게 만들 수 있다."라고 풀이할 수 있다. 조선 시대 학자들은 대개 이설을 따랐다.

그런데 이 부연의 말은 "정직한 사람을 들어 써서 굽은 사람의 위에 두면 굽은 사람을 곧게 만들 수 있다."라고 풀이할 수도 있다. 공자는 곧은 판자를 굽은 판자 위에 두면 굽은 판자가 바르게 펴지는 원리로부터 인사의 원리를 연상했을 가능성이 있기 때문이다.

이미 「위정」 제19장에서도 "거직조제왕즉민복(擧直錯諸枉則民服)"이라고 한 바 있다. 이 역시 주희의 설을 따르면 "정직한 사람을 들어 쓰고 굽은 사람을 버리면 백성들이 복종한다."라고 풀이할 수 있다. 하지만 이 구절도 "정직한 사람을 들어 써서 굽은 사람의 위에 두면 백성들이 복종한다."라고 풀이할 수 있다.

사실 곧은 판자를 굽은 판자 위에 둔다고 굽은 판자가 반드시 바르게 펴지는 것은 아니다. 곧은 사람을 굽은 사람 위에 둔다고 굽은 사람이 바르게 된다는 보장은 없다. 하지만 공자는 곧은 사람을 기용하는 일이야말로 백성을 사랑하는 일이라 여겨 중시했다.

조선 시대 조익은 인조에게 올린 글에서 "일단 곧은 사람임을 안 이상에는 그를 기용하고 진출시켜 그의 뜻을 펼칠 수 있게 해야 할 것이요, 일단 굽은 사람임을 안 이상에는 그를 버려두고 물러나게 해서 함께 진출하지 못하게 해야 합니다."라고 말했다. 선인들이 곧은 사람을 기용하는 거직(擧直) 자체를 중시했던 것은 오늘날 인재를 등용하는 일에도 시사하는 바가 매우 크다.

<u>거 직 조 제 왕</u>　　<u>능 사 왕 자 직</u>
擧直錯諸枉이면 **能使枉者直**이니라.

擧直錯諸枉에서 擧는 擧用(거용)이고, 直은 목적어로 '곧은 사람'이란 뜻이다. 錯는 흔히 '섞일 착'으로 읽지만 '둘 조'로도 읽는다. 한나라 정현의 판본에는 措로 되어 있으므로 '둘 조'로 읽는다. 정약용도 그 설을 따랐다. 이 설에 따른다면 諸(저)는 之(지)와 乎(호) 혹은 之와 於(어)를 합한 말로, 之는 앞의 直을 가리킨다. 枉은 邪曲(사곡)의 인물이다. 그러나 주희는 錯를 捨置(사치, 버려둠)로 보고, 錯諸枉이란 굽은 사람을 버린다는 뜻이라고 해석했다. 이 경우 諸는 '제'로 읽는다. 여기서는 주희의 설을 따른다. 使枉者直는 枉者를 直하게 만든다는 뜻이다.

076강

등용의 중요성

> 순임금이 천하를 차지해 다스리면서 여러 사람들 중에서 골라 고요를 등용하자 어질지 못한 자들이 멀리 떠나갔고, 탕왕이 천하를 차지해 다스리면서 여러 사람들 중에서 골라 이윤을 등용하자 어질지 못한 자들이 멀리 떠나갔다. 「안연」제22장 번지문인 3

앞 강에 이어진다. 공자는 인을 애인, 지를 지인이라고 정의했으나 번지가 지인에 대해 이해하지 못하자 다시 정직한 사람을 들어 쓰고 굽은 사람을 버려두는 원리를 부연했다. 그럼에도 번지는 그 설명이 애인, 지인과 어떤 관련이 있는지 알 수가 없었고, 애인과 지인이 어떻게 연계되는지도 헷갈렸다. 그래서 동문인 자하를 찾아가 "선생님께 지에 대해 여쭈자, 곧은 사람을 들어 쓰고 굽은 사람을 버려두면 굽은 사람을 곧게 할 수 있다고 하셨네. 그 말씀이 무슨 뜻인가?"라고 물었다. 자하는 스승의 말씀이 의미심장하다고 탄복하고는 순임금과 탕왕의 예를 들어 위와 같이 설명해 주었다.

자하는 순임금과 탕왕이 각각 고요(皐陶)와 이윤(伊尹)을 등용했던 일을 들어 인사 문제가 지인의 가장 중요한 과제임을 환기시켰다. 그런데 지인의 결과 어진 사람을 등용하면 백성들을 안정시킬 수 있는데, 이 안민은 곧 애인의 실천이다. 『서경』「고요모(皐陶謨)」편에서 고요는 천자의 주요한 임무가 사람을 알아보고 백성을 편안하게 함에 있다고 했고, 우왕은 사람을 알아보는 것은 철(哲)의 덕목이고 백성을 편안하게 하는 것은 혜(惠)의 덕목이라고 했다. 곧 철은 지요, 혜는 인이다.

곰곰 생각해 보면 사람을 사랑한다는 것과 사람을 알아본다는 것은 별개의 일이 아니다. 사람을 제대로 알고 올바른 사람에게 일을 맡기면 많은 사람들에게 혜택이 돌아가게 해서 사람들에 대한 사랑을 잘 실천할 수 있기 때문이다. 오늘날에는 더욱 그러하다.

舜有天下에 選於衆하사 擧皐陶하시니
不仁者가 遠矣오. 湯有天下에 選於衆하사
擧伊尹하시니 不仁者가 遠矣니라.

舜은 요임금으로부터 帝位(제위)를 선양받은 성스러운 천자 순임금이다. 당시 皐陶(고요)가 獄官(옥관)의 수장으로서 형법을 바르게 시행했다. 選은 選拔(선발), 擧는 擧用(거용)이다. 두 글자는 뜻에 큰 차이가 없으며, 한문에서는 같은 글자를 중복해서 쓰지 않으려는 경향이 있으므로 글자를 달리한 것이다. 不仁者遠矣란 어질지 못한 자들이 멀리 떠났다는 말이되, 어질지 못한 자들이 감화되어 마치 멀리 떠난 듯 찾아볼 수 없게 되었다는 뜻으로도 풀이한다. 湯은 伊尹의 보필로 민심을 얻어 하나라 桀(걸)을 정벌하고 은나라를 열었다. 이윤은 이름이 摯(지)인데 尹, 즉 재상이었으므로 이윤이라 불렸다.

友

077강

벗 사귀는 도리

자공이 벗 사귀는 도리에 대해 여쭈자 공자께서 말씀하셨다. "충심으로 일러 주어 잘 인도하되, 그가 듣지 않거든 그만두어라. 스스로를 욕되게 해서는 안 된다."「안연」제23장 자공문우(子貢問友)

벗 사이에서 선을 권하는 것을 책선(責善)이라고 한다. 벗 사이에서는 책선을 행하되 그 한계도 알아야 한다.「안연」편의 이 장에서 공자는 벗 사귀는 도리에 대한 자공의 질문을 받고 진실한 마음으로 이끌어 주되 상대가 받아들이지 않는다면 그만두라고 했다. 벗이 듣지 않는데도 계속한다면 그가 수치심이나 모욕감을 느낄 수 있기 때문이다.

「자로」제28장에서도 공자는 "붕우는 절절(切切)하고 시시(偲偲)하게 대해야 하고, 형제는 이이(怡怡)하게 대해야 한다."라고 말했다. 절절과 시시는 간곡하게 충고하고 자상하게 권면하는 것으로, 책선의 뜻이 들어 있다. 이이는 책선을 하면 정의(情誼)를 상할 염려가 있기 때문에 사이좋게 지내기만 하는 것을 말한다. 이와 관련해 『맹자』

「이루 하」에서도 "책선은 붕우 사이에 적용되는 도리이다. 부자간에 책선하는 것은 은의(恩義)를 해치는 일 가운데 큰 것이다."라고 했다. 자식은 아버지에게 책선을 해서는 안 된다고 주의를 준 것이다.

한편 「이인」 제26장에 보면 공자의 제자 자유는 "벗 사이에 충고를 자주 하면 멀어지게 된다."라고 했다. 친구 사이는 태어나면서부터 맺어진 의리의 관계가 아니므로 충고와 책선에서 한도를 지켜야 한다는 뜻으로 한 말이다. 선의의 권면이라 해도 반복하면 상대방의 자존심을 상하게 할 우려가 있기 때문이다. 이 가르침은 참으로 친절하다.

子貢問友한대 子曰, 忠告而善道之하되
不可則止하여 無自辱焉이니라.

忠告而善道之는 충심으로 일러 주어 그를 잘 인도한다는 뜻이다. 단 어떤 판본에는 善道 앞에 以 자가 있다. 그 경우 충심으로 일러 주어 善으로 인도한다는 뜻으로 풀이할 수 있다. 주희와 정약용은 以를 추가하지 않았다. 道는 인도할 導(도)와 같다. 不可는 不可善道를 줄인 말이다. 不可則止는 잘 인도할 수 없다면 그만두라는 말이다. 無自辱의 無는 '~하지 말라'는 뜻의 금지사다. 自辱은 자기 자신을 욕되게 함이니, 상대방으로부터 비난받는 일 등을 가리킨다.

078강
輔 벗과 함께

> 증자가 말했다. "군자는 학문을 통해 벗을 만나고 벗을 통해 자신의 인덕을 돕는다."
> 「안연」 제24장 군자이문회우(君子以文會友)

「안연」편의 마지막에는 증자가 군자의 학문과 교우에 관해 밝힌 말이 실려 있다. 증자의 말을 통해 평소 공자의 문하에서 교우의 도리에 대해 어떻게 가르쳤는지 살필 수 있다.

증자는 "학문을 통해 벗을 만나고 벗을 통해 자신의 인덕을 돕는다."라고 말했다. 벗은 나와 대등한 인격체로서 서로 교통하는 존재이며, 벗과 사귀는 일은 내 인격을 완성해 나가기 위한 필수 요건이라고 강조한 것이다.

유학에서는 사람의 기본 윤리로 군신, 부자, 부부, 형제, 붕우 간에 지켜야 할 다섯 가지 도리를 중시한다. 고려 말 이곡은 이 오륜(五倫)의 차례를 보면 붕우가 다른 네 관계에 비해 뒤처지는 것 같지만 실제 쓰임에서는 나머지를 앞선다고 했다. 선을 권하고 덕을 도와서 인륜을 아름답게 이루는 것은 모두 붕우의 힘이라는 것이다.

우정의 관념은 한문 고전에서 누누이 강조되어 왔다. 사마천의 『사기』에는 관포지교(管鮑之交)라든가 문경지교(刎頸之交)라든가 하는 고사성어가 있다. 그런데 근대적 인간관계가 형성되기 시작하면서 신의를 바탕으로 하는 참된 인간관계는 더욱 절실하게 되었다. 그렇기에 우정은 명나라에서는 그 말기에, 조선 시대에는 18세기에 더욱 크게 부각되었다. 지금도 인간과 인간의 진정한 만남이 어렵다고들 한다. 벗 사귀는 도리에 대한 진지한 성찰이 더욱 필요한 때다.

曾子曰, 君子는 以文會友하고
以友輔仁이니라.

君子는 주체적 인격을 지닌 사람을 말한다. 앞뒤의 以는 모두 수단이나 방법을 나타낸다. 文은 詩書(시서)와 禮樂(예악)을 가리키며 학문과 문예, 지식과 교양을 포괄한다. 會友는 벗을 만난다는 말이다. 주희는 벗과 함께 講學(강학)하면 도가 더욱 밝아진다고 했다. 정약용은 학문이 아니면 벗을 만날 수 없기 때문에 以文會友라 한 것이지 학문 자체가 중요한 것은 아니라고 보았다. 輔는 본래 수레가 전복되지 않도록 막는 보조 기구로, 輔仁은 나의 仁德(인덕)을 援助(원조)하는 것을 말한다. 以友輔仁에 대해 주희는 상대방의 善(선)을 취해 나의 仁을 완성하는 데 도움이 되게 하면 나의 德이 나날이 나아간다고 설명했다.

勤

079강

게을리하지 말라

> 자로가 정치의 도리에 대해 여쭤자 공자께서는
> "먼저 백성에게 모범을 보이고 백성들을 위로해야
> 한다."라고 말씀하셨다. 더 가르쳐 달라고 청하자
> "게을리하지 마라."라고 말씀하셨다.
>
> 「자로(子路)」 제1장 자로문정(子路問政)

「자로」편은 모두 30장인데 그 첫 장은 제자 자로가 정치의 요체에 대해 묻자 공자가 솔선수범과 애민의 원칙을 제시한 내용이다. 원문의 '선지(先之)'는 백성이 해야 할 일을 몸소 앞서 실천하라는 말이니, 솔선수범의 뜻을 지닌다. 그다음의 '노지(勞之)'는 백성들을 위로하고 어루만지는 덕정을 베풀라는 말이니, 애민의 뜻을 지닌다. 백성에게 모범을 보이고 백성들을 위로하라는 뜻의 선지노지는 『주역』 태괘(兌卦) 단전(象傳)에 나오는 "기뻐함으로써 백성에게 솔선하면 백성들이 수고로움을 잊는다."라는 말과 관계가 깊다.

그런데 자장은 공자의 말이 정치의 요령을 충분히 언급한 것이 아니라고 여겨 더 가르쳐 달라고 청했다. 그러자 공자는 정치의 결과가 나타나지 않는다고 염증을 내며 게을리해서는 안 된다고 덧붙였다. 「안연」 제14장에서 자장이 정치에 대해 물었을 때도 공자는 정치를 행할 때 충심으로 하라는 말과 함께 지위에 있으면서 게을리하지 말라고 가르친 바 있다. 이 장과 통한다.

    정도전이 경복궁의 정전에 근정(勤政)이라는 이름을 붙인 것은 공자가 위정자는 정치를 게을리하면 안 된다고 가르쳤던 뜻을 이은 것이다. 그리고 『용비어천가』에서는 근민(勤民)을 이념으로 내세웠으니, 백성을 위해 부지런히 정치하는 것이야말로 정치의 요건이요 최고 이념이라 할 수 있다. 오늘날의 정치가들은 지위에 있는 동안 업적을 이루려고 서두르는 병폐가 있다. 정치의 도리란 솔선해서 덕을 실천하고 백성들을 어루만지는 것이라고 한 뜻을 곱씹어 보길 바란다.

子路問政한대 子曰, 先之勞之니라.
請益한대 曰, 無倦이니라.

先之는 위정자가 몸소 먼저 실천해서 백성들이 스스로 올바른 일을 행하게 만든다는 뜻이다. 勞之에 대해 옛 주석은 정치가가 솔선한 뒤에 백성들을 勞役(노역)에 부리라는 뜻이라고 풀이했다. 반면 정약용은 勞之를 『맹자』에 나오는 '勞來(노래)' 즉 백성들을 위로해서 오도록 한다는 뜻으로 보았다. 정약용은 위정자가 백성들을 위로하고 어루만지며 그들의 고생을 이야기하고 위로하는 덕정을 베풀어야 한다고 강조한 것이다. 여기서는 그 설을 따른다. 請益은 스승의 한 말씀이 끝나면 다시 한 말씀을 청하는 예법이다. 無倦은 게을리하지 말라는 뜻이다.

080강

어진 인재를 두루 구하라

**부하 관리들에게 솔선하고 백성의 사소한 잘못은
용서하며 어진 인재를 등용하라.**

「자로」 제2장 중궁위계씨재(仲弓爲季氏宰) 1

제자 중궁이 노나라 대부 계씨의 집정관이 되어 정치의 방도를 묻자 공자는 부하 관리들에게 솔선수범할 것, 백성의 사소한 잘못은 용서할 것, 어진 인재를 등용할 것의 세 가지를 제시했다. 즉 스스로의 덕을 닦고 덕으로 정치를 하되, 구체적인 일에 관해서는 인재를 등용하는 것이 첩경이라고 말한 것이다. 집정관이 백성의 사소한 잘못을 용서하는 일은 덕을 드러내고 위엄을 높이는 방법이라고 할 수 있다.

공자의 제자들 가운데는 대부의 가신이나 지방 수령이 된 사람이 여럿 있었다. 재상의 직에 취임한 것도 아니거늘, 공자는 그들과 정치를 논하면서 반드시 인재 등용의 문제를 거론했다. 「옹야」 제12장에서 공자는 무성(武城)의 읍재에 불과했던 자유에게 공자는 "인재를 얻었느냐?"라고 물은 바 있다.

『공자가어』에 보면, 선보(單父)의 재(宰)였던 복자천(宓子賤)이 공

176

자에게 "창고를 열어 빈곤한 자를 구제했습니다."라고 하자 공자는 "소인들이 귀를 맞대고 소곤거리니 아직 멀었다."라고 했다. 얼마 뒤 "재능 있는 자에게 상을 주고 어진 이를 등용했습니다."라고 하자 공자는 "선비들이 귀를 맞대고 소곤거리니 아직 멀었다."라고 했다. 다시 얼마 뒤 "아버지처럼 섬기는 자가 셋, 형처럼 섬기는 자가 다섯, 친구 삼은 자가 열둘, 스승으로 섬기는 자가 한 사람입니다."라고 하자 공자는 그제야 "아비로 섬기고 형으로 섬기니 효제를 가르칠 수 있고, 친구가 열두 사람이니 폐단을 뚫을 수 있으며, 스승이 한 사람이니 계책을 내도 실수가 없고 일을 도모해도 낭패가 없을 것이다."라고 인정했다.

성호 이익은 어진 이를 구하는 것은 아들이 위독할 때 단번에 하나만의 처방을 취하지 않고 어진 의사들에게 널리 자문하는 일과 같다고 했다. 윗사람이 어진 인재를 두루 구하지 않는다면 조직의 병폐를 어찌 알고 또 어찌 고치랴.

先有司오 赦小過하며 擧賢才니라.
(선유사) (사소과) (거현재)

先은 率先(솔선)이다. 有司는 한 관리가 거느리는 하급 관리를 말한다. 赦는 赦免(사면), 小過는 백성의 작은 잘못이다. 擧는 擧用(거용)이다. 賢才는 어진 이와 인재, 혹은 어진 인재를 말한다.

081강

 아는 인재를 먼저 쓴다

중궁이 "어떻게 어진 인재를 알아 등용합니까?"
여쭈자, 공자께서는 "네가 아는 인재를 등용한다면
네가 알지 못하는 인재를 사람들이 버려두겠느냐?"
라고 말씀하셨다. 「자로」 제2장 중궁위계씨재 2

앞에 이어진다. 제자 중궁이 노나라 대부 계씨의 집정관이 되어 정치의 방도를 묻자, 공자는 아랫사람보다 솔선하고 백성의 작은 잘못은 사면하며 어진 인재를 등용하라고 말했다. 가장 긴요한 일이 인재의 등용이므로 중궁은 어진 인재를 알아보는 방법에 대해 다시 물었다. 공자의 대답은 명쾌하다. 우선 이미 알고 있는 어진 인재를 들어 쓰라는 것이다. 그러고 나면 사람들이 각자 자신이 아는 인재를 추천해 올 것이기 때문이다.

성호 이익은 아는 인재를 거용하라는 뜻의 '거이소지(擧爾所知)'를 제목으로 삼은 글에서 이렇게 논했다. "좋은 말을 많이 얻음은 명마 감별에 뛰어난 백락(伯樂)을 얻음만 못하다. 날카로운 칼을 많이 얻음도 명검 만드는 구야(歐冶)를 얻음만 못하다." 이익은 비유를 통해 지감(知鑑) 있는 인물이 인재를 천거해야 한다고 강조한 것이다. 옳은 말이다. 그런데 정약용이 풀이했듯, 공자의 말은 경계의 말로 받아들여야 한다. 공자는 너 자신이 먼저 나서서 어진 인재를 천거하라고 했다. 사실 지감은 누구에게나 갖추어져 있다. 인재를 알면서도 천거하지 않는 지독한 사심이 문제인 것이다.

曰, 焉^언知^지賢^현才^재而^이擧^거之^지리잇고.
曰, 擧^거爾^이所^소知^지면 爾^이所^소不^부知^지를 人^인其^기舍^사諸^저아.

앞의 曰은 중궁의 말, 뒤의 曰은 공자의 말이다. 焉은 의문사다. 擧之의 之는 앞의 賢才를 가리킨다. 爾所知는 네가 아는 바의 인재란 뜻으로, 바로 앞의 擧의 목적어다. 爾所不知는 네가 알지 못하는 바의 어진 인재라는 뜻이다. 人은 爾와 구별되어 다른 사람들을 가리킨다. 舍는 버릴 捨(사)의 옛 글자이다. 諸는 之乎(지호)의 줄임말로, 지시 기능과 의문 및 종결의 어조를 함께 지닌다. 諸가 지시하는 것은 앞에 강조되어 있는 爾所不知이다.

082강

이름을 바로 하는 일

자로가 "위나라 군주가 선생님을 모셔다 정치를 하려고 한다면 선생님께서는 장차 무엇을 먼저 하시겠습니까?" 여쭈자, 공자께서는 "반드시 명칭을 바로 할 것이다."라고 말씀하셨다. 자로는 "그러하시군요, 선생님 방법은 동떨어진 듯합니다. 어째서 그것을 바로 하려 하십니까?"라고 말했다.

「자로」 제3장 필야정명호(必也正名乎) 1

공자가 정명의 중요성을 밝힌 장이다. 자로는 공자에게 자신이 섬기는 위나라 군주가 국정을 맡긴다면 무슨 일부터 하겠느냐고 물었다. 대개 가설의 말로 본다. 그 질문에 대해 공자는 "반드시 명칭을 바로 할 것이다."라고 대답했다.

위나라 군주인 출공(出公)은 할아버지 영공의 뒤를 이어 즉위하고는, 영공의 부인 남자에게 미움을 사 외국에 망명 중인 부친 괴외가 입국하지 못하게 저지했다. 4년 뒤 괴외는 권신의 도움으로 아들 출공을 몰아내고 군주가 되는데, 그가 장공(莊公)이다. 출공은 노나라로

180

망명했다가 3년 뒤 환국해서 다시 군주가 된다. 출공과 괴외는 군신의 명분과 부자의 명분을 어겼던 것이다. 공자는 출공이 아들로서 아버지와 대립하는 현실을 개탄해서 정치의 대도는 '명칭을 바로 함'에 있다고 설파했다.

명칭을 바로 한다는 것은 사회 관계망 속에 위치하는 각 존재자들의 이름과 실질이 부합하도록 만드는 일이다. 자로는 그 논리를 이해하지 못하고서 현실과 동떨어진 생각이라고 내뱉었다. 공자의 고제였던 자로도 이해하지 못했거늘, 상황 논리만 따지는 사람에게 공자의 정명 사상이 현실 변혁의 개혁론임을 어찌 쉽게 이해시킬 수 있겠는가.

<blockquote>
子路曰. 衛君이 待子而爲政하시나니
子將奚先이잇고. 子曰. 必也正名乎인저.
子路曰. 有是哉라 子之迂也여.
奚其正이리잇고.
</blockquote>

待子而爲政은 '선생님을 기다려서 정치를 한다'는 말로, '선생님을 초빙해서 정치를 하게 한다면'이라는 뜻이다. 子將奚先에서 將은 '장차'로, 의지를 드러내는 말이다. 奚는 의문사로, 奚先은 '무엇을 먼저 하는가'이다. '必也~乎'는 '반드시 ~이리라'로 풀이하는데, 강한 의미를 먼저 드러내고 뒤는 부드럽게 맺는 표현이다. 有是哉는 '그러하시군요' 정도의 어조를 나타낸다. 子之迂也는 '선생님의 迂遠(우원, 동떨어짐)하심이란!'이라고 탄식하는 뜻을 나타낸다. 奚其正의 奚는 앞과 같이 의문사이며 其는 名을 가리킨다.

083강
闕 모르면 잠자코 있는 법

> 공자께서 말씀하셨다. "경솔하구나, 유야! 군자는
> 자신이 모르는 바에 대해서는 잠자코 있는 법이다."
> 「자로」 제3장 필야정명호 2

앞에 이어진다. 공자는 자로의 질문에 답하며 만일 위나라 군주가 청해 국정을 맡게 된다면 우선 정명을 하겠다고 했다. 자로는 공자의 정치사상을 제대로 이해하지 못하고서 그러한 방법은 현실과 동떨어진 듯하다고 대꾸했다. 이에 공자는 자로의 경솔함을 꾸짖었다. "군자는 자신이 모르는 바에 대해서는 잠자코 있는 법이다."라고.

진정한 앎이란 "지지위지지 부지위부지(知之爲知之, 不知爲不知)"에서 출발한다. 공자는 「위정」 제17장에서 그 점을 바로 자로에게 가르친 바 있다. "유야, 너에게 앎에 대해 가르쳐 주겠노라. 아는 것을 안다고 하고 모르는 것을 모른다고 하는 것, 이것이 앎이다." 자로는 솔직하고 용감한 사람이었다. 다만 그는 자기가 체득하지 않고 남에게 들은 말을 자기의 지식인 양 여기는 버릇이 있었다. 그러나 이것이 어찌 자로만의 버릇이겠는가!

군자는 자신이 제대로 파악하지 못한 바에 대해 수다스럽게 말하지 않는 법이다. 이 점을 반성하지 않고 남의 말을 자기 지식인 것처럼 옮기거나 남의 생각을 충분히 이해하지 못한 채 비난 또는 무시한다면 올바른 태도가 아닐 것이다. 옛사람들은 자기가 지식을 체득하지 않고 남에게 들은 말을 옮기면서 과시하는 학문을 구이지학(口耳之學)이라 했다. 이것은 학문의 축에도 끼지 못한다. 오늘날에는 구이지학을 하는 사람은 많고 기초 학문과 전문 연구를 충실하게 하는 사람은 너무 적은 것만 같다.

子曰, 野哉라 由也여,
君子於其所不知에 蓋闕如也니라.

野哉, 由也는 由也野哉를 도치해 '由는 경솔하다'는 말에 탄식의 어조를 더한 것이다. 野는 경솔한 태도를 가리킨다. 野鄙(야비) 혹은 粗野(조야)라는 말과 같다. 其所不知는 '그가 알지 못하는 바'로, 其는 군자 자신을 가리킨다. 蓋闕如也에서 蓋는 '대개'라는 뜻, 闕如는 잠자코 있는 태도, 也는 단정의 어조를 나타낸다. 蓋闕이 본래 한 단어라는 설도 있다.

084강
역할 분담론

> 명칭이 바르지 못하면 말이 순조롭지 못하고, 말이 순조롭지 못하면 일이 이루어지지 않는다. 일이 이루어지지 않으면 예악이 흥하지 못하고, 예악이 흥하지 못하면 형벌이 적절하지 않게 된다. 형벌이 적절하지 않으면 백성들은 손과 발을 편히 둘 곳이 없게 된다. 「자로」 제3장 필야정명호 3

앞에 계속 이어진다. 공자는 제자 자로에게 정명의 정치사상에 대해 설명했다. 공자는 명칭의 바름, 말의 순조로움, 일의 성사, 예악의 흥성, 형벌의 적절함의 관계를 연쇄적으로 설명했다.

　김시습은 공자의 정명 사상을 근거로 「명분론」이란 글을 지었다. 그는 '명'을 신분의 이름으로, '분'을 신분의 존비와 귀천으로 규정하고 각자가 명분을 잘 지켜야 나라가 바로 선다고 했다. 표면적으로는 사회 구성체를 규율하는 유학의 논리를 반복한 것에 지나지 않는 듯하다. 하지만 그 바탕에는 수양 대군이 왕위를 찬탈함으로써 가치관이 무너지고 사회의 각 계층이 명분의 혼란을 겪게 된 현실에 대한 우려가 존재한다. 김시습은 또 다른 글에서 폭정을 타도한다는 명분으로 무력 혁명을 일으켜서는 안 된다고 경고한 바 있다.

오늘날에는 정명 사상이 신분 계급을 고착화한 보수 논리라고 매도만 할 것이 아니라, 사회 구성원 각자에게 적합한 역할 수행을 강조한 논리로 기능했다는 사실을 재평가할 필요가 있다.

名^명不^부正^정則^즉言^언不^불順^순하고 言^언不^불信^신則^즉事^사不^불成^성하고
事^사不^불成^성則^즉禮^예樂^악이 不^불興^흥하고
禮^예樂^악이 不^불興^흥 則刑^{즉형}罰^벌이 不^부中^중하고
刑^형罰^벌이 不^부中^중 則民^{즉민}無^무所^소措^조手^수足^족이니라.

名不正則言不順은 '~하면 즉 ~하다'의 짜임으로 논리적 인과를 설명하는 어법이다. 교정청 언해본은 현대 표점법과는 달리 則의 앞뒤에 현토하지 않았다. 또 조건문과 결과문의 주어가 짧으면 주격 조사를 넣지 않고, 주어가 복합어인 경우 주격 조사의 토를 넣었다. '名不正則言不順하고'와 '禮樂이 不興則刑罰이 不中하고'를 보면 그 차이를 알 수 있다. 言不順은 명칭과 실질이 일치하지 않아서 말하는 내용이 도리에 맞지 않는 것을 말한다. 禮樂不興은 禮와 樂이 흥기하지 않아서 공동체의 질서와 조화가 깨지는 것을 말한다. 刑罰不中은 형벌이 형평성을 잃어서 中正의 상태를 유지하지 못한다는 뜻이다. 無所措手足은 형벌이 공평하지 못해서 걸핏하면 형벌을 당하므로 손과 발을 뻗어 둘 곳이 없다는 뜻이다.

085강

정명에서 시작한다

> 그러므로 군자는 명칭을 세우면 반드시 제대로 말할 수 있고, 제대로 말하면 반드시 제대로 행할 수 있다. 군자는 말을 구차스럽게 하지 않을 따름이다.
>
> 「자로」 제3장 필야정명호 4

계속 이어진다. 공자는 자로에게 명칭과 말, 말과 일, 일과 예악과 형벌의 관계를 차례로 밝힘으로써 정명의 사회적 기능을 설명했다. 이어서 군자라면 명분에 맞는 발언을 하고 그 발언에 맞는 행동을 해야 한다고 지적하고, 말이 구차해서는 안 된다고 덧붙였다.

공자의 정명 사상은 위나라의 왕위 계승 문제를 염두에 둔 것이되, 군신과 부자 관계에도 적용할 수 있다. 유학자들은 이를 지방 통치의 원리로까지 확장했다. 한나라의 동중서는 무제의 물음에 답하는 대책(對策)의 글에서 "백관을 바르게 해서 사방을 바르게 하면 음양이 조화해서 풍우가 제때에 내리며 모든 생명체가 화합하고 만물이 자라난다."라고 했다.

한편 삼국 시대 조조(曹操)는 승상으로 있으면서 섭정을 했고 실제로는 천자보다도 권력이 컸다. 하지만 공융(孔融)이 명분론의 관점에서 조조의 권력 남용을 정면으로 비판했으므로 조조는 한나라의 황통을 끝내 찬탈하지 못했다. 공융이 살해되자 유비(劉備)는 "조조가 왕위에 오르겠군."이라 했으나 제갈공명은 "그자는 평생 찬탈하지 못할 것입니다."라고 예견했다. 제갈공명은 조조가 명분을 어긴 자로 비난받을까 봐 두려워한다는 사실을 알고 있었기 때문이었다.

정명 사상은 오늘날 역할론의 관점에서 적극적으로 재해석할 수 있다. 국민에게 권력을 위임받은 국가 정권은 선거의 공정성, 인사의 투명성, 정권 운용의 민주성을 통해 그 정당성을 확보해야 한다. 이러한 사실을 몰각한 채 불의의 사실을 호도한다면 그것은 제대로 된 말이 아니다. 과거에는 정권의 부당한 권력을 수식하는 구차한 말들이 많았다. 다시 환기하고 싶지 않다.

故로 君子가 名之인댄 必可言也며
言之인댄 必可行也니
君子가 於其言에 無所苟而已矣니라.

名之의 之는 어조를 고르는 기능을 한다. 아래의 之도 같다. 必可言은 사물에 올바로 붙인 이름에 부합하는 말을 해야 한다는 뜻, 必可行은 명분에 맞는 말에 부합하는 행동을 해야 한다는 뜻이다. 無所苟는 구차스럽게 하는 바가 없다는 말이다. 而已矣는 종결사를 셋 겹쳐서 어조를 강화했다.

086강

농사짓는 일

> 번지가 농사짓는 법을 배우고 싶다고 하자,
> 공자께서는 "나는 노련한 농부보다 못하다."라고
> 하셨다. 다시 번지가 채소밭 가꾸는 법을 배우고
> 싶다고 하자, 공자께서는 "나는 노련한 채소 농사꾼
> 보다 못하다."라고 하셨다.
>
> 「자로」 제4장 번지청학가(樊遲請學稼) 1

제자 번지가 농사짓는 법이나 채소 가꾸는 법을 가르쳐 달라고 하자 공자는 완곡하게 거절했다. 『논어』 전체에서 이처럼 기이한 대화가 또 있을까?

공자는 스스로 "나는 젊은 시절 미천했으므로 비루한 일에 많이 능하다."라고 했으므로 농사일에도 밝았을 것이다. 또한 공자의 학당에서는 농사를 정치의 본무로 삼았다. 그렇거늘 공자가 농사에 대해 묻는 번지를 뒤로 물린 이유는 무엇인가?

후대의 해석가는 번지가 돌연한 질문을 했다는 이유를 들어 그를 어리석다고 비난했다. 하지만 성호 이익은 번지가 『맹자』에 나오는

허행(許行)의 주장처럼 정치가도 직접 노동을 하면서 정치를 해야 한다는 설을 대변했다고 보았다. 전국 시대에는 후직(后稷)이 농사지으면서 천하를 다스렸던 것을 모범으로 삼아 정치가도 농사를 지으면서 나라를 다스려야 한다고 말하는 신농씨설(神農氏說)이 있었는데 허행도 그와 유사한 주장을 했던 인물이다. 정약용도 이익의 해설에 동의하면서, 공자는 그러한 관점이 식화(食貨, 재물을 불림)만 앞세우고 예절과 의리를 뒤로 돌리는 폐단을 초래할까 봐 경계했다고 보았다.

 번지는 공자에게 꾸지람을 들었지만, 그를 위해 변명하자면 그는 올바른 도가 실행되지 않자 차라리 농사에 힘써 사방 백성을 모을 생각을 했는지 모른다. 그런데 번지는 스스로 금을 긋고 자신이 선택한 길을 중도에 그만두려고 했기 때문에 공자로서는 마냥 옳다고 할 수만은 없었던 것이다. '이것이 안 되면 저것'이라는 태도는 공부하는 사람이 가장 경계해야 할 것이리라.

樊遲가 請學稼한대 子曰, 吾不如老農호라.
請學爲圃한대 曰, 吾不如老圃호라.

樊遲는 이름이 須(수)로, 앞서 「안연」편에서 공자로부터 仁(인)은 愛人(애인), 知는 知人(지인)이라는 가르침을 들은 그 인물이다. 學稼의 稼는 벼, 메기장, 기장, 보리, 콩 등 오곡을 심는 일을 말한다. '不如~'는 '~보다 못하다'는 뜻을 나타낸다. 爲圃는 밭을 가꿔 채소 기르는 일을 말한다.

任

087강
정치의 이념

윗사람이 예를 좋아하면 백성들이 공경하지 않을 수 없고, 윗사람이 의를 좋아하면 백성들이 감복하지 않을 수 없으며, 윗사람이 신의를 좋아하면 백성이 진심을 다하지 않을 수 없다. 무릇 이와 같다면 사방의 백성들이 그 자식을 포대기로 업고 이르러 올 것이니, 어찌 스스로 농사를 배울 필요가 있겠는가?

「자로」 제4장 번지청학가 2

공자는 번지가 농사짓고 채소 가꾸는 법을 가르쳐 달라고 하자 거절했다. 그리고 번지가 나간 뒤 "참으로 소인이다." 하면서 아쉬워했다. 농사는 위정자가 본무로 삼아야 할 일이지만, 번지의 관점은 식화만 앞세울 우려가 있었기 때문이다.

공자는 번지에게 왕도 정치의 이념을 분명히 파악하고 그 공부를 하라고 타일렀다. 곧 공자는 위정자가 예(禮)와 의(義) 그리고 신의를 소중히 여겨 사회 질서를 먼저 안정시키는 것이 이상적인 정치라고 말했다. 윗사람이 예를 좋아하면 백성들이 그를 공경하고, 윗사람이

의를 좋아하면 백성들이 그를 믿고 따르며, 윗사람이 신의를 좋아하면 백성이 진심을 다하게 된다는 단순 명쾌한 정치론이다. 공자는 바로 그 정치론을 구체적으로 실행하는 방안을 공부하는 것이 번지가 해야 할 일이라고 확인한 것이다.

공자는 정치에서 위정자와 일반 백성을 구분해 그 역할의 차이를 강조했다. 맹자가 마음을 쓰는 노심자(勞心者)와 힘을 쓰는 노력자(勞力者)를 구분한 것도 그 연장선 위에 있다. 당시 정치 체제에서는 지배자와 피지배자를 신분상 구분하지 않을 수 없었다. 오늘날은 마음을 쓰는 자와 힘을 쓰는 자라는 구분을 역할 개념으로 바꾸어 생각해야 할 것이다. 단 위정자가 예와 의, 그리고 신의를 소중히 해야 권력의 정당성을 유지할 수 있다는 점은 지금도 변함이 없다.

上好禮則民莫敢不敬하고
上好義則民莫敢不服하고
上好信則民莫敢不用情이니
夫如是則四方之民이
襁負其子而至矣리니 焉用稼리오.

上好禮則民莫敢不敬 이하 세 문장에서 則은 '~하면 곧 ~한다'는 짜임을 이룬다. '莫敢不~'은 '감히 ~하지 않을 수 없다'는 이중 부정의 뜻을 나타낸다. 같은 짜임의 문장 셋 이상을 나란히 사용하는 수사법을 유구법이라 한다. 用情의 情은 情實(정실), 誠實(성실)이다. 夫는 발어사, 如是는 '이와 같다면'이다. 襁負는 포대기로 업는 것을 말한다. 焉用稼는 '어찌 그 자신이 꼭 농사를 배울 필요가 있겠는가?'라는 뜻이다.

088강
학문의 실용성

삼백 편의 시를 외더라도 정무를 맡겨 주면 제대로 하지 못하고 사방에 사신을 가서는 전권을 가지고 대응하지 못한다면, 비록 시를 많이 외운들 무엇에 쓰겠는가? 「자로」 제5장 송시삼백(誦詩三百)

선인들은 외국에 사신으로 나가는 사람에게 격려의 시문을 쓸 때 「자로」 편의 이 장을 인용하고는 했다. 그런데 공자의 이 말은 학문의 실용성을 강조한 말이므로 주의 깊게 읽어야 한다.

삼백 편의 시란 한나라 이후로 『시경』이라 불러 온 경전으로, 오경(五經)의 하나이다. 시는 백성의 마음을 살피고 군주가 마음을 바로잡게 하므로 『시경』 공부는 정치에 응용할 수 있었다. 또 외교의 장에서 시를 외워 자기 속내를 넌지시 알리는 일이 많았다. 이것을 부시(賦詩)라고 한다. 따라서 지식층은 시 공부를 매우 중시했다. 그래서 공자는 시를 배우고도 정무를 제대로 처리하지 못하고 사절로 나가 현안을 홀로 처리하지 못하면 시 공부는 아무 소용이 없다고 한 것이다.

정이는 "경전을 궁구하는 것은 장차 치용(致用, 실지에 씀)하고자 하

192

기 때문이다."라고 했다. 『주역』 계사전에서는 "자벌레가 몸을 굽히는 것은 장차 펴기 위함이요, 의리를 정밀히 연구하여 신의 경지에 드는 것은 장차 쓰이기 위함이다."라고 했다.

학문의 실용은 어디까지인가. 실용의 범위를 한정할 수는 없다. 하지만 어떤 공부든 정의를 부정하거나 가치와 의미를 전적으로 무시하는 것이어서는 안 될 것이다.

誦詩三百하되 授之以政에 不達하며
使於四方에 不能專對하면
雖多나 亦奚以爲리오.

誦詩三百은 시 삼백 편을 왼다는 말로, 여기서 시는 『시경』의 시를 말한다. 授之以政은 시 삼백 편을 외는 사람에게 정무를 맡긴다는 말이다. 達은 정치의 도리에 환한 것을 뜻한다. 使於四方은 사방의 다른 나라로 사신 가는 것을 말한다. 使는 '사절로 가다'라는 뜻일 때 전통적으로 '시'라고 읽는다. 專對는 외국에 사신으로 나가 독단으로 대응한다는 뜻이다. 奚以爲는 '어디에 쓰겠느냐'이다.

089강

正 위정자의 몸가짐

> 몸가짐이 바르면 시키지 않더라도 행해지고, 몸가짐이
> 바르지 못하면 시키더라도 백성이 따르지 않는다.
>
> 「자로」 제6장 기신정(其身正)

공자는 법령이 실행되려면 법령의 제정자이자 집행자인 군주가 도덕성을 지녀야 한다고 말했다. 『대학』에 나타나 있듯 유학은 위정자가 제가(齊家)와 치국(治國)과 평천하(平天下)를 이루려면 무엇보다 수신(修身)을 우선해야 한다고 가르쳤다. 이 장은 그 이념과 관계가 깊다.

조헌(趙憲)은 조선 선조 7년(1574년)에 올리려 했던 상소문에서 군주의 명령이 엄하게 지켜지게 하려면 군주 자신이 삼외(三畏)를 공경해야 한다고 했다. 삼외란 공자가 「계씨」 제8장에서 말한 것으로, 천명, 대인, 성인의 말씀 등 세 가지 두려움의 대상을 가리킨다. 천명은 일상의 몸가짐을 삼가고 백성의 일에 부지런해야 할 의무를 부여하는 최종적 근거를 말한다. 대인은 천성에서 우러나온 계책을 가지고 군주의 잘못을 바로잡는 사람을 가리킨다. 성인의 말씀은 경전과 역사서에 실려 있는 교훈을 말한다. 조헌은 「학이」 제5장에서 공자가

말한 "재물 쓰기를 절도 있게 하고 백성을 사랑하라."라는 구절에 특히 유의하라고 덧붙였다.

한편 『대학』에 보면 "명령하는 것이 자신이 좋아하는 바와 반대되면 백성들은 복종하지 않는다."라고 했다. 법령은 백성들이 자신의 삶 속에서 편안함을 느낄 수 있도록 제정되어야 한다는 뜻이다. 민주 사회의 입법자들은 법령이 국민의 삶을 편안하게 해 주어야 한다는 원칙을 잊지 말아야 한다. 또한 정치가들은 스스로 법령을 지키는 도덕성을 견지해야 할 것이다.

$$\underset{기신}{其身}이\ \underset{정}{正}이면\ \underset{불령이행}{不令而行}하고$$
$$\underset{기신}{其身}이\ \underset{부정}{不正}이면\ \underset{수령부종}{雖令不從}이니라.$$

其身은 위정자 자신을 말한다. 令은 교육하고 명령함이다. 而는 역접의 연결사다. 行은 敎化(교화)와 德化(덕화)가 이루어짐을 말한다. 而로 연결했지만 令과 行의 주어가 각기 다르다. 令의 주어는 위정자이지만 行의 주어는 정치, 교화, 덕화 등이다. 雖令과 不從은 짧은 두 구문을 이었는데, 생략된 주어가 역시 서로 다르다.

090강
儉 외물에 휘둘리지 않는 삶

> 공자께서 위나라 공자 형에 대해 이렇게 말씀하셨다.
> "집안 살림을 잘 꾸릴 줄 안다. 처음 살림살이를
> 지니게 되자 그런대로 절도에 맞다고 했고, 조금 더
> 지니게 되자 그런대로 갖추어졌다고 했으며, 풍부하게
> 지니게 되자 그런대로 훌륭하다고 했다."
>
> 「자로」 제8장 자위위공자형(子謂衛公子荊)

건전한 자산 축적 활동은 물자의 유통을 촉진하고 품질을 향상시킨다. 하지만 재물을 좇는 탐욕은 인간을 물질에 매이게 하고, 사회적으로 계급의 차이와 빈부의 격차를 초래한다. 그렇기에 「자로」 편의 이 장에서 공자는 위나라 공자 형(荊)이 담박한 생활을 하며 외물에 마음을 빼앗기지 않았다고 높이 평가했다.

공자가 말했듯 가정을 꾸리는 사람은 처음 살림살이를 지니게 되면 그런대로 절도에 맞다고 만족해하고, 더 지니게 되면 그런대로 갖추어졌다고 하며, 풍부하게 지니게 되면 그런대로 훌륭하다고 담담하게 말할 줄 알아야 한다. 사치를 부리고 과시를 해서는 안 될 일이다.

이색은 「자탄(自嘆)」이라는 시에서 "백발에 다행히 떠돌지는 않으니, 그런대로 가지려 했던 내 뜻이 이루어졌다. 금년도 내년도 이러면 충분하니, 어찌 다시 잘 갖추고 더 훌륭하길 바라랴."라고 했다.
　정당한 방법으로 부를 쌓을 수 있는데도 부를 추구하지 말라는 것은 아니다. 공자의 제자 자공은 부유하되 교만하지 않고자 했고, 전국시대 범여(范蠡)는 도주공으로 있으면서 거만의 부를 쌓되 재상의 직을 사양했다. 『주역』의 절괘(節卦)에서도 고통스러운 절제는 끝까지 지켜낼 수 없다고 했다. 정말 그런대로 살림살이를 지니게 된 상태에 만족할 줄 알아야 진정 외물에 휘둘리지 않는다고 할 수 있으리라.

子謂衛公子荊하사되 善居室이로다.
始有에 曰, 苟合矣라 하고
少有에 曰, 苟完矣라 하고
富有에 曰, 苟美矣라 하니라.

　謂는 '~에 대해 말하다'이다. 荊은 위나라 대부의 이름이다. 善居室은 집안 살림을 잘 꾸린다는 뜻이다. 有는 所有(소유)이다. 苟는 '그런대로', 合은 '잘 갖춰 절도에 맞다'이다. 完은 完備(완비), 美는 훌륭함이다. 정약용은 공자 형이 궁궐을 나올 때부터 가지고 있었던 밭과 재산이 始有이고, 그가 몸소 검약해서 점차 살림이 부유해진 것이 少有이며, 저축을 통해 노년에 풍요로워진 것이 富有라고 풀이했다.

091강

백성을 부유하게 해야

공자께서 위나라로 가실 때 염유가 수레를 몰았는데, 공자께서 "백성이 많구나!"라고 말씀하셨다. 염유가 "백성이 이미 많은데 무엇을 더해야 합니까?" 여쭈자, 공자께서는 "그들을 부유하게 해 주어야 한다."라고 말씀하셨다. 염유가 "이미 부유해졌다면 무엇을 더해야 합니까?" 여쭈자, 공자께서는 "그들을 가르쳐야 한다." 라고 말씀하셨다. 「자로」 제9장 자적위(子適衛)

공자는 인의의 정치를 강조했으므로 현실의 물질 기반이나 백성의 생활 조건을 등한시했다고 추측할지 모른다. 하지만 이 장에서 제자 염유와 대화한 내용을 보면 공자가 백성의 생활 조건을 대단히 중시했음을 알 수 있다.

공자가 노나라를 떠나 천하를 주유할 때의 일이다. 위나라에 들어가면서 공자는 그 나라의 백성이 많은 것에 감탄했다. 그러자 염유는 백성이 많다면 정치를 어떻게 해야 하는가 물었다. 공자는 백성들을 부유하게 해 주어야 하며, 백성들이 부유해졌다면 그들을 가르쳐야 한다고 대답했다.

『관자(管子)』에 "의식족이지예절(衣食足而知禮節)"이라고 했다. 입을 것과 먹을 것이 풍족해야 예절을 알게 된다는 말이다. 관자는 인의를 가볍게 여기고 부국강병만을 꾀하는 패도(覇道)를 주장했다고 비판받았다. 그러나 맹자 또한 토지 분배 제도인 정전법을 실시해서 백성들에게 항산(恒産)이 있게 만든 후에 학교에서 효제를 가르쳐야 한다고 주장한 바 있다. 정약용이 지적했듯 그 둘은 통하는 면이 있다.

정조가 잘 지적했듯이 유학자는 결코 나라를 부강하게 하는 일을 소홀히 하지 않았다. 오늘날로 말하면 국민의 생업을 안정시킨 뒤에 각자가 기품 있게 살아가도록 도와주는 복지 및 문화 정책이 제대로 기능해야 할 것이다.

子適衛하실새 冉有가 僕이러니
子曰, 庶矣哉라.
冉有曰, 旣庶矣어든 又何加焉이리잇고.
曰, 富之니라.
曰, 旣富矣어든 又何加焉이리잇고.
曰, 敎之니라.

適은 '가다'이다. 僕은 여기서는 마차 모는 사람을 뜻한다. 庶는 백성들이 많다는 말이다. 矣哉에서 矣는 단정, 哉는 감탄의 어조를 나타낸다. '旣~又~'는 '이미 ~한데 또 ~한다'는 뜻을 나타내는 구문이다. 何加焉은 '무엇을 거기에 더해야 하는가?'라고 묻는 말이다. 富之는 '백성을 부유하게 만든다'로, 之는 백성을 가리킨다. 敎之의 之도 백성을 가리킨다.

092강

나를 등용한다면

> 만일 나를 등용해 주는 자가 있다면 일 년 만이라
> 해도 어느 정도 기틀을 잡을 수 있으리니, 삼 년이면
> 성취가 있을 것이다. 「자로」 제10장 구유용아자(苟有用我者)

기월삼년(朞月三年)이라고 하면 1년 안에 정치의 기틀을 잡고 3년 안에 성취를 이룬다는 뜻으로, 성인이라야 구비할 정도의 위대한 자질과 경륜을 가리킨다. 『사기』 「공자세가」에 따르면, 위나라 영공이 노쇠해서 정치에 싫증을 내고 공자를 등용하지 않자 공자가 탄식하면서 이렇게 말했다고 한다.

공자는 "만일 나를 등용해 주는 자가 있다면"이라고 했다. 공자의 이 말에 담긴 뜻이 탄식인지, 자부인지는 알 수 없다. 그 두 감정이 혼재되어 있는 듯하다. 다만 「자한」 제12장에서 공자는 "나는 제값 주고 살 사람을 기다리고 있다."라고 했을 만큼 자부심이 강했다. 그리고 여기서는 기월삼년이면 정치의 기틀을 잡아 성취할 수가 있다고 했다. 공자가 노나라를 떠나 5~6년 지난 60세 무렵의 일인 듯한데, 여전히 뜻이 쇠퇴하지 않았다.

역사를 보면 기월삼년의 경륜을 지니고도 등용되지 못한 예가 허다하다. 송나라 철종 초에 정호(程顥)는 종정시(宗正寺)의 승(丞)으로 부름을 받아 가는 길에 죽었다. 그 뒤 사마광과 여공저(呂公著)도 역시 부름을 받아 가다가 잇달아 죽었다. 조선 중기의 학자 신흠은 『송사(宋史)』를 읽다가 이 대목에 이르러 탄식하고 말았다. 경륜의 인물이 정치를 맡아 서민을 부유하게 하고 또 기품 있는 삶을 살게 만드는 정책을 펴는 것은 아무래도 시운에 속하는 일인가 보다.

苟^구有^유用^용我^아者^자면 朞^기月^월而^이已^이라도 可^가也^야니
三^삼年^년이면 有^유成^성이리라.

苟는 '만일, 정말로'라는 뜻의 부사이다. 用은 등용(등용)이다. 朞月은 12개월, 즉 1년이며 朞는 期(기)로도 적는다. 정약용은 1개월로 보았다. 而已는 '따름이다'로, 기간이 짧음을 강조한 것이다. 可也는 부족하나마 그 정도면 좋다는 어감을 나타낸다. 주희는 공자가 1년이면 나라의 기강을 세울 수 있다고 말한 것이라고 풀이했다. 三年은 업적을 평가하는 시간적 단위였다. 『서경』「堯典(요전)」에도 3년마다 공적을 평가한다는 뜻의 '三載考績(삼재고적)'이란 말이 있다. 有成은 성취가 있다는 말이다. 바로 앞 장에서 공자가 염유에게 한 말에 비추어 보면 백성을 부유하게 하고 교육하는 일에 성과를 이룬다는 뜻이다.

093강
선인의 정치

선인이 나라를 다스리길 백 년 동안 한다면 잔악한 사람을 감화시키고 사람 죽이는 사형도 없앨 수 있다고 했는데, 이 말이 참으로 옳도다.

「자로」 제11장 선인위방백년(善人爲邦百年)

인의의 이념에 따라 정치를 실행하면 승잔거살(勝殘去殺)의 효과가 나타난다고 한다. 승잔거살이란 "잔악한 사람을 감화시키고 사람 죽이는 사형도 없앤다."라는 뜻으로, 이 장에서 공자가 인용한 옛말로 나온다.

당나라 태종이 언젠가 "난리 뒤라 나라를 다스리기 어렵다."라고 탄식하고, "선인이 나라를 다스린 지 100년이 되어야 잔악한 사람을 감화시키고 사람 죽이는 사형도 없앨 수 있다고 하지 않는가!"라고 했다. 신하 위징(魏徵)은 "난리 뒤에 오히려 다스리기 쉽습니다. 허기지면 음식을 잘 받아들이는 것과 같습니다."라고 하고, "성철(聖哲)의 제왕이라면 한 해 만에 효과를 볼 수 있습니다."라고 인의의 정치를 권했다. 반면 다른 신하 봉륜(封倫)은 법치를 강화하고 패도를 써야 한다고 하면서 위징을 두고 시무라고는 모르는 서생이라고 비판했다. 당 태종은 위징의 말대로 나라를 다스렸는데, 봉륜이 죽은 후 효과가 나타나자 봉륜이 그 사실을 보지 못하게 된 것을 애석해했다.

당 태종의 정관지치(貞觀之治)는 미화된 측면이 있지만, 그가 간언을 받아들여 인의의 정치로 효과를 본 것은 사실이다. 정치에서 시무는 매우 중요하다. 하지만 인의의 이념을 잊어서는 안 된다.

善人이 爲邦百年이면
亦可以勝殘去殺矣라 하니
誠哉라 是言也여.

善人은 학문 수양을 하지 않고도 나면서부터 착한 사람이다. 聖人(성인)과는 다르다. 爲邦은 '나라를 다스린다'로, 爲는 治(치)와 같다. 百年은 오랜 기간을 뜻한다. 善人들이 이어진 지가 100년에 이른다고 보아도 좋다. 勝殘은 잔악한 사람을 이겨 악행을 없게 만듦이다. 去殺은 큰 범죄가 없어 사형을 집행하지 않게 됨이다. 誠哉是言也는 是言也誠哉를 도치해 강조한 것이다.

094강

正 정치가의 몸가짐

> 진실로 자기 몸가짐을 바르게 한다면 정치를 하는 데 무슨 어려움이 있겠으며, 자기 몸가짐을 바르게 할 수 없다면 백성을 바로잡는 일을 어찌할 수 있겠는가.
>
> 「자로」 제13장 구정기신의(苟正其身矣)

유학은 최고 권력자인 군주의 바른 몸가짐을 강조하고, 동시에 정치에 참여해 실제 권력을 행사하는 대부의 바른 몸가짐을 강조한다. 이 장에서 공자가 정신종정(正身從政), 즉 몸가짐을 바르게 해서 정치를 행함을 말한 것은 그 대표적인 예이다.

위정자가 몸을 바르게 함은 『대학』의 8조목 가운데 평천하, 치국, 제가의 기본 요건인 수신과 같다. 단 정약용은 대부 아래에서 정무를 담당하는 사(士) 계층의 역할을 중시했으므로 선비의 바른 몸가짐도 함께 강조했다.

공자가 말한 정신종정은 「자로」 제6장에서 역시 공자가 "위정자의 몸가짐이 바르면 시키지 않더라도 행해진다."라고 말한 것과 유사하되 의미가 조금 다르다. "시키지 않더라도 행해진다."라는 말은 정치를 담당하는 군주에게 덕이 있어서 교화가 절로 이루어지는 것을 뜻한다. 한편 "정치를 하는 데 무슨 어려움이 있겠는가."라는 말은 정치에 참여하는 사대부가 정령을 실시하는 일에 관한 것이다. 다만 둘 다 정치의 주체가 몸가짐을 바르게 해야 한다고 강조한 점은 같다.

정치가가 만일 자신은 독직(瀆職)하면서 백성들에게 정도를 따르라고 강요한다면 효과를 볼 수 있겠는가? 지금이라고 다르겠는가?

> 苟正其身矣면 於從政乎에 何有며
> 不能正其身이면 如正人에 何오.

苟는 '진실로 ~이라면'이다. 正其身矣는 자기 몸가짐을 바로잡았다는 뜻으로, 矣는 확정의 어조를 지닌다. '於~乎'는 '~에 있어서'라는 뜻의 구문이다. 從政은 군주의 정치를 協贊(협찬)해서 권력을 행사하는 것을 말한다. 何有는 何難之有(하난지유)의 준말로, 무슨 어려움이 있겠느냐고 반문해서 아무 어려움이 없음을 강조했다. '如~何'는 '~을 어찌하겠는가'라고 반문해서 어찌할 수 없다는 뜻을 나타낸다. 正人은 正身과 대비되는데, 여기서는 백성들을 바로잡는 일을 뜻한다.

君

095강

임금 노릇의 어려움

사람들은 말하길, 임금 노릇 하기 어렵고 신하 노릇
하기 쉽지 않다고 했습니다. 만일 임금 노릇 하기
어렵다는 것을 안다면, 한마디 말로 나라 일으키기를
기약할 수 없겠습니까?

「자로」 제15장 일언이가이흥방(一言而可以興邦) 1

조선 후기의 태평소곡에 "나리리 나라리리. 임금 노릇 하기도 어렵고 신하 노릇 하기도 어려우니, 어렵고도 어렵도다. 창업(創業)도 어렵고 수성(守成)도 어려우니, 어렵고도 어렵도다."라는 가사가 있다. 아마 명나라 태조가 「초루화각성(譙樓畫角聲)」에서 "임금 노릇 하기 어렵고 신하 노릇 하기도 어려우니 어렵고도 어렵다. 창업하기 어렵고 수성하기도 어려우니 어렵고도 어렵다. 집안 보전하기 어렵고 몸 보전하기도 어려우니 어렵고도 어렵도다."라고 한 말과 관련이 있을 듯하다.

두 가사는 모두 공자가 이 장에서 한 말에 뿌리를 두고 있다. 노나라 정공(定公)이 나라를 일으킬 만한 한마디가 있느냐고 묻자, 공자는

"말이란 꼭 그렇게 되리라고 기필(期必)할 수는 없지만, 세상에 전하는 '임금 노릇하기 어렵다.'라는 말의 의미를 잘 이해한다면 그 한마디 말로 나라 일으키기를 기약할 수 있을 것입니다."라고 대답했다.

조선 효종 때 김익희(金益熙)는 상소문에 "임금 노릇 하기 어렵고 신하 노릇 하기도 쉽지 않다고 합니다. 성상께서는 임금 노릇 하기가 어렵다는 위군난(爲君難) 석 자로 스스로를 독려하십시오."라고 쓴 바 있다.

현대의 지도자들도 지도자 노릇 하기 어려움을 생각하면서 매사를 정대하게 처리하도록 노력해야 할 것이다.

人之言曰, 爲君難하며 爲臣不易라 하나니
如知爲君之難也인댄
不幾乎一言而興邦乎잇가.

人之言은 세상에 전하는 말이다. 爲君은 '임금 됨, 임금 노릇함', 爲臣은 '신하 됨, 신하 노릇함'이다. 難과 不易는 의미가 같다. 知의 목적어는 爲君之難이다. '不幾~乎'는 '거의 ~에 가깝지 않겠는가?'의 뜻으로 보기도 하지만 주희의 해석을 따라 '~함을 기약할 수 없겠는가?'의 뜻으로 보았다. 興邦은 나라를 일으킴이다.

096강

비판을 받아들이는 일

사람들은 말하길, 임금이 된다고 해서 즐거울 것은 없으나 오로지 말을 하면 아무도 거역하지 않으므로 그보다 더 즐거운 일이 없다고 합니다. 만일 임금의 말이 선해서 그 말을 거역하는 사람이 없다면 역시 좋지 않겠습니까? 하지만 만약 임금의 말이 선하지 않은데도 그 말을 거역하는 사람이 없다면, 그것이 바로 한마디 말로 나라를 망하게 함을 기약할 수 없겠습니까? 「자로」 제15장 일언이가이흥방 2

앞에서 이어진다. 노나라 정공이 나라를 일으키는 데 도움이 될 만한 한마디가 있느냐고 묻자, 공자는 "임금 노릇 하기 어렵다."라고 세상에서 하는 말을 들려주었다. 그러자 정공은 다시 나라를 망하게 할 만한 한마디가 있느냐고 물었다. 공자는 말이란 꼭 그렇게 되리라고 기필할 수는 없다고 다시 유보하면서 위와 같이 대답했다.

유학에서는 군주란 백성들의 필요에 의해 추대된 존재라고 말하지만, 실제 역사에서 군주는 백성들이 자신을 봉양하도록 강요하는 전제주의적 성향을 띠었다. 그래서 사람들은 군주가 되는 일 자체가 즐거울 것은 없으나 "말을 하면 아무도 거스르지 않으므로 그보다 즐거운 일이 없다."라고 말했던 것이다. 청나라 초 황종희(黃宗羲)가 『명이대방록(明夷待訪錄)』의 「원군(原君)」에서 군주의 전제 정치를 비판하고 민중에 대한 책임 정치를 주장한 것은 이러한 맥락에 있다.

공자는 임금이 임금 노릇 하기 쉽다고 여기고 자기 말을 아무도 거역하지 않는 전제와 독재를 즐거워한다면 나라를 망하게 만들 것이라고 경고했다.

현대 정치에서 독재는 사라진 듯하지만 전제의 그늘은 아직 남아 있다. 단체의 지도자가 스스로 뛰어나다고 여겨 비판을 수용하지 않고 건백(建白)을 묵살한다면 그 단체는 흥할 수 없을 것이다. 이 시대의 지도자들은 비판과 건백을 받아들이는 미덕을 갖추고 있는가?

人之言曰, 予無樂乎爲君이오
唯其言而莫予違也라 하나니
如其善而莫之違也인댄 不亦善乎잇가.
如不善而莫之違也인댄
不幾乎一言而喪邦乎잇가.

予는 일인칭 주어이다. 莫予違也는 '나의 말을 어기는 사람이 없다'는 뜻인데, 나의 말을 어기는 사람이 없는 것보다 더한 즐거움은 없다는 뜻이다. 목적어인 대명사 予가 동사 違 앞으로 나왔다. 莫之違也는 '그것을 거역하지 않는다'는 뜻이다. 不亦善乎는 '또한 좋지 않겠는가!'이다. 喪邦은 나라를 잃음이니, 앞에 나왔던 興邦(흥방)과 반대어이다.

達

097강

욕속부달

> 서두르려 하지 말고 작은 이익을 보려 하지 마라.
> 서두르려 하면 일을 제대로 해낼 수 없고 작은 이익을
> 보고 탐내면 큰일을 이룰 수 없다.
>
> 「자로」 제17장 자하위거보재(子夏爲莒父宰)

서두르면 일을 망치기 쉽다는 뜻의 욕속부달(欲速不達)이란 성어가 여기서 나왔다. 자하가 노나라 거보(莒父) 땅의 읍재가 되어 정치에 대해 묻자 공자가 그를 타이르면서 한 말이다. 송나라 때 정이는 자하가 늘 작고 가까운 것만 보았기 때문에 공자가 그에게 요긴한 점을 짚어 준 것이라고 설명했다.

  욕속부달은 본래 정치의 태도에 대해 한 말이지만 독서 및 학문의 태도, 인격 수양, 일상생활의 작은 일에 이르기까지 널리 적용된다.

  기대승은 선조가 즉위 초 여러 폐단들을 한꺼번에 고치려 하자 "성상의 학문이 높아지고 경력이 오래되며 신하들도 착수하고자 마음먹은 뒤에 시행하는 것이 좋습니다."라고 하면서 다음의 비유를 들었다. "시골 서민이 조상에게 물려받은 집을 고치려 한다면, 반드시

뛰어난 목수를 얻고 좋은 재목을 구비한 뒤 때를 기다려서야 고칠 수 있습니다. 뛰어난 목수도 없고 좋은 재목도 없거늘 오래된 집을 대뜸 허문다면 수습하기 어렵습니다." 정치에만 국한되겠는가? 누구나 처음 뜻은 크지만 끝까지 성실해서 유종의 미를 거두는 이는 적다.

욕속과 유사한 말은 등급을 껑충 뛰어넘는다는 뜻의 엽등이고, 상대되는 말은 숫돌로 갈듯 차츰차츰 닦아 나간다는 뜻의 점마(漸磨)이다. 매사에 엽등하지 말고 점마하려고 해야 목표에 다가가고 큰일을 이룰 수 있을 것이다.

無欲速하며 無見小利니 欲速則不達하고
見小利則大事가 不成이니라.

無는 '~하지 말라'는 뜻의 금지사다. 見小利는 작은 이익만 보고 원대한 것을 생각하지 않는다는 말이다. 不達은 목표에 이르지 못한다는 뜻이다. 不成은 완수하지 못한다는 뜻이다.

直

098강

부모와 자식

> 섭공이 공자에게 말했다. "우리 마을에 정직한 사람이 있습니다. 아버지가 양을 훔치자 그 아들이 증인이 되어 제소했습니다." 그러자 공자께서 말씀하셨다. "우리 마을의 정직한 사람은 그와 다릅니다. 그런 일이 있다면 아버지는 아들의 죄를 덮어 주고 아들은 아버지의 죄를 덮어 줄 것이니, 정직이란 그 가운데 있습니다."「자로」제18장 오당유직궁자(吾黨有直躬者)

이 장은 법률상 신의가 인륜의 도리와 충돌할 때 어떻게 해야 하는지에 대해 논했다. 초나라 섭공이 자기 마을에 아버지의 범죄를 관가에 제소할 만큼 정직한 인물이 있다고 자랑했다. 섭공이 노나라 일을 묻자 공자가 노나라의 잘못을 숨겼으므로 그렇게 풍자한 듯하다. 이에 공자는 자기 아버지의 범죄를 제소하는 행위는 결코 정직하다 할 수 없다고 일축했다. 『한비자』도 그런 자가 있다면 그는 올곧은 신하이기는 하지만 난폭한 자식이므로 처벌해야 한다고 논단했다.

『여씨춘추』를 보면, 관리가 아버지를 죽이려 하자 섭공이 말한 그 인물이 아버지 대신 죽겠다고 청했다. 초나라 형왕(荊王)은 그가 신(信)과 효(孝)를 지켰다고 보아 그 아버지를 놓아주었다. 하지만 공자는 그가 이로써 아버지 일로 두 차례나 명성을 얻었으므로 그 신은 없는 것만 못하다고 했다.

옛날에 아버지와 조부를 고발하는 일은 십악(十惡)의 하나였다. 부모가 범죄를 저지르면 자식은 울며 간할 수 있을 뿐이었다. 다른 사상가들도 부모를 고발해서 법적 신의를 지키거나 명성 얻는 일을 혐오했다. 부모와 자식은 의리의 관계가 아니라 절대적 사랑의 관계라고 여겼던 옛사람의 생각을 되새겨 보아야 한다.

> 葉公이 語孔子曰, 吾黨에 有直躬者하니
> 其父가 攘羊이어늘 而子가 證之하니이다.
> 孔子曰, 吾黨之直者는 異於是하니
> 父爲子隱하며 子爲父隱하나니 直在其中矣니라.

吾黨은 우리 마을 혹은 우리 무리이다. 直躬은 인명으로도 볼 수 있고, 몸을 바르게 지닌 자로도 볼 수 있다. 여기서는 후자의 뜻으로 풀이했다. 攘羊은 대개 길 잃은 양을 자기 것으로 삼는다는 뜻으로 보지만, 정약용은 양을 훔쳤다는 말로 풀이했다. 直在其中矣는 정직의 의미가 그 속에 있다는 말이다.

仁 　생활 속의 인

099강

> 번지가 인에 대해 여쭈자, 공자께서 말씀하셨다.
> "평소 집에 거처할 적에는 공손한 자세를 지니고 일을 맡아 처리할 적에는 공경하는 태도로 해야 하며 남을 대할 적에는 충심으로 해야 한다. 비록 미개한 곳으로 간다 하더라도 이 세 가지는 버리면 안 된다."
> 「자로」 제19장 번지문인(樊遲問仁)

『논어』 전체에서 번지는 세 번이나 공자에게 인(仁)에 대해 물었다. 「자로」편의 이 장에서 공자는 공(恭), 경(敬), 충(忠)을 인의 덕목이라고 말하고, 그 셋은 미개 지역에 가더라도 버려서는 안 되는 인간의 근본 덕목이라고 했다. 인을 일상생활의 태도에 연관시켜 말한 대답이 무척 친절하다.

　공자와 제자들은 공손한 태도를 중시했다. 공자는 순임금을 칭송해서 "자기 몸을 공손히 하셨다."라고 했고, 문인들은 공자를 예찬해서 "공손하면서도 자연스러우셨다."라고 했다. 조선 인조 때 조익은 평소 용모를 공손히 가지겠다고 다짐하고 서재에 공재(恭齋)라는 이름을 붙였다. 천하의 도는 가까운 나로부터 시작하며 나에게 가장 가까운 것은 용모를 갖추는 일인데, 용모를 제대로 갖추려면 공손함이 가장 중요하다고 본 것이다. 선비 화가 윤두서(尹斗緖)가 호를 '공재'라 한 것도 같은 이유에서였다.

한편 공자와 유학자들은 경건한 자세 또한 대단히 중시했다. 조익은 내면의 경을 보존하기 위해서는 계구(戒懼, 조심하고 두려워함)와 신독(愼獨, 홀로 있을 때 삼감)의 공부를 하고 외면의 경을 유지하기 위해서는 용모(容貌)와 위의(威儀)의 원칙을 지키라고 했다.

생활에서 공손한 태도를 갖는 것을 공기(恭己), 어느 때든 경건한 자세를 유지하는 것을 지경(持敬)이라고 한다. 설렁설렁 무의미하게 살아가기 쉬운 우리가 해야 할 공부가 바로 이 공기와 지경인 것이다.

樊遲가 問仁한대 子曰, 居處恭하며
執事敬하며 與人忠을
雖之夷狄이라도 不可棄也니라.

居處는 평소 집에 편안히 있음을 말한다. 恭은 恭遜(공손)이다. 執事는 일을 맡아 행함을 말한다. 敬은 敬愼(경신), 敬虔(경건)이다. 與人忠은 남과 교제하면서 진심을 다함이다. 之는 '가다'라는 뜻의 동사다. 夷狄은 미개 지역을 뜻한다. 不可棄는 恭, 敬, 忠의 셋을 버려서는 안 된다는 말이다.

100강

부끄러움을 아는 사람

자공이 "어떻게 해야 선비라 할 수 있습니까?"
여쭤자, 공자께서는 "자기 몸을 단속해서 부끄러워
할 줄 알고 사방의 다른 나라에 사절로 가서 군주의
명령을 욕되게 하지 않으면 선비라 할 수 있다."
라고 말씀하셨다. 「자로」 제20장 행기유치(行己有恥) 1

이 장에서 공자는 자공의 질문에 답하며 선비를 세 등급으로 나누었다. 그중 첫 번째는 부끄러움을 알아 자기 자신을 단속하고 외국에 나가 사신으로서의 중임을 제대로 수행하는 부류이다.

잘못을 저질렀거나 남의 훌륭함에 자신이 미치지 못함을 깨닫고 부끄러워하는 것은 인간을 인간답게 만드는 매우 중요한 감정 반응이다. 부끄러울 치(恥) 자는 귀 이(耳)와 마음 심(心)으로 이루어져 있다. 마음에 부끄러워하는 바가 있으면 귀가 빨갛게 되는 데서 부끄러워한다는 뜻을 나타내게 되었다고 한다. 『맹자』「진심 상」 편에서는 "사람은 수치가 없으면 안 된다. 수치스러운 마음이 없음을 수치스럽게 여기면 수치스러운 행위가 없어질 것이다."라고 했다. 수치스러운 마음을 잃고 도덕적 불감증에 걸리지 않도록 우리 모두 경계해야 할 것이다.

한편 춘추 시대에는 벼슬 사는 선비라면 외국에 사신으로 가서 자국의 주권과 이익을 지키는 일이 극히 화려하면서도 중대한 임무였다. 사신으로서 외국에 나가 그때그때 발생하는 현안을 자신의 판단으로 해결하는 일을 전대(專對)라고 했다. 제나라 안영(晏嬰)은 키가 아주 작아서 볼품이 없었으나 기개가 당당했고 지략에 뛰어났다. 그가 초나라에 사신으로 갔을 적에 초나라에서 그를 조롱하려고 조그마한 문을 만들어 놓고 맞이했다. 그러자 안영은 "개 나라에 사신으로 왔다면 개 문으로 들어가겠지만, 나는 초나라에 사신으로 왔으므로 개 문으로는 들어가지 않겠다."라고 했다. 사신으로서의 당당한 태도를 엿볼 수 있는 이야기이다.

> 子貢이 問曰, 何如라야 斯可謂之士矣잇고.
> 子曰, 行己有恥하며 使於四方하여
> 不辱君命이면 可謂士矣니라.

何如는 '어떠하다', 斯는 '이에'라는 뜻을 지닌다. 士는 자기를 닦아 나가는 자율적 인간을 가리킨다. 行己는 자기 몸을 단속하는 일로, 處身(처신)과 유사한 말이다. 行己有恥는 부끄러움을 알아 몸가짐을 단속함, 또는 학문과 수양이 남에게 못 미침을 부끄러워해서 노력함을 말한다. 여기서는 앞의 뜻으로 풀었다. 不辱君命은 예의를 잃고 말을 잘못해서 사신의 임무를 그르침으로써 군주의 명령을 욕되게 함이다.

101강

悌 효제를 실천하는 사람

> 자공이 "그다음 등급의 선비에 대해 가르쳐 주십시오."
> 여쭈자, 공자께서는 "일가친척들이 효성스럽다고
> 일컫고 한마을 사람들이 공손하다고 일컫는 사람이다."
> 라고 말씀하셨다. 「자로」 제20장 행기유치 2

앞에서 이어진다. 자공이 선비의 자질에 대해 묻자, 공자는 부끄러움을 알아 자기 자신을 단속하고 외국에 나가 사신으로서의 중임을 잘 수행한다면 선비라 할 수 있다고 말했다. 자공이 다시 그에 버금가는 선비에 대해 묻자, 공자는 집안사람들이 효성스럽다고 일컫고 같은 마을 사람들이 공손하다고 일컫는 사람이면 그다음 등급이라고 대답했다. 이 두 번째 부류는 효제의 근본은 갖추었지만 재주는 부족한 사람들이다.

선비라고 해서 모두 자기 자신을 단속해 일정한 지위에 오르고 외국에 사신으로 나가는 중임을 맡았던 것은 아니다. 오히려 마음과 일이 어긋나는 상황에 처하기 일쑤였다. 마음이 일과 어긋난 상태를 심여사위(心與事違) 혹은 심여사괴(心與事乖)라고 한다. 심여사위의 상황에 있을 때 일상에서 효제를 실천하지 않아 지탄받는 지경에 이른 다면 그는 선비라 하기 어려웠다.

「학이」 제2장에서 유자는 "사람됨이 효성스럽고 공손하면서 윗사람을 범하기 좋아하는 경우는 거의 없다."라고 하고, 효제야말로 인을 실천하는 근본이라고 강조했다. 이 시대에는 효제가 그리운 옛말이 된 것만 같다. 큰일이다.

曰, 敢問其次하노이다.
曰, 宗族이 稱孝焉하며 鄕黨이 稱弟焉이니라.

앞의 曰은 자공, 뒤의 曰은 공자가 주어이되 둘 다 생략되었다. 敢問은 윗사람에게 가르침을 청하는 말이다. 其次는 그다음 부류를 말한다. 宗族에서 宗은 本家(본가), 族은 그로부터 파생한 일족이다. 鄕黨은 고향 사람들이나 같은 마을 사람들이다. 弟는 공손할 悌(제)의 옛 글자이다. 宗族은 內親(내친)이므로 그 사람의 효도가 어떠한지를 볼 수 있고 鄕黨은 조금 떨어져 있으므로 그 사람이 공경하는지 어떤지를 볼 수 있다.

信

102강
지나치게 신실한 사람

자공이 "그다음 등급의 선비에 대해 가르쳐 주십시오."
여쭤자, 공자께서는 "말은 반드시 신의를 지키고
행동은 반드시 과단성을 지녀 마치 돌이 서로 부딪히는
듯한 소리를 내는 소인이 그나마 그다음 부류라 할 수
있다."라고 말씀하셨다. 「자로」 제20장 행기유치 3

계속 이어진다. 자공의 질문에 답하며 공자는 선비의 자질을 세 등급
으로 나누었다. 첫째 등급은 부끄러움을 알아 자신을 단속하고 외국
에 나가 사신의 중임을 수행하는 선비, 둘째 등급은 일가친척들이 효
성스럽다 일컫고 한마을 사람들이 공손하다 일컫는 선비이다. 자공
이 그다음 등급에 대해 묻자, 공자는 말에 신의 있고 행동에 과단성
있는 사람들은 견식과 도량이 크지는 않더라도 셋째 등급으로 인정
할 수 있다고 했다.
　여기서 말에 신의가 있고 행동에 과단성이 있다는 것은 작은 일에
지나치게 신실한 것을 말한다. 한자로 쓴다면 원각(愿慤)이라고 할 수
있다. 이는 『주역』의 관괘(觀卦)에서 말하듯, 미래 지향적인 안목을

갖추고서 사태를 전체적으로 파악하지 못하고 어린아이처럼 보는 것을 말한다. 즉 대관(大觀)하지 못하고 동관(童觀)하는 것이다.

1972년 9월, 중국의 저우언라이 총리는 일본의 다나카 가쿠에이 수상과 국교 회복을 위한 공동 성명 문안을 확정하고서 이 장의 구절 "언필신, 행필과(言必信, 行必果)"를 써 주었다. 일본 수상은 기뻐하며 "신(信)은 만사의 근본"이라는 뜻의 일본어 문장을 적어 건넸다. 중국 총리는 일본 수상을 선비의 첫째 등급이나 둘째 등급으로 인정하지 않은 셈이거늘 일본 수상은 이를 깨닫지 못했던 것이다. 일본 사람의 책에서 읽은 내용이다.

우리는 고명함에 이르지는 못한다 해도, 말에 신의 있고 행동에 과단성 있는 소인은 되어야 하지 않겠는가?

曰. 敢問其次하노이다. 曰. 言必信하며
行必果가 硜硜然小人哉나
抑亦可以爲次矣니라.

言必信은 말이 반드시 신의를 지킴, 行必果는 행동이 반드시 과단성을 지님이다. 맹자는 군자라면 말의 신의를 꼭 지킬 것도 아니고 행동의 과단성을 꼭 지닐 것도 아니며 오로지 義(의)가 있는 곳을 따라야 한다고 했다. 硜硜然은 단단한 돌이 서로 부딪히는 소리이다. 小人은 견식과 도량이 작은 사람이다. 抑亦은 '그렇기는 해도'의 어조를 지닌다.

103강

지금 선비가 있는가

자공이 "지금 정치하는 사람은 어떻습니까?" 여쭈자, 공자께서는 "아아, 좀스러운 사람을 어찌 선비 축에 넣어 세겠는가!"라고 말씀하셨다.
「자로」 제20장 행기유치 4

앞서 보았듯 공자는 선비를 세 등급으로 나누어 선비의 올바른 존재 양태를 제시했다. 그러자 자공은 당시 정권을 쥐고 있는 사람들은 어떠냐고 물었다. 공자는 '두소(斗筲)'의 사람을 어찌 선비 축에 넣겠느냐고 대답했다. 두소란 한 말 내외의 작은 용기로, 그만큼 도량이 좁음을 비유하는 말이다. 무척 신랄한 비판이다.

  사람의 도량을 평가하는 기준은 여럿이다. 공자는 자신을 단속하고 정무를 맡아보는 역량을 중시했다. 최한기는 식견이 밝고 넓은 정도를 식량(識量)이라 부르고, 사람의 식량은 추측(推測)의 진보에 따라 두소, 종정(鍾鼎, 종과 솥을 아울러 이르는 말), 하해(河海), 천지(天地)의 크기로 발전할 수 있다고 보았다. 추측이란 경험을 토대로 자신의 논리를 구축하는 것을 말한다. 그런데 식량이 치우치고 굽은 사람은 한

곳에 얽매이고, 자긍하는 사람은 조금 얻은 것에 만족하며, 남 이기기 좋아하는 사람은 자기 잘못을 꾸며 댈 따름이다. 이와 같은 사람들은 식량이 진취할 수 없다고 최한기는 경계했다.

오늘날 지도자라면 도덕성은 물론 경험을 토대로 형성된 넓은 식량도 함께 갖추어야 하리라. 공자는 우리 시대의 지도자들을 어떻게 평가할 것인지, 대단히 궁금하다.

曰. _왈 今之從政者_{금지종정자}는 何如_{하여}하니잇고.
子曰_{자왈}. 噫_희라 斗筲之人_{두소지인}을 何足算也_{하족산야}리오.

從政은 정치에 종사함이다. 今之從政者는 당시 노나라의 실권을 쥐고 있던 세 대부 집안의 사람들을 가리키는 듯하다. 噫는 불만과 탄식을 나타내는 감탄사이다. 斗筲의 斗는 말, 筲는 1말 2승들이의 대그릇이니 적은 용량을 말한다. 교정청 언해본은 '두초'로 읽었지만 '두소'로 읽는 것이 보통이다. 算은 선비 축에 넣어 센다는 뜻이다. '何~也'는 반어적 표현이다.

狂

104강

누구와 함께할 것인가

중도에 맞게 행동하는 사람을 얻어 같이할 수 없다면 반드시 뜻이 큰 사람이나 절조를 굳게 지키는 사람과 함께할 것이다. 뜻이 큰 사람은 나아가 취하려 하고 절조를 지키는 사람은 하지 않는 바가 있다.

「자로」 제21장 필야광견호(必也狂狷乎)

겉으로만 근실한 체하고 남을 공경하는 태도를 짓는 위선자를 향원이라고 한다. 공자와 맹자는 소인보다도 향원을 더 증오했다.

「자로」편의 이 장은 향원을 직접 언급하지는 않았다. 하지만 정약용이 풀이했듯 향원을 경계하는 뜻을 담고 있다. 곧 공자는 중도에 맞게 행동하는 선비를 얻지 못한다고 해서 향원을 선택해서는 안 되며, 차라리 뜻이 큰 광자(狂者)나 절조 있는 견자(狷者)와 함께 일하는 편이 낫다고 말한 것이다.

『맹자』「진심 하」편에 보면, 맹자의 제자 만장(萬章)은 공자가 진 땅에 있을 때 "우리 무리의 소자들이 뜻은 크나 일에는 소략하므로, 찬란하게 문장을 이루었으되 그것을 마름질할 줄은 모른다."라고 했다는 말을 거론하면서 공자가 노나라의 광견의 선비를 그리워한 이유가 무엇인지 물었다. 이에 맹자는 중도의 인사를 얻기 어려웠으므로 그다음 부류인 광견의 사람들을 생각한 것이라고 대답했다.

공자는 "향원은 덕을 해친다."라고 했다. 우리도 선거로 정치인을 뽑을 때나 인재를 선발할 때 향원보다는 차라리 광견의 인물을 선택해야 하지 않겠는가?

> 부득중행이여지　　　필야광견호
> 不得中行而與之인댄 必也狂狷乎인저.
> 광자　진취　견자　유소불위야
> 狂者는 進取오 狷者는 有所不爲也니라.

中行은 중도에 맞게 행동함인데, 여기서는 그렇게 행동하는 사람을 가리킨다. 中行은 '중행'으로 읽기도 하고 '중항'으로도 읽는다. 與之는 中行의 사람과 함께함이다. 必也는 '반드시 꼭'이다. 狂者는 뜻이 높지만 실천이 따르지 않는 사람이다. 進取는 적극적으로 善(선)을 추구함이다. 狷者는 지식은 못 미쳐도 節操(절조)를 고수하는 사람이다. 有所不爲는 '하지 않음이 있다' 인데, 악행은 절대로 하지 않는다는 뜻이다.

105강

항상의 마음

남국 사람의 말에 "사람으로서 항상의 마음이 없으면 무당과 의원 노릇도 제대로 할 수 없다."라고 했는데, 훌륭하도다. 「자로」 제22장 인이무항(人而無恒) 1

일상 속 평범한 사람들은 성인, 군자, 선인이 되기가 쉽지 않다. 커다란 도리를 엿보지도 못할 뿐 아니라 사사로운 욕망에 휘둘려 자기 자신의 자주성을 확보하기 어렵기 때문이다. 그러나 항상 스스로를 잡아 지키지 않는다면 마음이 외물에 흔들려 위태한 상황에 처하게 된다. 그래서 맹자는 항심(恒心)을 지니라고 가르쳤다. 공자는 항심이란 말은 쓰지 않았으나 이 장에서 보듯 '항'의 태도를 강조했다. 곧 "사람으로서 항상의 마음이 없으면 무당과 의원 노릇도 제대로 할 수 없다."라는 남국의 속담이 훌륭하다고 인정한 것이다.

조선 전기의 강희맹(姜希孟)은 「등산설(登山說)」이라는 우언의 글에서 누구든 항상의 마음을 가져야 자신의 목표를 이룰 수 있다고 가르쳤다. 그 이야기에 보면, 노나라의 삼 형제가 태산(泰山)에 오르기로 했는데 다리가 불편하지만 착실했던 갑(甲)만이 꾸준히 오르고 올라 정상의 장엄하고 찬란한 광경을 보았다고 했다.

항심을 지녀 스스로 노력하는 것만이 성공의 비결이다. 이 쉬운 이치를 무시하는 것이 우리 인간의 가장 큰 약점이리라.

南人이 有言曰, 人而無恒이면
不可以作巫醫라 하니 善夫라.

南人은 남국 사람이다. 言은 속담을 가리킨다. 無恒은 항상 붙잡아 지키는 바가 없음이다. 不可以는 '~할 수 없다'이다. 巫는 신탁을 전하는 무당, 醫는 의술로 병을 고치는 사람이다. 예전에는 巫가 醫도 맡았으므로 巫醫를 한 단어로 보아도 좋다. 不可以作巫醫에 대해 주희는 '항상의 마음이 없는 사람은 무당이나 의원 같은 천한 직역도 할 수 없다'고 풀이했다. 그런데 한나라의 정현과 조선의 정약용은 '항상의 마음이 없는 사람은 무당과 의원이라 해도 그를 어찌할 수가 없다'고 풀이했다. 南人의 言은 『예기』에도 인용되어 정현의 설과 마찬가지로 풀이되어 있다. 반면 조선의 학자들은 대개 주희의 설을 따랐다. 여기서도 주희의 풀이를 따랐다. 善夫는 남국의 속담이 훌륭하다고 인정한 말이다.

恒

106강

변함없는 덕

"덕을 변함없이 지키지 못하면 혹 모욕을 받을 수 있다."라고 하는데, 점을 쳐 볼 것도 없을 따름이다.
「자로」 제22장 인이무항 2

앞에서 이어진다. 공자는 "사람으로서 항상의 마음이 없으면 무당과 의원 노릇도 제대로 할 수가 없다."라는 남국 사람의 말을 인용해서 항심을 가질 것을 가르쳤다. 이어 공자는 『주역』의 64괘 중 항괘(恒卦)에 나오는 "덕을 변함없이 지키지 못하면 혹 모욕을 받을 수 있다."라는 말을 제시한 후 '항'을 다시 강조했다.

공자는 책 끈이 세 번이나 끊어졌다는 '위편삼절(韋編三絶)'이라는 성어를 남길 만큼 『주역』을 많이 읽었다. 『주역』은 음이나 양을 표시하는 효(爻)를 세 개씩 겹쳐 8개의 소성괘(小成卦)를 이루고, 소성괘를 위와 아래로 두어 64개의 대성괘(大成卦)를 만들었다. 64괘의 각 괘는 점칠 때 참고하는 괘사(卦辭)를 지닌다. 항괘는 위에서 우레가 진동하고 아래에서 바람이 부는 것을 상징하며, 함부로 방향과 처소를 바꾸지 말라는 가르침을 준다. 한편 64괘는 각각 6효로 이루어지고, 각 효는 점칠 때 참고하는 효사(爻辭)를 지닌다. 여섯 효는 아래부터 초효, 2효, 3효, 4효, 5효, 상효라 하며 양의 효는 9의 수, 음의 효는 6의 수로 대표시킨다. 항괘의 세 번째 효는 양이므로 구삼효(九三爻)라 부른다. 항괘 구삼효의 효사가 바로 이 장에 나오는 "불항기덕(不恒其德)이면 혹승지수(或承之羞)라."이다. 이 효사는 항덕(恒德)을 유지하라고 강조한다. 자기의 가치 기준을 굳건히 지켜 나가라는 가르침이다.

인간의 공동체적 삶에는 보편적인 가치 기준이 존재한다. 그 기준을 내재화하지 않고 분별없이 행동한다면 남들과 조화할 수 없다. 항덕은 삶의 기본 원리인 것이다.

> 불항기덕   혹승지수
> 不恒其德이면 或承之羞라 하니
> 자왈   부점이이의
> 子曰, 不占而已矣니라.

不恒其德, 或承之羞는 『주역』에서 인용한 구절이다. 承은 受(수), 羞는 恥(치)이다. 子曰 이하는 공자의 논평이다. 不占而已矣는 점을 쳐 보지 않더라도 덕을 변함없이 지키지 못하면 모욕당하리란 사실을 잘 알 수 있다는 뜻이다.

107강
和 화이부동

> 군자는 화합하면서도 부화뇌동하지 않지만 소인은
> 부화뇌동만 할 뿐 화합하지는 못한다.
>
> 「자로」 제23장 군자화이부동(君子和而不同)

북송 때 사마광과 범진(范鎭)은 출처와 영욕을 함께했지만 악률(樂律)을 논할 때는 끝내 의견을 달리했다. 한편 범중엄(范仲淹)과 한기(韓琦)는 조정 회의 때 굳이 의견을 같이하지 않았으되 어전에서 물러나면 서로 얼굴을 붉히지 않았다. 조선의 김집은 그들의 일화를 예시하면서 군자들이 정치 현안을 다룰 때는 서로 맞지 않는다고 해서 불평해서는 안 되며 화이부동(和而不同)해야 한다고 강조했다. '화이부동'은 「자로」편의 이 장에서 공자가 군자의 '화'와 소인의 '동'을 엄격하게 구분하며 한 말이다.

『춘추좌씨전』에 이런 이야기가 있다. 안영이 천대(遄臺)에서 제나라 경공을 모시고 있을 때, 양구거(梁丘據)가 급히 달려오는 것을 보고 경공이 기뻐하며 "자유(子猶)만이 나와 화합을 이룬다."라고 했다. 자유는 양구거의 자(字)이다. 하지만 안영은 두 사람의 관계는 화가 아니라 동이라고 지적했다. 안영에 따르면 화는 맛있는 국물과 같다. 생선이나 고기를 삶을 때 조리사는 물과 불을 잘 맞추고 초, 젓갈, 소금, 매실 같은 양념을 갖춰 부족한 것이 있으면 더하고 지나치면 줄여서 요리하므로 군자는 이런 음식을 먹고 마음을 화평하게 지닐 수 있다. 하지만 양구거는 군주가 옳다 하면 자기도 옳다 하고 군주가 그르다 하면 자기도 그르다 했으니, 마치 물에 물을 보태는 것과 같고 조화 없이 일률적으로 거문고를 켜는 소리와 같을 따름이라는 것이다.

무조건 같아지는 것은 참된 조화가 아니다. 우리는 화와 동을 분명하게 변별해야만 할 것이다.

君子는 和而不同하고
小人은 同而不和니라.

和는 각자 지닌 특성을 하나로 융합하는 일, 同은 남과 같은 척 꾸미는 일이다. 和而不同이란 道理(도리)에 순응하면 화합하지만 불합리한 일에는 附和雷同(부화뇌동)하지 않는다는 뜻이다. 同而不和는 嗜好(기호)만 같아서 각자 이익을 다투는 것을 말한다.

108강
評 정당한 평가

> 자공이 "마을 사람들이 모두 좋아하는 사람은 어떻습니까?"라고 여쭈자, 공자께서는 "그것만으로는 아직 안 된다."라고 하셨다. "마을 사람들이 모두 싫어하는 사람은 어떻습니까?" 여쭈자, 공자께서는 "그것만으로는 아직 안 된다. 마을의 착한 사람들이 좋아하고 착하지 않은 사람들이 미워하는 사람만 못하다."라고 하셨다. 「자로」 제24장 향인개호지하여(鄕人皆好之何如)

남에 대한 평가는 중론이나 여론에 휩쓸리기 쉽다. 공자는 자공의 질문에 답하며 중론이나 여론은 그것을 주도하는 사람의 선악에 따라 달라질 수 있다는 사실을 주지시켰다. 자공은 마을 사람들이 좋아하는 사람이라면 훌륭한 인물로 간주할 수 있다고 여겼다. 이에 공자는 마을의 착한 사람들이 좋아하고 착하지 않은 사람들이 미워하는 사람이라야 훌륭한 인물이라고 정정해 주었다.

조선 인조 때 조익은 현인과 군자가 세상에 나오면 같은 덕을 지닌 사람들과 반드시 친하게 지내게 마련이지만, 한편으로는 질투하고 시기하는 자들도 생겨 그들과는 필연적으로 얼음과 숯의 관계를 이루게 된다고 지적했다. 아무도 그를 좋아하지도 않고 미워하지도 않는다면 그런 사람은 군자가 아니라 향원일 따름이다. 올바른 가치관을 지닌 사람들이 좋아하고 그릇된 이익을 추구하는 사람들이 미워하는 인물이어야 비로소 군자일 것이다.

인물에 대한 평가는 쉬운 일이 아니다. 항덕(恒德)을 지닌 사람들이 올바른 판단을 내릴 때 비로소 인물 평가가 사회 조직의 추동력으로 기능하게 될 것이다.

子貢이 問曰, 鄕人이 皆好之면
何如니잇고. 子曰, 未可也니라.
鄕人이 皆惡之면 何如니잇고.
子曰, 未可也니라. 不如鄕人之善者가
好之오 其不善者가 惡之니라.

鄕人은 고을 사람이다. 많은 사람들을 비유적으로 말한 것이다. 何如는 '어떻습니까?'이다. 앞의 何如는 '그렇다면 그를 착한 사람이라고 할 수 있지 않겠습니까?'라는 뜻을, 뒤의 何如는 '그렇다면 그를 나쁜 사람이라고 할 수 있지 않겠습니까?'라는 뜻을 지닌다. 未可也는 아직 그렇다고 단정할 수는 없다는 말이다. '不如~'는 비교의 구문으로, 전자보다 후자가 낫다는 의미를 나타낸다.

109강
각자의 그릇에 따라

> 군자 밑에서 일하기는 쉬우나 아첨해서 그를 기쁘게
> 하기는 어렵다. 군자는 올바른 도리로 기쁘게 하지
> 않으면 기뻐하지 않으며, 사람을 쓸 때는 각자의
> 그릇에 따라 임무를 맡긴다.
> 「자로」 제25장 군자이사이난열야(君子易事而難說也) 1

　지도자가 덕을 갖춘 군자라면 그런 사람 아래서 일하기는 참으로 쉽다. 하지만 군자는 중후하고 과묵하기 때문에 간사하고 부정한 일로 그를 기쁘게 할 수는 없다. 군자는 또한 사람에게 일을 시킬 때 요구하는 바가 적다. 각자의 기량을 헤아려 그에게 맞는 임무를 부과하기 때문이다. 공자는 「자로」 편에서 이렇게 지도자론을 역설했다.
　상대방의 기량을 헤아려 적합한 일을 맡기는 것을 기사(器使)라고 한다. 이 말의 상대어는 무엇인가? 그것은 구비(求備)이다. 구비란 한 사람에게 만능이기를 요구해 그가 할 수 없는 일까지 해 주기를 바라는 것을 말한다.
　『사기』「항우본기(項羽本紀)」를 읽다 보면 항우의 활약상만 도드

라지지 신하들의 활약상은 눈에 들어오지 않는다. 이는 사마천이 일부러 그렇게 기록한 것이 아니라, 항우가 기사하지 못했으므로 다른 사람들의 활약을 아예 기대하기 어려웠던 까닭이다. 항우는 논공행상을 하는 순간에도 인(印)을 선뜻 주지 못하고 하도 매만져서 그 모서리가 닳을 정도였다고 한다.

지도자가 하지 말아야 할 일이 바로 구비이며, 지도자가 해야 할 일이 바로 기사인 것이다.

君子는 易事而難說也니 說之不以道면
不說也요 及其使人也하여는 器之니라.

君子는 이 장에서 윗자리에 있는 사람을 가리킨다. 易事는 섬기기 쉽다, 밑에서 일하기 쉽다는 뜻이다. 易는 平易(평이)이다. 難說은 기쁘게 하기 어렵다는 말이다. 說은 悅(열)과 같되, 여기서는 아첨해서 기쁘게 한다는 뜻이다. 說之의 之는 앞에 나온 君子를 가리킨다. 不以道는 '道로써 하지 않는다'로, 뇌물을 쓰거나 아첨하는 일 등을 뜻한다. 及은 '~함에 미쳐서는, ~하게 되면'이다. 使人은 사람에게 일을 시킨다는 말이다. 也는 여기서 종결사가 아니라 앞의 말을 주제화하는 어조사이다. 器之는 각자의 기량에 맞는 일을 부과한다는 뜻이니, 之는 人을 가리킨다. 說之부터 器之까지는 군자 밑에서 일하기는 쉬우나 그를 기쁘게 하기는 어려운 이유를 말한 것이다.

110강
使 지도자의 역할

> 소인 밑에서 일하기는 어려우나 아첨해서 그를 기쁘게 하기는 쉽다. 소인은 올바르지 않은 도리로 기쁘게 하더라도 기뻐하며, 사람을 쓸 때는 한 사람이 모두 갖출 것을 요구한다. 「자로」 제25장 군자이사이난열야 2

만일 지도자나 윗사람이 중후하지 못하고 별 볼 일 없는 소인이라면 그 아랫사람은 일하기가 쉬울까? 그의 기분을 맞추어 주기는 쉬워도 그 아래에서 일하기는 어려울 것이다. 어째서인가? 소인은 자기에게 알랑대는 말을 듣기 좋아할 뿐 사람의 기량을 고려하지 않고 일을 강요하기 때문이다. 공자는 지도자가 군자인 경우와 대비해 이 점을 명쾌하게 지적했다. "소인 밑에서 일하기는 어려우나 그에게 아첨해서 그를 기쁘게 하기는 쉽다."라고.

지도자가 군자라면 그에게는 아첨을 해도 효과를 볼 수 없으며, 일을 시킬 때 각자의 기량을 헤아리는 기사를 할 것이다. 소인은 반대로 아랫사람에게 만능이기를 요구하는 구비를 한다. 따지고 보면 아랫사람을 인격 주체로 존중하지 않기 때문에 그러는 것이다.

항우는 기사를 하지 못했지만 구비의 잘못은 범하지 않았다. 항우는 의심이 많아 애당초 한 사람에게 많은 권한을 부여할 자신이 없었을 것이다. 현대의 조직 사회에서는 아랫사람에게 자율적 권한은 부여하지 않고 잡다한 업무만을 부과하고는 책임을 아랫사람에게 전가하는 일이 많다.

나는 나를 기쁘게 해 주는 사람을 좋아하는 소인인가, 아닌가? 아랫사람에게 능력 이상의 것을 요구하는 소인인가, 아닌가?

> 小人은 難事而易說也니
> 說之雖不以道라도 說也요
> 及其使人也하여는 求備焉이니라.

여기서 小人은 不德(부덕)하면서 윗자리에 있는 사람을 가리킨다. 難事는 '밑에서 일하기 어렵다', 易說은 '기쁘게 하기 쉽다'는 뜻이다. 說之의 之는 앞에 나온 小人을 가리킨다. 雖不以道는 '道로써 하지 않는다 하더라도', 다시 말해 '뇌물이나 아첨으로 기쁘게 한다 하더라도'의 의미다. 及은 '~하게 되면'이다. 焉은 '~에 있어서, ~에 대해서'라는 뜻과 문장을 맺는 어조를 동시에 지닌다.

111강
군자의 여유

군자는 여유 있되 교만하지 않고, 소인은 교만하되 여유가 없다. 「자로」 제26장 군자태이불교(君子泰而不驕)

정치를 담당하는 군자가 갖추어야 할 덕성으로 오미(五美)를 꼽는다. 그 다섯 가지 미덕이란 혜택을 베풀되 낭비하지 않는 것, 일하게 하되 원망을 사지 않는 것, 바라되 욕심 부리지 않는 것, 여유 있되 교만하지 않은 것, 위엄스럽되 사납지 않은 것을 가리킨다.『논어』의 맨 마지막 편인「요왈」편의 제2장에서 공자가 제자 자장에게 일러 준 말로 나온다. 그 가운데 '여유 있되 교만하지 않은 것'은 이 장에 먼저 언급되어 있다. 다만 이 장에서는 정치를 담당하는 사람에 대해서만 가르친 것이 아니라, 자주성을 지닌 인간으로서 자신을 충실히 하기 위해 그러한 덕목을 지녀야 한다고 포괄적으로 말했다. 여유 있다는 뜻의 태(泰)라는 글자는 참으로 의미가 깊다.「술이」제36장에서 "군자는 마음이 평탄하고 넓디넓다."라고 했을 때의 '탄탕탕(坦蕩蕩)'이라는 말과 통한다고 볼 수도 있다.

유학에서는 군자와 소인을 엄하게 구별하고 군자의 경지에 나아가도록 가르친다. 조선 전기의 성현(成俔)은 군자라면 마음 씀씀이가 공평하고 몸가짐이 신중하며 도리에서 벗어난 격렬한 논쟁과 사나운 행동은 하지 않는다고 했다. 사실 민주 사회의 자율적 인간이 가져야 할 태도도 이와 같을 것이다. 다만 나 자신은 군자라고 자부하면서 상대방을 소인으로 규정하고 배척한다면 결코 나와 남의 조화를 이룰 수 없으리라.

君子는 泰而不驕하고
小人은 驕而不泰니라.

泰는 편안하면서 느긋한 태도이다. 도리에 따르기 때문에 편안하며, 바깥의 명예나 이익을 쫓지 않고 내실을 다져 느긋한 것을 말한다. 泰然自若(태연자약)이라는 말은 본래 이런 태도를 가리킨다. 而는 여기서 앞과 뒤를 부드럽게 이어 준다. 驕는 곧 驕慢(교만)이다. 사사로운 욕심을 지닌 자가 어쩌다 사정이 좋아졌다고 해서 멋대로 굴고, 내실이 허하기에 바깥으로 기세를 부리는 것을 말한다. 泰와 驕는 때때로 동의어로 간주되며 驕泰라는 복합어로 쓰이기도 한다. 하지만 정약용은 泰에는 切磋琢磨(절차탁마)의 공부가 있지만 驕에는 그런 공부가 없다고 부연했다. 小人은 겸손과 순종의 덕이 없어 경박하고 暴慢(포만)하기 쉽다는 점을 경계한 것이다.

仁

112강
인에 가까운 덕목

강하고 굳세고 질박하고 어눌함이 인에 가깝다.
「자로」 제27장 강의목눌근인(剛毅木訥近仁)

중국 서부 실크 로드의 투루판에서 화염산으로 향하는 길에 아스타나 고분군이 있다. 이곳에는 고창국(高昌國)의 후예로 당나라 태종 때 중국에 복속해서 장씨 성을 갖게 된 이민족 귀족들이 묻혀 있다. 그중 한 무덤의 벽화에는 옥인(玉人), 금인(金人), 석인(石人), 목인(木人)의 네 인물이 부조되어 있는데, 현지에서는 인간의 일생을 단계별로 표현한 것이라 해설한다. 하지만 금인의 입에 세 번 끈이 감겨 있고 그 그림에 신언인(愼言人, 말을 삼간 사람)이라 적혀 있는 것을 보면 현지의 해설은 따르기 어렵다.

금인, 곧 신언인은 『공자가어』에 나오는 함구(緘口) 고사에서 따온 말이다. 공자가 주나라로 관광 가서 태조 후직의 사당에 들어갔을 때, 오른쪽 계단 앞에 서 있는 금인의 입에 끈이 세 번 둘러져 있고 등에 "옛날의 신언인이다."라고 쓰여 있는 것을 보았다. 뒷날 입 다물고 말하지 않는 것을 함구라 하게 되었다. 이 고사에 따르면 금인은 말을 삼가는 눌(訥)의 덕목을 형상화한 것이다. 이로부터 옥인, 석인, 목인은 각각 강(剛)의 인간, 의(毅)의 인간, 목(木)의 인간을 상징한다고 추론할 수 있다. 다시 말해 아스타나 고분 벽화의 옥인, 금인, 석인, 목인은 『논어』의 이 장에서 말한 '인에 가까운' 덕목을 형상화해 둔 것이다.

공자는 「학이」 제3장에서 "말과 안색을 교묘하게 꾸미는 사람 치고 어진 경우는 드물다."라고 했다. 교언영색과 강의목눌은 서로 상대되어 구별하기 쉽거늘, 우리는 자주 그 분별을 그르치고는 한다.

강의목눌　근인
剛毅木訥이 近仁이니라.

剛은 의지가 강해 물욕에 휘둘리지 않는 것, 毅는 기가 강하고 과단성이 있는 것, 木은 나무같이 質樸(질박)한 것, 訥은 말수가 적은 것을 뜻한다. 近仁은 그 자체가 곧바로 仁은 아니지만 仁에 가깝다는 뜻이다.

責

113강
친구를 위한 조언

> 간절하게 책선하고 친절하게 격려하며 순순하게
> 화락한다면 선비라고 부를 수 있다. 친구 사이에는
> 간절하게 책선하고 친절하게 격려하며, 형제 사이에는
> 순순하게 화락해야 한다. 「자로」 제28장 절절시시(切切偲偲)

제자 자로가 "어떻게 해야 그 사람을 선비라 부를 수 있습니까?"라고 묻자 공자는 책선과 격려, 그리고 화락(和樂)을 선비의 도리로 들었다. 자로는 용맹했다고 하므로 아마도 의협심이 강해 친구들을 가리지 않고 사귀었는지 모른다. 공자는 "친구 사이에는 간절하게 책선하고 친절하게 격려해야 한다."라고 했다. 자로에게 특별히 준엄한 꾸지람을 내리고자 이렇게 붕우의 도리를 말한 듯하다.

조선 후기의 윤증(尹拯)은 아우에게 보낸 「절절음(切切吟)」이라는 시에서 "절절(切切, 간절함)과 이이(怡怡, 화락함)는 쓰는 곳이 다르다지만, 형제 사이에는 충고도 우애도 모두 필요하다."라고 했다. 김정희는 벗 사이의 책선과 격려를 시절탁차(偲切琢磋)라 하고 "좋은 쇠는 백 번 달구는 것을 마다하지 않고 아름다운 옥은 천 번 연마하는 것을

사양하지 않는 법이다."라고 했다. 시절은 절절시시를 줄인 말, 탁차는 절차탁마를 줄인 말이다.

정약용도 시절탁차를 중하게 여겼다. 1795년 겨울 서암 강학회에서 만났던 이광교가 보내온 서찰 속에 자신을 지나치게 칭찬한 내용이 있자 답장에서 다음과 같이 말했다. "뼈에 침을 놓듯 벗의 어리석음과 게으름을 경계하고 칼로 눈을 깎듯 벗의 잘못과 죄를 경계해야 하거늘, 설령 저 벗에게 넉넉한 재주와 큰 덕이 있다 하더라도 내가 무엇 때문에 벗을 칭찬하겠습니까. 더구나 시류의 습속에 빠진 사람을 과찬한다면 이는 그를 남의 비웃음거리로 만드는 일이 됩니다."라고 했다.

옛사람들은 벗과 형제 사이의 책선, 격려, 화락을 중시했건만 지금 사람들은 이 도리를 잊어버린 것이 아닌지, 안타깝기만 하다.

切切偲偲하며 怡怡如也면 可謂士矣니
朋友엔 切切偲偲오 兄弟엔 怡怡니라.

切切은 切責(절책)으로, 간절하게 責善(책선)하며 권장하는 일이다. 偲偲는 친절하게 알려 주어 激勵(격려)하는 일이다. 怡怡는 和順(화순)이니, 順順하게 和樂(화락)하는 것을 말한다. 여기에서 兄弟는 부모가 같은 동기간만이 아니라 집안에 상사가 있을 때 같이 喪服(상복)을 입는 동족을 가리킨다.

114강

教 백성을 교육하지 않는다면

**교육과 훈련을 받지 못한 백성을 전쟁터로 내몬다면,
이는 그들을 버리는 일이라 하겠다.**

「자로」 제30장 이불교민전(以不敎民戰)

도의도 전술도 모르는 백성들로 이루어진 군사는 오합지졸에 불과하다. 그렇기에 공자는 그런 식으로 백성을 동원하는 것은 그들을 구렁텅이로 내모는 일이라고 했다. 공자는 또 「자로」 제29장에서 "선량한 사람이 백성을 교육하고 훈련하기를 7년이나 8년 동안 한다면, 안심하고 백성을 전투에 내보낼 수 있다."라고 했다. 국가 위난의 시기에 백성들을 전쟁에 동원하려면, 그 전에 오랫동안 선정(善政)과 선교(善敎)를 펼쳐 백성들이 위정자를 믿고 어른들을 위해 죽기를 각오하도록 해야 한다는 뜻이다.

『춘추좌씨전』에 보면 기원전 633년에 진(晉)나라 문공(文公)이 교화에 힘쓴 지 두 해 만에 백성들을 동원하려 하자, 대부 호언(狐偃)은 백성들이 의(義)를 알지 못한다며 말렸다. 그 후 민생이 안정되고 나서 문공이 백성들을 동원하려 하자, 호언은 백성들이 신(信)을 알지

못한다며 말렸다. 문공은 원(原)을 치고 30리를 물러나 신의를 보이고 나서 백성들을 동원하려 했다. 그런데도 호언은 백성들이 예를 모른다며 반대했다. 문공이 예의의 기준을 밝히고 관직의 위계를 바로잡자 비로소 백성들은 명령에 대해 의혹을 품지 않게 되었다. 마침내 문공은 백성들을 동원해서 제나라와 초나라를 이길 수 있었다.

호언은 문공에게 간언하며 "군사는 명분이 정대하면 씩씩할 수 있다."라고 했다. 구한말 의병장 최익현(崔益鉉)도 "믿는 것은 군사를 일으킨 명분이 정대함이니, 적의 강함을 두려워하지 말라."라고 했다. 군대가 강하려면 군사를 동원하는 명분이 정대해서 군사들이 명령을 의심하지 말아야 한다는 사실을 새삼 생각하게 된다.

以不敎民戰이면 是謂棄之니라.
이 불 교 민 전   시 위 기 지

以는 개사로, '~로써'의 뜻이다. 敎는 道義(도의), 農耕(농경), 戰術(전술) 등을 교육하는 것은 물론 전쟁의 정당성에 대한 공감을 형성하는 일까지 모두 아우른다. 是는 앞의 구절을 가리키고, 之는 不敎民을 가리킨다.

115강

부끄러움이란 무엇인가

> 원헌이 부끄러움에 대해 여쭈자, 공자께서는 "나라에 도가 있거늘 하는 일 없이 녹봉만 받거나, 나라에 도가 없는데 뜻을 지키지 못하고 녹봉 받는 것이 부끄러운 일이다."라고 하셨다.
>
> 「헌문(憲問)」 제1장 헌문치(憲問恥)

「헌문」 편 47장 가운데 첫 장이다. 원문의 첫 글자인 헌은 공자의 제자 원헌(原憲)을 가리킨다. 원헌은 벼슬에 나가면 지조를 버리게 될지 모른다고 걱정했기에 공자에게 부끄러움에 대해 물은 듯하다. 『사기』에도 같은 문답을 기록한 대목이 나오는데, 한나라 고조 유방의 이름을 피해 나라에 도가 있다는 뜻의 방유도(邦有道)에서 방 자를 국(國) 자로 바꾸었다.

공자의 대답은 세 가지로 달리 풀이할 수 있다. 위의 번역은 조선시대에 통용된 주희의 설을 따랐다. 그런데 그보다 앞서 당나라 공영달(孔穎達)은 "나라에 도가 있으면 녹봉을 받는다."라고 일단 끊고 나서 "나라에 도가 없거늘 녹봉을 받는다면 부끄러운 일이다."라고 이었다. 공자가 「태백」편에서 "나라에 도가 있거늘 가난하면서도 미천한 것은 부끄러운 일이다."라고 한 말을 근거로 삼은 것이다. 한편 정약용은 "나라에 도가 있거나 없거나 어찌됐든 녹봉을 받아먹는다면 부끄러운 일이다."라고 풀이했다. 절의를 지키는 군자라면 치세와는 부합하지만 난세와는 어긋나기 마련이다. 그렇거늘 치세에도 벼슬을 살고 난세에도 벼슬을 산다면 군자라 할 수 없을 것이다. 정약용은 군자라면 절의를 지켜야 한다는 생각을 강하게 주장한 것이다. 세 가지 풀이가 모두 일리 있다.

정치가가 강직하지 못하고 어벌쩡하게 구는 것을 '호광(胡廣)의 중용'이라고 부른다. 호광은 후한 때 여섯 황제를 섬긴 재상인데, 정치 현안에 대해 모호한 태도를 보이고는 했다. 정치가로서 직분을 망각하고 호광의 중용을 따른다면 정말 부끄러운 줄 알아야 하리라.

憲이 問恥한대 子曰, 邦有道에 穀하며
邦無道에 穀이 恥也니라.

有道는 道德(도덕)과 正義(정의)가 지켜지는 것을 말한다. 穀은 祿俸(녹봉)인데, 여기서는 '祿俸을 받다'라는 뜻의 동사로 풀이한다.

仁

116강
인이라 할 수 있는 것

원헌이 "남 이기기 좋아하고 자신을 자랑하고
남을 원망하고 욕심 부리는 일을 하지 않으면
인이라 할 수 있습니까?"라고 여쭈자, 공자께서는
"하기 어려운 일이라 하겠지만 그것이 인인지는
나는 알지 못하겠다."라고 하셨다.

「헌문」 제2장 극벌원욕(克伐怨欲)

원헌이 스스로 인을 정의한 바가 타당한지 질문하자 공자가 논평한 내용이다.

인은 궁극의 가치요 진리이다. 그것이 개개인의 생활에서 구현되는 모습은 국부적이기에 불완전하다. 남 이기기 좋아함, 자신을 자랑함, 남을 원망함, 욕심 부림 등의 극벌원욕(克伐怨欲)을 하지 않는 태도에는 인의 단초가 드러나 있겠지만 그 자체가 인이라고는 할 수 없을 것이다.

정조는 규장각 문신들에게 "극벌원욕을 행하지 않음이 극기복례만 못한 것이 아니거늘 공자가 인으로 인정하지 않은 것은 어째서인가?"라고 물었다. 신하들이 제출한 답안 가운데 모범 답안은 이러했다. "극기복례는 극벌원욕이라 할 만한 것을 아예 없애는 것입니다." 명나라 양명학자 나홍선(羅洪先)도 남 이기기를 좋아하고 남을 원망하는 일을 하지 않으려고 하는 것은 제2의 공부이며, 마음의 본체에 대해 공부하는 것이 제1의 공부라고 주장한 바 있다.

조선 후기의 여성 학자인 사주당(師朱堂) 이씨(李氏)는 극심한 당쟁의 원인이 지식층의 이기기 좋아함과 남을 원망함에 있다고 보았다. 도덕군자로 자처하는 이들이 참된 공부를 하지 않고 그와 같은 편벽한 감정을 지녀 세상에 해악을 끼치고 있다고 개탄한 것이다. 이 비판은 오늘날의 우리에게도 여전히 유효하다.

克伐怨欲을 不行焉이면 可以爲仁矣잇가.
子曰. 可以爲難矣어니와 仁則吾不知也케라.

주희에 따르면 克伐怨欲의 克은 남 이기기 좋아하는 好勝(호승), 伐은 자기 자랑을 하는 自矜(자긍), 怨은 남을 원망하는 忿恨(분한), 欲은 욕심을 부리는 貪欲(탐욕)이다. 어진 사람이라면 이런 편벽된 감정들을 억제할 수 있겠지만, 그런 감정들을 억제한 사람이 곧 어진 사람은 아니다. 공자는 어진 사람이라면 克己復禮(극기복례)와 忠恕(충서)를 실천해야 한다고 보았다. 단 정약용은 克伐을 타동사로서 剋攻(극공, 극복하고 이김)의 뜻이라 간주하고, 그 목적어가 怨과 欲이며 怨은 자기에게 없음을 한스럽게 여기는 일, 欲은 남의 것을 탐하는 일이라고 풀이했다. 조선 학자들은 주희의 설을 따랐다. 여기서도 그러하다.

117강
안주하지 마라

선비이면서 편안한 처지에 연연한다면 선비일 수 없다. 「헌문」제3장 사이회거(士而懷居)

공자는 선비가 지녀야 할 지향에 대해 위와 같이 간접적으로 말했다.
 선비는 장대한 뜻을 실천하는 존재이기에 처지나 조건에 연연해서는 안 된다. 편안한 처지에 연연하는 것을 회거(懷居)라고 한다. 과거에는 사내아이가 태어나면 상호(桑弧, 뽕나무 활)와 봉시(蓬矢, 쑥대 화살)를 천지 사방에 쏘아 훗날 용기 있게 활동하기를 기원했다. 공자가 천하를 주유하고 맹자가 제후를 순방한 것은 편안한 처지에 연연하지 않았기 때문이다. 공자가 앉는 자리는 따뜻해질 틈도 없고, 묵자의 굴뚝은 시커멓게 될 틈도 없었다는 의미인 '공석불난, 묵돌불검(孔席不暖, 墨突不黔)'이라는 성어도 있다.
 춘추 시대 진나라 문공인 중이(重耳)는 즉위 전에 오랜 기간 망명 생활을 했다. 부친 헌공이 여희(驪姬)의 참소에 속아 태자 신생(申生)을 죽이자 중이는 외국으로 달아났다가, 아우가 왕(혜공)이 되어 자신을 죽이려 하자 다시 제나라로 망명했다. 그런데 제나라 환공(桓公)의

사위가 된 뒤로 중이는 현실의 안락함에 도취해서 아내가 "회안(懷安)은 명성을 무너뜨리게 됩니다."라고 타일러도 듣지 않았다. 회안이 곧 회거이다. 결국 가신들이 그를 술에 취하게 한 후 수레에 싣고 제나라를 떠났다. 중이는 방랑 끝에 혜공의 아들 회공을 몰아내고 즉위해서 선정을 베풀었다.

주희의 시로 잘못 알려졌던 일본 승려 월성(月性)의 「권학(勸學)」에 보면 "남자라면 뜻을 세워 고향을 떠나, 배움을 못 이루면 죽어도 돌아오지 않는 법이다. 뼈 묻을 곳이 공동묘지뿐이랴, 인간 세상 도처에 청산이 있거늘."이라고 했다. '인간도처유청산(人間到處有靑山)'은 회거회안하지 않겠다는 뜻을 잘 드러낸 시구이다. 남녀 누구든 주체적 인간이라면 편안한 처지에 연연하지 말고 웅대한 뜻을 실천해야 하리라.

士而懷居면 不足以爲士矣니라.
사 이 회 거   부 족 이 위 사 의

懷居는 현재 安住(안주)하고 있는 마을, 가정, 지위 등에 戀戀(연연)하는 것을 말한다. 정약용은 가정생활과 전원생활의 즐거움을 그리워하는 것을 가리킨다고 보았다. 조선 전기의 宋純(송순)은 악습을 쌓는 積習(적습)과 미혹을 고집하는 執迷(집미)로 풀이했다.

118강

난세의 처신

나라에 도가 있으면 말도 준엄하게 하고 행동도
준엄하게 하며, 나라에 도가 없으면 행동은 준엄하게
하되 말은 공손하게 해야 한다. 「헌문」제4장 방유도(邦有道)

현실의 상황에 따라 적절하게 처신하는 것을 위손(危遜)의 도리라고 한다. 이 장에서 나온 말이다. 여기서 공자는 선비가 치세와 난세에 각각 어떻게 대처해야 하는지를 말했다. "나라에 도가 있으면 말도 준엄하게 하고 행동도 준엄하게 하라." 그러나 "나라에 도가 없으면 행동은 준엄하게 하되 말은 공손하게 하라."라고.

『중용』에서는 이렇게 말했다. "행동이란 높게 행하지 않을 때가 없으니, 나라에 도가 있어 벼슬하면 곤궁할 때의 절개를 바꾸지 않고 나라에 도가 없으면 죽음에 이르도록 자기의 지킬 바를 바꾸지 않아야 한다." 또한 이렇게 말했다. "나라에 도가 있으면 말이 쓰이게 되고, 나라에 도가 없으면 침묵해서 몸을 거두어야 한다." 이 두 구절은 여기서의 가르침과 통한다.

그런데 「위령공」 제5장에서 공자는 "말이 진실하고 믿음직스러우며 행실이 독실하고 공손한 것"이 선비의 도리라고 했다. 뿐만 아니라 『중용』은 "행동을 할 때 말을 돌아보고 말을 할 때 행동을 돌아보는 것"이 군자의 도리라고 했다. 이러한 가르침과 이 장의 내용은 서로 모순되는 것이 아닌가 하고 의심할 수 있다. 그러나 이 장은 행동과 말이 언제나 일치해야 하되, 표현 방식만은 치세와 난세에 따라 달리해야 한다는 것을 강조한 것이다. 난세에 말을 공손하게 한다는 것은 아첨이나 한다는 뜻이 아니다. 올바름을 잃지 않으면서도 표현을 부드럽게 하라는 것이다.

조선 후기의 성대중이 말했듯 공자는 위나라 영공에 대해 무도하다고 평했고, 노나라 대부 계씨의 의롭지 않은 행동에 대해서는 "이것을 감히 할 수 있다면 무엇을 감히 하지 못하겠는가."라고 한 바 있다. 맹자는 양 혜왕에 대해 어질지 못하다 했고 양 양왕에 대해 군주 같지 않다고 말했다. 공자도 맹자도 난세에 위정자를 비판했지, 아유구용(阿諛苟容, 남에게 아첨하여 구차스럽게 굶)하지 않았다.

邦有道엔 危言危行하고
邦無道엔 危行言孫이니라.

邦有道는 治世(치세), 邦無道는 亂世(난세)를 뜻한다. 危言危行의 危는 높고 바르다는 뜻의 高峻(고준)과 통한다. 세속을 따르지 않고 소신껏 한다는 뜻이다. 言孫의 孫은 遜(손)과 같고 順(순)과 통한다. 해악을 멀리하기 위해 말을 공손하게 한다는 뜻이다.

119강
유덕유언

덕이 있는 사람은 반드시 이에 합당한 말을 하게 마련이지만, 그럴듯한 말을 한다고 해서 그 사람에게 꼭 덕이 있다고 말할 수는 없다.

「헌문」 제5장 유덕자필유언(有德者必有言) 1

유덕유언(有德有言)이란 말이 있다. 덕행도 훌륭하고 언론과 저술도 훌륭한 것을 말한다. 반면에 무덕유언이라고 하면 덕행은 없으면서 언론과 저술만 뛰어난 것을 말한다. 이 장에서 공자가 지적한 바이다. 선인들은 훌륭한 덕에 걸맞은 훌륭한 시문을 문집으로 엮어 후세에 전하는 일을 매우 중시했다. 그래서 유덕유언이란 말은 저술 활동에 대한 최고의 찬사였다.

정조의 문집을 『홍재전서(弘齋全書)』라 하는데, 본래 이름은 『홍우일인재전서(弘于一人齋全書)』이다. 『상서대전(尙書大傳)』 「우하전(虞夏傳)」의 "해와 달의 광채가 한 사람에 의해 널리 퍼진다.(日月光華, 弘于一人.)"라는 말에서 따온 것이다. 정조는 서거한 해인 1800년에 전서를 보관하기 위해 종이 장롱을 만들고 그 위에 이렇게 썼다. "내 어찌 학문을 높이 쌓아 우뚝하게 자립했다고 할 수 있겠는가. 그러나 나는 상제를 마주하고 백성들에게 베풀고자 하는 생각으로 어렵고 큰 일을 계승해서 부지런히 백성을 보호하고 인재를 구하려 급급하면서 인(仁)이 아닌 집은 거처하지 않고 의(義)가 아닌 길은 밟지 않은 뜻을 문자로 기록했으니, 강혈(腔血)로부터 흘러나온 것임은 분명하다." 정조도 유덕유언했다는 평가를 받고자 기대한 것이다.

아, 저술을 일삼는 사람들은 모름지기 무덕유언이란 비판을 받지 않도록 조심해야 하리라.

유덕자　　필유언
有德者는 必有言이어니와
유언자　　불필유덕
有言者는 不必有德이니라.

有德者必有言은 덕이 있는 사람은 마음속에 온축된 덕이 저절로 바깥으로 넘쳐 나와 훌륭한 말이 된다는 뜻이다. 하지만 말 잘하는 사람이 반드시 덕 있는 사람은 아니다. 巧言令色(교언영색)으로 겉만 꾸미는 사람도 있기 때문이다. 여기서 有言은 평소에 하는 말이 아니라 훌륭한 시문을 저술해서 후세에 드리우는 立言垂後(입언수후)를 가리킨다고 보는 설도 있다. 정약용은 이 설을 지지했다.

120강
용맹에 대하여

어진 사람은 반드시 용기를 지니지만, 용맹한 사람이 반드시 어짊을 지니는 것은 아니다.
「헌문」 제5장 유덕자필유언 2

앞에서 공자는 유덕유언과 무덕유언을 대비해 '언(言)'의 두 양태에 대해 말하고, 곧이어 '용(勇)'의 두 양태에 대해 말했다. 어진 사람은 반드시 용기를 지닌다. 하지만 용맹한 사람이 반드시 어진 것은 아니다.

주희에 따르면 어진 사람은 마음에 사사로운 끌림이 없으므로 의(義)를 보면 반드시 실천한다. 정약용은 충효가 지극하고 어진 사람은 재앙과 환난을 당해도 두려워하지 않는다고 덧붙였다. 이것을 인자지용(仁者之勇)이라 한다. 봉건 조정의 신하가 시정(時政)의 잘잘못을 따져 그릇된 일을 반드시 바로잡고야 말았던 것도 이러한 용기에 속한다. 한편 맨손으로 범을 때려잡고 맨몸으로 큰 강을 건너는 용기를 혈기지용(血氣之勇)이라 한다. 혈기지용만 지닌 사람은 그 용기 때문에 죽더라도 후회하지 않지만, 그를 어진 사람이라고는 할 수 없다.

인자지용은 선을 좋아하고 악을 미워하는 호선오악(好善惡惡, 곧 선 선오악)에서도 살필 수 있다. 조선 중종 25년(1530년) 섣달그믐에 51세의 이자(李耔)는 「자서(自敍)」를 지어 "선을 좋아하기를 독실하게 하지 못하고 악을 미워하기를 용맹하게 하지 못했다."라고 자책했다. 「이인」제3장에서 공자는 "오직 어진 사람이어야 사람을 제대로 좋아하고 사람을 제대로 미워할 수 있다."라고 했다. 또한 같은 「이인」 제16장에서 "군자는 도의에 밝다."라고도 했다. 이자는 공자의 가르침을 따라 어떤 일이든 도의를 기준으로 삼아 처리하지 못하고 그냥 범범하게 흘려보낸 적이 없는지 반성한 것이다.

　우리도 악을 미워할 용기가 없어서 비리와 부정을 흘려보내고 있지 않은가, 늘 자책해야 할 것이다.

　　　　仁者는 必有勇이어니와
　　　　勇者는 不必有仁이니라.

이 장은 서로 짝을 이루는 두 문장으로 이루어져 있다. 仁者는 勇者와 짝을 이루고, 必有勇은 不必有仁과 짝을 이룬다. 必有勇은 반드시 용기가 있다는 뜻이다. 이에 비해 不必有仁은 반드시 어질지는 못하다는 뜻이다. 전혀 어질지 못하다는 것이 아니니, 부분 부정의 문장이다.

德

121강

힘보다 덕

> 남궁괄이 말했다. "예는 활쏘기를 잘하고 오는 땅에서 배를 끌었지만 모두 제명에 죽지 못했거늘, 우왕과 후직은 몸소 농사를 지었으되 천하를 얻었습니다." 「헌문」 제6장 남궁괄문어공자(南宮适問於孔子)

공자는 노나라 대부 남궁괄을 두고 "군자로다, 저 사람은! 덕을 숭상하는구나, 저 사람은!"이라고 했다. 남궁괄은 공자에게 힘을 믿었던 옛 인물인 예(羿)와 오(奡)는 제명에 죽지 못했고 덕이 높았던 우왕과 후직은 천하를 차지한 사실에 대해 어떤 견해를 갖고 있는지 물었다. 공자는 남궁괄이 힘을 숭상하지 않고 마음으로 덕을 숭상하고 있음을 알고 그를 군자라고 칭하며 높이 평가했다.

『논어』에서는 덕을 숭상하는 것을 상덕(尙德) 혹은 숭덕이라고 했다. 「안연」 제10장에서 자장이 숭덕변혹에 대해 물었을 때, 공자는 숭덕에 대해 "충실과 신의를 중심으로 삼고 정의로 옮겨 가는 것이 덕을 높이는 방법이다."라고 대답한 바 있다.

같은 「헌문」 편의 제35장에서도 공자는 "준마에 대해서는 그 힘을 칭찬하지 않고 그 덕을 칭찬하는 법이다."라고 해서 상덕을 강조했다. 오늘날에는 덕보다도 재력, 권력, 인맥을 더 중시하는 것 같다. 고전의 가르침에서 너무 멀어지지 않으면 좋겠다.

羿_예는 善射_{선사}하고 奡_오는 盪舟_{탕주}호되
俱不得其死_{구부득기사}어늘 然_연, 禹稷_{우직}은
躬稼而有天下_{궁가이유천하}하시니이다.

羿는 하나라 때 有窮國(유궁국)의 군주였는데, 열 개의 태양이 나타나자 활로 아홉 개를 쏘아 떨어뜨렸다고 한다. 하나라 相(상)의 왕위를 빼앗았으나 그 자신도 寒浞(한착)에게 살해됐다. 寒浞의 아들 奡는 땅 위에서 배를 끌 만큼 힘이 셌는데, 제후가 되었다가 相의 아들 少康(소강)이 나라를 찾은 뒤 죽임을 당했다. 不得其死는 非命(비명)에 죽었다는 뜻이다. 不得其死然으로 끊어 '죽음의 자연스러움을 얻지 못했다'고 풀이하기도 한다. 禹는 부친 鯀(곤)의 뒤를 이어 治水(치수)를 맡아 홍수 조절에 성공했다. 순임금의 선양을 받았지만 순임금이 죽자 그 아들에게 양위했는데, 백성들이 자기를 따르자 천자가 되고 하나라의 시조가 되었다. 稷은 순임금 때 농사를 맡은 후직으로, 주나라의 시조가 되었다.

仁

122강
매 순간 인을 지향하라

**군자이면서 어질지 못한 사람은 있을 수 있지만
소인이면서 어진 사람은 있지 않았다.**

「헌문」 제7장 군자이불인자(君子而不仁者)

군자와 어진 사람은 일치하는가? 반드시 일치하지는 않는다. 군자이기는 하되 어질지 못한 사람도 있을 수 있다. 왜 그런가? 군자는 뜻을 지니고 덕을 닦는 사람이다. 그 가운데는 덕을 완성한 사람도 있지만 덕을 완성하지 못한 사람도 있다. 정약용에 따르면 대체가 선하다 해도 성덕(成德, 덕을 완성함)은 어려우며, 본령이 잘못되면 지행(至行, 지극한 행실)에 이를 수 없다. 그렇다면 소인은 어진 사람일 수 있는가? 애당초 불가능하다. 소인은 인을 지향하지 않으므로 대체도 선하지 못하고 본령도 잘못되어 있기 때문이다.

공자가 이 장에서 군자 및 소인과 어진 사람의 관계를 논한 이후, 어떤 이는 인을 심덕(心德)이나 천리로 간주했다. 또 어떤 이는 군자와 소인은 지위를 가리키며 인은 백성을 편안하게 하는 일이라고 풀었다. 하지만 정약용은 인이란 어버이에게 효도하고 임금에게 충성하며 남을 사랑하는 구체적 인륜을 의미한다고 보았다.

　인은 심덕이나 천리일 수도 있고, 백성을 편안하게 하는 일일 수도 있으며, 구체적 인륜일 수도 있다. 중요한 것은 "군자이면서 어질지 못한 사람이 있을 수 있다."라는 말에 담긴 문제의식이다. 이 말은 현상을 지적하는 데 그치지 않고 인에 뜻을 둔 군자로 하여금 인의 영역에 여전히 이르지 못했음을 자각하고 분발하라고 충고한다. 소인과 달리 나만은 덕을 닦고 있다는 교만은 군자를 인에 이르지 못하도록 방해할 수 있다. 공자는 스스로 인에 이르지 못했다는 자각의 빛을 끄지 말고 매 순간 근신하라고 촉구한 것이다.

君子而不仁者는 有矣夫어니와
未有小人而仁者也니라.

'~而'는 '~이면서'라는 뜻이다. 아래도 같다. 有矣夫는 어쩌면 있을지도 모른다고 의문의 여지를 남기는 표현이다. '未有~也'는 지금까지 결코 있었던 적이 없다는 뜻이다.

123강

진정한 사랑

사랑한다면 수고롭게 하지 않을 수 있겠는가.
진정으로 생각한다면 깨우쳐 주지 않을 수 있겠는가.

「헌문」 제8장 애지능물로호(愛之能勿勞乎)

송나라 때 소식(蘇軾)은 이렇게 말했다. "사랑하기만 하고 수고롭게 하지 않는다면 금수가 자식을 사랑하는 것에 지나지 않는다. 진정으로 생각한다면서 가르쳐 인도하지 않는다면 군주 곁의 부인이나 환관이 충심을 보이는 것에 지나지 않는다. 사랑하면서 그를 수고롭게 할 줄 안다면 그 사랑은 깊다. 진정으로 생각하면서 그를 깨우쳐 줄 줄 안다면 그 충심은 크다." 이 논리는 「헌문」편의 이 장에서 공자가 사랑에 대해 말한 것에 근거를 두고 있다.

『서경』「무일(無逸)」편은 주공이 조카이자 군주인 성왕에게 안일에 빠지지 말라고 경계한 내용이다. "군자는 무일을 처소로 삼아야 한다. 먼저 농사짓는 노동의 어려움을 알고 그다음에 편안함을 취해야 비로소 백성들의 고통을 알게 된다. 그런데 오늘날 사람들을 보면 부모는 힘써 일하고 농사짓건만 그 자식들은 농사의 어려움을 알지 못하고는 편안함만 취하고 함부로 지껄이며 방탕하고 무례하다."

　최한기는 제왕에게 가르쳐야 할 내용으로 외천(畏天, 하늘을 외경함), 애민(愛民, 백성을 사랑함), 수신(修身, 자기 몸을 닦음), 강학(講學, 강론하고 학문을 함), 임현(任賢, 어진 이를 임명함), 납간(納諫, 간언을 받아들임), 박렴(薄斂, 조세를 덜 걷음), 생형(省刑, 형벌을 덞), 거사(去奢, 사치를 제거함), 무일 등 열 가지를 꼽았다. 무일이 그 속에 들어 있다.

　아이들을 사랑한다면 의미 있는 활동을 권유해서 그들을 수고롭게 할 필요가 있다. 아이들을 진정으로 생각한다면 그들에게 바른 도리를 깨우쳐 주지 않으면 안 된다.

<blockquote>
愛之란 能勿勞乎아. 忠焉이란 能勿誨乎아.
</blockquote>

能勿勞乎는 '수고롭게 하지 않을 수 있겠는가?'라는 뜻을 지닌 반어적 표현이다. 勞를 '위로하다'라는 뜻으로 보기도 한다. 여기서는 따르지 않았다. 忠焉은 앞의 愛之와 짝을 이룬다. 能勿誨乎는 '깨우치지 않을 수 있겠는가?'라는 뜻으로 역시 반어법이다. 誨는 敎誨(교회, 가르침)이다.

124강

적재적소

> 정나라에서 외교 문서를 만들 때 비심이 초안을 잡고,
> 세숙이 검토해 의견을 제시하며, 외교관 자우가
> 문장을 꾸미고, 동리 사람 자산이 잘 다듬었다.
>
> 「헌문」 제9장 위명비심초창지(爲命裨諶草創之)

　하나의 문건을 작성하려면 여러 단계가 필요하다. 초안을 잡은 뒤 검토하며 의견을 모으고, 그 내용을 문장으로 쓰고 나서 마지막으로 다듬어야 한다. 각각의 단계를 초창(草創), 토론(討論), 수식(脩飾), 윤색(潤色)이라 한다. 공자는 이 장에서 정나라는 외교 문서를 작성할 때 그 네 단계를 거쳤으므로 일을 그르치는 경우가 적었다고 했다.

　인조 때 일본의 도쿠가와 막부에서 일광산(日光山)에 있는 동조궁(東照宮)에 동종을 보내 달라고 했다. 이때 조선 조정에서는 종에 새길 글을 작성하는 문제로 부마인 신익성(申翊聖)과 비국 당상들이 모여 서(序)와 명(銘)을 지을 사람을 정하고 작성 방식을 숙의했다. 일본의 침략을 잊지 않되, 교린의 외교를 성사시키기 위해 고심한 것이다. 그 결과 이명한(李明漢)이 서를 짓고 이식이 명을 지으며 오준(吳竣)

이 글씨를 쓰게 했는데, 마지막에 새길 때는 이식이 서의 자구를 고쳤다. 곧 동종의 서와 명을 짓는 일로 초창, 토론, 수식, 윤색의 단계를 밟은 것이다. 이 동종을 보냄으로써 일본과의 외교적 관계는 원활하게 이루어졌다.

공자는 정나라의 국서 제작 과정을 거론해 인재를 적재적소에 배치하는 일의 중요성을 환기시켰다. 우리는 인적 자원이 소중한 줄은 알지만 인재를 제대로 길러 낼 교육 방법과 그들을 공정하게 발굴할 선발 제도를 확립하지는 못한 듯하다.

爲命에 裨諶이 草創之하고
世叔이 討論之하고
行人子羽가 脩飾之하고
東里子産이 潤色之하나니라.

爲命은 외국과의 교섭 때 전달할 國書(국서)를 작성하는 일이다. 흔히 辭命(사명)을 작성하는 일로 풀이하지만, 정약용은 辭와 命을 구분해서 辭는 사신이 외국에 가서 專對(전대)하는 말이라고 보았다. 裨諶은 정나라 대부로, 이름은 皮(피)다. 교정청 언해본은 '비침'으로 읽었다. 世叔은 대부 游吉(유길)이다. 行人子羽는 사절단 일을 총괄하는 子羽로, 대부 公孫揮(공손휘)를 가리킨다. 東里子産은 동리에 사는 子産으로, 대부 公孫僑(공손교)를 가리킨다. 草創은 대략 만드는 일로, 草案(초안) 잡는 것을 뜻한다. 討論은 故事(고사)를 조사하고 典禮(전례)를 궁구하며 義理(의리)의 관점에서 바로잡는 일이다. 脩飾은 添削(첨삭)해서 문건을 만드는 일, 潤色은 거기에 文彩(문채)를 더하는 일이다.

評 125강
관중을 평하다

어떤 사람이 "관중은 어떻습니까?"라고 여쭤자, 공자께서는 "이 사람은 군주가 백씨의 영지인 변읍에서 삼백 호를 몰수해서 주었거늘 백씨가 거친 밥을 먹으면서도 죽을 때까지 원망의 말을 하지 않을 정도였다."라고 말씀하셨다.

「헌문」 제10장 혹문자산(或問子産)

어느 시대 어느 분야에나 인물에 대한 평가가 있다. 정치가에 대한 평가는 자평보다 대중의 평가가 더 객관적이다. 어떤 사람이 공자에게 앞 세대 정치가들에 대한 평가를 청하며 먼저 정나라 대부 자산에 대해 물었다. 공자는 "혜인야.(惠人也.)"라고 답했다. 백성들에게 깊은 은혜를 끼친 사람이었다는 뜻이다. 다음으로 정나라 대부 자서(子西)에 대해 묻자, 공자는 "피재피재.(彼哉彼哉.)"라고 했다. "그 사람 말인가! 그 사람 말인가!"라는 뜻으로, 딱히 칭송할 게 없다고 물리친 것이다. 이번에는 제나라 대부 관중에 대해 묻자, 공자는 한 가지 사례를 들어 관중이 공명정대한 인물이었다고 논평했다. 그 사례란 제나라 군주 환공이 대부 백씨(伯氏)의 300호를 빼앗아 관중에게 주었는데도 백씨가 죽을 때까지 원망하지 않았다는 일이다. 백씨는 그만큼 관중의 덕을 흠숭했던 것이다.

인물에 대한 평가는 그가 죽은 뒤에나 공정하게 이루어질 수 있다지만 현대에는 평가를 유보할 겨를이 없다. 지도층은 특히 대중에게 "그 사람 말인가! 그 사람 말인가!"라고 배척받지 않도록 주의해야 하리라.

問管仲한대 曰, 人也,
奪伯氏騈邑三百하여늘
飯疏食沒齒호되 無怨言하니라.

人也는 한나라 정현, 주희, 조선 교정청 언해본 모두 '이 사람으로 말하면'이라고 풀이했다. 단 人을 仁(인)으로 보거나 그 앞에 仁이 빠졌다고 보기도 한다. 여기서는 교정청본을 따랐다. 伯氏는 제나라 대부로, 騈 마을을 영지로 지녔다. 三百은 가호 수인 듯하다. 飯疏食는 '거친 밥을 먹는다'는 말로, 궁핍하다는 뜻이다. 沒齒는 수명 마칠 때까지로, 沒은 다할 盡(진)과 같고 齒는 年齒(연치)이다. 주희와 정약용은 백씨의 300호를 제나라 군주 환공이 빼앗아서 관중에게 주었다고 보았다.

126강
부유하되 교만하지 말라

가난하면서 원망하지 않기는 어려워도 부유하면서 교만하지 않기는 쉽다. 「헌문」 제11장 빈이무원난(貧而無怨難)

인간은 환경에 따라 심리 상태가 달라진다. 「헌문」편의 이 장에서 공자는 그 사실을 직시하되, 가난하되 원망하지 말고 부유하되 교만하지 말라고 가르쳤다. 이 말은 「학이」 제15장에 실렸던 "가난하면서도 아첨하지 않고 부유하면서도 교만하지 않는다."라는 말과 뜻이 같다.

가난한 사람은 우환이 몸에 절실하므로 마음을 편히 갖기 어렵다. 그래서 공자는 "가난하면서 원망하지 않기는 어렵다."라고 했다. 이에 비해 부유한 사람은 환경의 압박에서 자유로울 수 있으므로 마음을 다스려서 교만한 기운을 억누르기 쉬울 것이다. 그래서 공자는 "부유하면서 교만하지 않기는 쉽다."라고 했다.

공자는 환경과 인간 심리의 관계를 원론적으로 설명하려 한 것이 아니다. 부유한 사람들은 교만한 기운을 억누르기 쉬운데도 불구하고 잘못을 범하고 있다는 사실을 들어 그들을 꾸짖은 것이다. 한나라의 소광(疏廣)은 부자가 남의 어려운 처지를 모르는 체하면 남들의 원망을 살 수밖에 없다는 뜻에서 "부자중원(富者衆怨)"이라 했다. 성호 이익도 이렇게 말했다. "남은 잃는데 나만 얻으면 성내는 자가 있고, 남들이 우러러보는데 내가 인색하면 서운해하는 자가 있다. 혼자서만 부를 누리면 원망이 모여들게 마련이다." 우리는 "내 배 부르니 종의 밥 짓지 말라 한다."라는 속담의 참뜻을 되새겨야 할 것이다.

貧_빈而_이無_무怨_원은 難_난하고 富_부而_이無_무驕_교는 易_이하니라.

이 장에서는 어법과 짜임이 같은 두 개의 구를 나란히 對仗(대장)의 형식으로 제시했다. 두 而는 모두 '~하면서도 ~하다'라는 역접의 기능을 한다. 貧而無怨難에서 貧而無怨은 주어에 해당한다. '가난하면서 원망하지 않기는 어렵다'는 뜻이다. 가난한 사람은 憂患(우환)이 몸에 절실하므로 마음을 편히 갖기 어렵다는 점에서 이와 같이 일반화했을 것이다.

127강

능력과 직분

> 맹공작은 조와 위의 가로가 되기에는 넉넉하지만
> 등이나 설의 대부가 될 수는 없다.
>
> 「헌문」 제12장 맹공작위조위로즉우(孟公綽爲趙魏老則優)

인재의 천거를 악천(鶚薦)이라고 한다. 후한 때 공융(孔融)이 예형(禰衡)을 물수리에 비유해서 칭찬하며 조조에게 천거하는 글에서 "사나운 새 백 마리를 합해 놓아도 물수리 한 마리를 못 당하나니, 예형이 조정에 들어가면 반드시 볼 만한 일이 있을 것입니다."라고 한 데서 나온 말이다. 인재는 인재를 알아보는 지감 혹은 구안자(具眼者)가 있어야 등용되어 자기 역량을 발휘할 수 있다. 이 장에서 공자는 평소 존경했던 노나라 대부 맹공작(孟公綽)의 역량을 매우 엄정하게 평가했다.

제자백가의 서적인 『장단경(長短經)』에서는 "인재는 들쑥날쑥하여 크기가 다르다. 되 크기에 열 말을 담을 수는 없으니, 그릇을 채우고 난 나머지는 버려진다. 적절한 인물이 아닌데도 일을 맡긴다면 위태롭지 않겠는가!"라고 했다. 공자도 인재의 능력과 직분의 일치를 중시했기에 맹공작을 위와 같이 논평한 것이다.

또 공자의 논평은 「계씨」 제1장에서 공자가 옛 사관 주임(周任)의 말을 인용해 "능력껏 반열에 나아가 일하다가 제대로 직무를 수행할 수 없는 때가 오면 그만두어야 한다."라고 역설한 내용과 통한다. 모두 곱씹어 보아야 할 말들이다.

孟公綽(맹공작)이 爲趙魏老則優(위조위로즉우)어니와
不可以爲滕薛大夫(불가이위등설대부)니라.

趙와 魏는 춘추 시대 晉(진)나라의 六卿(육경)에 속해 있었다. 즉 진나라에는 范(범), 中行(중항), 知(지), 한, 위, 조의 육경이 있었는데 진나라가 멸망한 후 한, 위, 조가 전국 7웅 가운데 3웅이 되었다. 老는 家臣(가신)들의 우두머리인 家老(가로)를 가리킨다. 행정 능력이 모자라도 인품이 뛰어나면 맡을 수 있었던 직책인 듯하다. 優는 餘裕綽綽(여유작작)하다는 뜻이다. 滕과 薛은 산동성에 있던 작은 나라들이다. 大夫는 여기서는 宰相(재상)을 가리킨다. 宰相은 행정 능력을 갖출 것이 요구되었다.

128강
成 완전한 사람

이익을 보면 의리에 맞는지 생각하고, 위태로움을 보면 목숨을 바치며, 옛 약속에 대해 평소 그 말을 잊지 않으면 완전한 사람이라고 할 만하다.

「헌문」 제13장 자로문성인(子路問成人)

청년기를 거쳐 심신이 모두 발육한 사람을 성인(成人)이라고 한다. 나이 스물에 남자는 관례를 올리고 여자는 계례(笄禮, 비녀를 꽂는 예식)를 치렀던 일에서 나온 말이다. 그런데 또 다른 의미의 성인이 있으니, 천도를 알고 인의를 실천하며 예악으로 자신을 꾸밀 줄 아는 완성된 인간이다. 전인(全人)이나 완인(完人)이라고도 한다. 이 장에 나오는 '성인'이 곧 후자의 의미이다.

자로가 "어떤 사람을 성인이라 합니까?"라고 묻자, 공자는 "장무중(臧武仲)의 지혜, 맹공작의 청렴, 변장자(卞莊子)의 용맹, 염구의 기예를 지니고 있으면서 예로 절제하고 악으로 화평한 기운을 보존하면 성인이라 할 만하다."라고 대답했다. 지혜, 불욕, 용기, 기술 등이 성인의 충분조건일 수는 없으며 그런 자질을 갖춘 후에 예악으로 수

식해야 비로소 성인이라 할 수 있다는 것이다.

공자는 말을 이어서 "오늘날에는 성인이라 해도 반드시 그럴 필요는 없다."라고 하고는 위와 같이 성인이란 '견리사의(見利思義), 견위수명(見危授命), 불망평생지언(不忘平生之言)'의 자세를 지닌 사람이라고 새로 정의했다. 처음에 말했던 것만큼 온전한 덕을 갖춘 인물은 찾아보기 어려우므로 현실적인 덕목을 제시한 것이다.

견리사의와 견위수명은 실천하기 어렵다. 그런 실천은 못한다 해도 옛 약속을 평소에 잊지 않는 충신의 태도는 지녀야 하지 않겠는가. 우리는 몸만 자란 성인일 뿐 인격의 면에서는 성숙지 못한 사람이 아닌가 스스로 되물어 보아야 한다.

> 見利思義(견리사의)하며 見危授命(견위수명)하며
> 久要(구요)에 不忘平生之言(불망평생지언)이면
> 亦可以爲成人矣(역가이위성인의)니라.

授命은 자신의 생명을 아낌없이 남에게 주는 일이다. 久要는 옛 약속, 옛 계약을 말한다. 平生은 平素(평소)와 같다. 혹자는 久要 이후의 말을 자로의 말로 보기도 한다. 정약용은 그 설을 지지했다. 여기서는 주희의 설을 따랐다.

129강
진정 즐거워야 웃는다

> 공명가는 말했다. "공숙문자 그분은 말해야 할 때 말씀하시므로 사람들이 그 말을 싫어하지 않고, 진정 즐거워야만 웃으시므로 사람들이 그 웃음을 싫어하지 않으며, 도의에 합당해야 재물을 취하므로 사람들이 그 취함을 싫어하지 않습니다."
>
> 「헌문」 제14장 자문공숙문자어공명가(子問公叔文子於公明賈)

공자는 위나라 대부 공숙문자(公叔文子)의 언행에 대해 공명가(公明賈)라는 사람에게 사실 여부를 물었다. "공숙문자는 말씀도 안 하시고 웃지도 않으시며 재물을 취하지도 않는다고 하는데 정말입니까?" 공명가는 이야기 전한 사람의 말이 지나쳤다고 정정한 후, 위와 같이 공숙문자를 논평했다.

공자는 공명가의 말을 듣고 "그런가요? 어찌 그렇겠습니까?"라고 했다. "어찌 그렇겠습니까?"에 대해 주희는 공자가 과연 공숙문자의 마음이 예의로 충일해서 시조(時措, 시기에 맞는 조처)의 마땅함을 얻었을까 의심한 말이라고 간주했다. 하지만 1778년 화순 동림사에서 『논어』를 읽던 18세의 정약용은, 공자가 남의 말을 통해 공숙문자에 대해 알던 사실이 진실이 아니었음을 깨닫고 한 말이라고 보았다. 37년 후 정약용은 다른 사람도 자기와 같은 풀이를 한 사실을 알고 특별히 그 이야기를 글로 남겼다.

공명가의 논평에서 말해야 할 때 말한다는 것이나 도의에 합당해야 재물을 취한다는 것은 유가의 덕목에도 부합하고 상식의 견해로도 훌륭한 일이다. 그런데 진정 즐거워야 웃는다는 것은 참으로 묘하다. 이는 남의 아첨을 듣고 자만하면서 웃는 것도, 남에게 해악을 가하고 비열하게 웃는 것도 아니다. 남들과 공동의 선을 이루어 진정으로 기뻐하고 아랫사람들이 저마다 자기 직분에 충실한 것을 진심으로 기뻐하는 일이다. 이렇게 보면 때에 맞춰 말하는 시언(時言), 진정 즐거워 웃는 낙소(樂笑), 도의에 맞는 재물만을 취하는 의취(義取)는 현대인에게도 요청되는 생활 덕목이라 할 수 있다.

夫子가 時然後言이라 人不厭其言하며
樂然後笑라 人不厭其笑하며
義然後取라 人不厭其取하나니이다.

夫子는 대부 公叔文子(공숙문자)에 대한 존칭이다. 『춘추좌씨전』에 보면 史鰌(사추)가 공숙문자에 대해 "부를 누리면서도 교만하지 않은 자가 적은데 나는 오로지 그대에게서 그 점을 보았다."라고 평했으니, 공숙문자는 본래 어진 인물이었다. 時然後란 적절한 때가 된 이후를 말한다. 不厭은 혐오하지 않고 자연스레 받아들인다는 뜻이다. 樂然後는 진정으로 즐거워한 이후, 義然後는 도의에 적합한 이후이다.

正 130강
정의로운 방법으로

> 진나라 문공은 교활한 술수를 쓰고 정의로운 방법을
> 쓰지 않았으나, 제나라 환공은 정의로운 방법을 쓰고
> 교활한 술수는 쓰지 않았다.
> 「헌문」제16장 진문공휼이부정(晉文公譎而不正)

진나라 문공과 제나라 환공은 춘추 시대의 패자들이다. 그들은 제후들이 동맹할 때 맹주가 되어 주나라 왕실을 도움으로써 천하를 안정시켰다. 공자는 두 사람을 비교해 문공은 모략이 많았던 반면에 환공은 정도를 밟았다고 평가했다.

맹자는 "공자의 무리는 제나라 환공과 진나라 문공의 일을 이야기하지 않았다."라고 했다. 주희는 두 사람 다 무력을 쓰면서 인(仁)을 빌려 왔으므로 마음이 본래 부정하다고 규탄했다. 단 환공은 초나라를 칠 때 의리를 따르고 속임수를 쓰지 않았으나 문공은 위(衛)나라를 치면서 초나라를 빼앗아 음모로 승리한 차이가 있을 따름이라고 했다. 하지만 정약용에 따르면 공자는 환공이 마음 씀씀이나 일의 시행에서 속임수를 쓰지 않고 정도를 지켰기에 문공과 분명히 다르다

고 보았다.

제나라 환공은 형제인 규(糾)와 싸워 이긴 후 제나라 군주가 되어 관중을 재상으로 삼아 국위를 떨쳤다. 진나라 문공 중이는 내란을 피해 19년간이나 망명해 있다가 본국으로 돌아가 즉위한 후 성복(城濮)의 전투에서 승리해 국세를 펼쳤다. 그런데 환공은 천자의 명령을 공손하게 받들었으나 문공은 당돌하게 천자의 의례인 묘도(墓道) 제도를 시행하겠다고 청했다. 또 환공은 관중과 원수였음에도 그를 사면하고 등용했으나, 문공은 호언(狐偃)에게 은혜를 입고도 그를 내쳤다. 이 사실들만 보아도 환공과 문공은 사람됨이 달랐다.

현실 정치와 국제 정세를 바라보는 공자의 시선은 늘 냉철했다. 그 냉철한 시선을 우리는 배워야 하리라.

晉文公은 譎而不正하고
齊桓公은 正而不譎하니라.

짜임이 같은 두 개의 문장을 나란히 배치했다. 譎은 속일 詐(사)와 같으니, 權謀術數(권모술수)로 사람을 속이는 일이다. 而는 '~하고 ~하다'와 같은 식으로 두 개의 구를 순접하는 기능을 한다. 아래도 같다.

131강

역사의 비판적 이해

자로가 말했다. "제나라 환공이 공자 규를 죽이거늘 소홀은 그를 따라 죽었으나 관중은 죽지 않았으니 관중은 어질지 못하다 하지 않겠습니까?"
「헌문」 제17장 환공살공자규(桓公殺公子糾) 1

관포지교라고 하면 관이오(管夷吾)와 포숙아(鮑叔牙)의 우정을 가리키는 말이다. 관이오는 제나라 환공을 도와 그를 패자로 만든 관중이다. 그런데 환공은 형제인 규를 살해했으나, 규의 신하였던 관중은 순사하지 않고 환공을 섬겼다. 이를 어떻게 평가할 것인가? 이것이 「헌문」편에서 자로가 공자에게 던진 질문이다.

춘추 시대 제나라는 양공(襄公) 때 이르러 정치가 혼란했다. 포숙아는 공자 소백(小白)을 모시고 거(莒)나라로 망명했다. 소백은 양공의 이복동생이었다. 이 무렵 공손무지(公孫無知)가 양공을 살해하자, 관중과 소홀(召忽)은 공자 규를 모시고 노나라로 망명했다. 규는 소홀의 이복동생 혹은 이복형이라고 한다. 소백과 규는 각각 제나라로 먼저 들어가려고 싸웠는데 소백이 이겨 제나라 군주가 되었다. 소백이 곧 환공이다. 환공은 노나라 장공에게 압력을 가해 규를 죽이게 했다. 그러자 소홀은 스스로 목숨을 끊었다. 하지만 관중은 죽지 않았을 뿐 아니라 포숙아의 추천으로 환공의 신하가 되어 재상까지 올랐다. 기원전 685년의 일이다.

니체는 과거를 이야기하는 방식에 기념비적 역사, 골동품적 역사, 비판적 역사의 셋이 있다고 했다. 공자의 문하에서는 과거 인물의 발자취에서 현재에 유효한 의미를 생산해 내는 비판적 역사를 공부했다. 우리가 고전과 역사를 공부하는 방식도 그러해야 할 것이다.

子路曰, 桓公이 殺公子糾하여늘
召忽은 死之하고 管仲은 不死하니
曰未仁乎인저.

召忽死之는 '그를 따라 죽었다'이다. 자로는 이 일을 거론하고 曰未仁乎라고 했다. '어질지 못하다 할 수 있지 않겠습니까?'라는 뜻이다.

132강
관중의 공적

제나라 환공이 제후를 규합하되 무력으로 하지 않은 것은 관중의 힘이었으니 누가 그 어짊만 하겠는가, 누가 그 어짊만 하겠는가! 「헌문」 제17장 환공살공자규 2

관중은 자기가 모시던 공자 규가 살해될 때 순사하지 않았다. 이를 두고 자로가 어질지 못하다고 하자 공자는 관중의 공적을 환기시키고 위와 같이 논평했다.

정이는 규가 장남이 아니고 환공이 장남이었으므로 관중이 마지막에 환공을 보필한 것은 옳다고 주장했다. 그러나 장유는 『계곡만필』에서 환공이 형이 아니었다고 상세히 고찰했다. 『춘추』에는 노나라 장공(莊公) 9년에 장공이 제나라를 정벌하고 규를 제나라에 들이려 했다는 기사가 있고 바로 아래에 "제소백입우제(齊小白入于齊)"라고 기록되어 있다. 나라 이름 다음에 환공의 이름인 소백을 붙여 적은 것은 환공이 즉위한 후 부국강병에 힘써 패제후가 되었기 때문이라는 것이다.

분명히 관중은 주군을 따라 죽지 않았기에 덕에 흠이 있다. 하지만 관중은 환공을 도와 제후들의 의상지회(衣裳之會)가 있게 했다. 의상지회는 공복(公服)을 입고 평화적으로 회합하는 것을 뜻한다.

김만중(金萬重)이 『서포만필』에서 말했듯, 공자는 관중의 공적을 보고 그의 어짊을 인정한 것이다. 그가 보필하는 사람이 정당한지를 따진 것이 아니었다. 남들에게 이택(利澤)을 끼치지 못하면서 절의의 이념만 고수하는 것은 그리 큰 의미가 없을 듯도 하다.

_{환공} _{구합제후}
桓公이 九合諸侯하되
_{불이병거} _{관중지력야}
不以兵車는 管仲之力也니
_{여기인} _{여기인}
如其仁, 如其仁이리오.

九合에 대해 주희는 糾合(규합)과 같으며, 糾는 督責(독책)의 뜻을 지닌다고 보았다. 주나라 천자를 존경해야 할 책임을 따졌다는 것이다. 옛 주석은 九를 횟수로 보았으나 문헌마다 회합 횟수가 다르다. 『사기』에 보면 환공이 "兵車로 모인 것이 3번, 乘車(승거)로 모인 것이 6번"이라 했고, 『관자』에서는 "兵車로 모인 것이 6번, 乘車로 모인 것이 63번"이라고 했다. 兵車의 모임은 무력시위, 乘車의 모임은 평화 회담이다. 『곡량전』은 제후들이 衣裳(의상, 공복)으로 모인 것이 11번, 兵車로 모인 것이 4번이라 했다. 衣裳으로 모인다는 것과 乘車로 모인다는 것은 같은 의미이다. 『곡량전』은 특히 제나라 환공이 맹주가 되어 다른 제후들과 평화적으로 회합한 衣裳之會(의상지회)에 주목했다. 力은 功績(공적)이다. 如其仁은 '누가 그 어짊만 하겠는가?'라고 관중의 어짊을 칭송한 말이다. 단 군주를 위해 순사한 소홀의 절의와 관중의 공적을 비교해 '소홀이 어찌 관중의 어짊에 미칠 것인가?' 혹은 '관중이 소홀의 어짊과 같도다!'라고 풀이하기도 한다.

133강

한번 천하를 바로잡다

관중이 환공을 도와 제후의 맹주가 되게 하고 천하를 한번 바로잡으니 백성이 지금까지 그가 끼친 덕택을 받고 있다. 관중이 없었다면 우리는 아마 머리를 풀고 옷섶을 왼편으로 여미게 되었을 것이다. 어찌 미천한 남녀가 사소한 신의를 지키느라 도랑에서 스스로 목매달아 죽음으로써 남이 알아주지도 않는 일과 같겠는가. 「헌문」 제18장 관중비인자(管仲非仁者)

구독지량(溝瀆之諒)이라 하면 사소한 신의를 뜻한다. 이 성어는 공자가 자공의 질문에 답해 관중의 업적을 평가한 말에서 나왔다. 앞 장에서 자로는 관중이 자신의 주인을 위해 순사하지 않은 점을 두고 어질지 못하다고 보았다. 그런데 이 「헌문」 제18장에서 자공도 같은 의문을 지녔다. 하지만 공자는 관중이 의상지회, 즉 평화 회담을 이루어 낸 공적이 있음을 강조했다. 더 나아가 공자는 관중이 천하를 바로잡았으므로 필부필부의 사소한 신의인 구독지량을 중시하는 보통의 관점으로 그의 일생 사적에 대해 왈가왈부해서는 안 된다고 바로잡았다.

정묘호란 이후 강화를 하러 조선에 온 후금의 유해(劉海)는 조선 조정에 대해 형세상 명나라와의 관계를 끊으라고 하면서 관중이 규를 따라 죽지 않고 살아남은 예를 들었다. 이때 장유는 "예로부터 죽음은 있는 것이나 사람으로서 신의가 없으면 설 수 없다."라는 『논어』의 말을 인용해 그 의견을 꺾었다. 유해는 말문이 막혔다고 한다.

의리에 부합하지 않는 순사는 필부필부의 사소한 신의일 따름이다. 정의의 관념에 따라 "한번 천하를 바로잡을" 책무가 사회 지도층에게 있다.

管仲이 相桓公 霸諸侯하여 一匡天下하니
民到于今히 受其賜하나니
微管仲이면 吾其被髮左衽矣러니라.
豈若匹夫匹婦之爲諒也라
自經於溝瀆而莫之知也리오.

相은 돕다, 霸諸侯는 제후들의 맹주가 됨이다. 匡은 正(정)과 같은데, 여기서는 천자의 권위를 바로 세운 것을 가리킨다. 于今은 至今(지금), 微는 無(무)와 같다. 吾其被髮左衽矣에서 吾는 '우리'라는 뜻의 일인칭, 其는 추정의 뜻을 지닌 어조사이다. 被髮左衽은 머리를 묶지 않고 옷섶을 왼쪽으로 여미는 이민족의 풍속을 가리킨다. '豈若~'은 '어찌 ~과 같으랴?'라고 반문하는 말이다. 匹夫匹婦는 부유하지도 고귀하지도 않은 서민들을 가리킨다. 一夫一婦(일부일부)와 같다. 당시 귀족과 부호의 풍습은 一夫多婦(일부다처)였다. 諒은 작은 일에 구애받는 성실함이다. 經은 '목매달다'라는 뜻이다. 莫之知는 아무도 알아주지 않는다는 뜻이다.

134강

薦

남을 천거하는 도량

공숙문자의 가신인 대부 선이 (공숙문자의 추천으로)
공숙문자와 더불어 조정에 오른 일이 있었는데,
공자께서 그 이야기를 들으시고 공숙문자가 문(文)의
시호를 받을 만했다고 하셨다.

「헌문」 제19장 공숙문자지신대부선(公叔文子之臣大夫僎)

이 장에서 공자는 남을 천거할 수 있는 도량에 대해 말했다.
　위나라 대부 공숙발(公叔拔)은 죽은 뒤 군주에게서 문(文)의 시호를 받았기에 공숙문자라고 일컫는다. 『예기』에 보면 공숙발이 죽은 후 그 아들이 시호를 청하자, 위나라 군주는 "이분은 우리 조정의 일을 볼 때 직제(職制)를 정비하고 이웃 나라와 교유할 때 우리 사직에 욕을 끼치지 않았으므로 문의 덕을 지녔다고 할 수 있다. 그러니 이분의 시호를 정혜문자(貞惠文子)로 하라."라고 했다. 문은 도리에 부합해서 아름다운 덕을 이룬 것을 말한다.
　그런데 생전에 공숙문자는 자신의 가신인 선(僎)을 자신과 같은 지위의 대부로 추천해서 자기와 함께 국정에 참여하도록 했다. 후대의 학자들은 이 일을 두고 공숙문자가 사람을 알아보고 자기를 잊었으며 군주를 제대로 섬겼으므로 세 가지 선을 실천했다고 호평했다.

보통 사람들은 대개 후진이 자기보다 큰 공명을 이루는 것을 두려워하고 자기와 재능이 비슷한 사람과 동렬에 서는 것을 달가워하지 않는다. 하지만 한 집단이 발전하려면 남의 재덕을 포용하며 각자의 장점을 합해 함께 나아가고자 하는 자세를 지녀야 하리라.

公叔文子之臣大夫僎이 與文子로
同升諸公이러니 子聞之하시고
曰, 可以爲文矣로다.

臣大夫僎은 '가신이었다가 나중에 대부가 된 선'이란 말이다. 諸는 之於(지어) 즉 '그를 ~에'라는 뜻을 지닌다. 公은 公朝(공조) 즉 제후의 조정을 말한다. 당시 위나라 제후는 魯公(노공)이었다. 子聞之는 '공자께서 나중에 그 이야기를 들으시고'라는 뜻이다.

135강

기량으로 판단한다

중숙어가 외교 임무를 처리하고 축타가 종묘 제사를
관리하며 왕손가가 군대를 통솔하고 있으니, 어찌 그
군주가 지위를 잃겠습니까?

「헌문」 제20장 자언위령공지무도야(子言衛靈公之無道也)

「헌문」편의 이 장에서 공자는 인재를 기량에 따라 임명해서 책무를 다하게 하는 일이야말로 정치의 관건이라고 말했다. 공자는 위나라 영공이 무도하지만 외교, 전례, 군사의 일을 대부 중숙어(仲叔圉), 축타(祝鮀), 왕손가(王孫賈) 등 적임자에게 맡겨 두었기 때문에 실각할 리 없다고 보았다.

위나라 영공은 일곱 살 때부터 42년간이나 군주로 있었으나, 부인 남자에게 빠져 정치에는 무관심했다. 결국 그가 죽은 뒤에 내란이 일어났다. 공자는 45세 때 노나라를 떠나 위나라에 들러 영공을 만났는데, 공자를 예우하려는 영공의 뜻에 반대하는 자가 있어 1년이 지나지 않아 위나라를 떠났다. 뒤에 공자가 다시 위나라에 들렀을 때 영공은 군진(軍陣)에 관해 물었다. 공자는 군려(軍旅)의 일은 공부하지 않았다고 대답하고 위나라를 떠났다.

　사실 위나라의 대부 중숙어, 축타, 왕손가 등은 결코 인격자가 아니었다. 중숙어는 인륜을 혼란시켰고 축타는 아첨을 했으며 왕손가는 권력을 팔았다. 하지만 그들의 재능과 식견은 나라를 보존하기에 넉넉했다.

　정치가 제대로 이루어지려면 지도자의 덕망이 중요하다. 하지만 인재들이 제 위치에 임명되어 있어야 한다는 사실도 잊지 말아야 한다.

仲叔圉는 治賓客하고 祝鮀는 治宗廟하고
王孫賈는 治軍旅하니 夫如是니 奚其喪이리오.

仲叔圉는 앞에 나온 대부 공숙문자이다. 외국 사절을 접대하는 大行人(대항인)의 직역을 맡았다. 대부 祝鮀는 종묘 제사를 관장하는 大祝(대축)의 직위에 있었다. 대부 王孫賈는 軍旅(군려)를 통솔하는 司馬(사마)의 직무를 맡았다. 治는 맡은 일을 제대로 처리하는 것을 말한다. 夫如是는 '무릇 이와 같으니'이다. 奚는 '어찌'라는 뜻의 의문사다. 喪은 나라를 잃는 것으로 보기도 하지만, 주희의 설을 따라 군주의 지위를 잃는 것으로 보았다.

136강

 말과 실천

큰소리쳐 놓고 부끄러워하지 않는다면 실행하기 어렵다. 「헌문」 제21장 기언지부작(其言之不作)

이 장에서 공자는 말과 실천의 관계에 대해 성찰하도록 촉구했다. 실은 이 장은 「이인」 제22장에서 공자가 "옛날에 함부로 말을 내지 않은 것은 실행이 미치지 못함을 부끄러워했기 때문이다."라고 했던 말과 표리를 이룬다. 주희는 과장의 말을 부끄럽게 생각하지 않는 것은 반드시 실행하려는 뜻이 없고 또 스스로의 능력을 헤아려 보지도 않는 것이기에 실천이 어려울 수밖에 없다고 풀이했다. 여기서는 주희의 설을 따랐다. 한편 그보다 앞서 한나라 때 마융은 안에 내실이 있으면 말해도 부끄럽지 않을 터이나 내실을 쌓아 가는 자는 그렇게 하기가 쉽지 않다는 점을 명심하라는 뜻으로 풀이했다.

후한의 황보규(皇甫規)는 환관들에게 아부하지 않아 무함을 받고 감옥에 갇혔는데, 공경대부와 태학생 300명이 억울하다고 호소해서 풀려났다. 뒤에 환관들이 관료들을 당인(黨人)으로 몰아 위해를 가한 '당고(黨錮)의 화'가 일어났을 때 황보규는 어쩐 일인지 연루되지 않았다. 황보규는 부끄러워하면서 자기도 당인이므로 처벌해 달라고 요청했으나, 조정에서는 그의 죄를 묻지 않았다. 이 일을 기록한 역사가는 『논어』의 이 장을 근거로 "황보규가 한 말을 보면 마음속으로는 부끄러워하지 않았다."라고 비판했다.

옛사람들은 말과 실천의 합치를 이토록 중시했거늘, 우리 시대에는 대언장어(大言壯語, 분수에 맞지 않게 떠벌리는 말)를 내뱉는 철면피들이 적지 않은 듯하다.

其言之不怍이면 則爲之也가 難하니라.
(기언지부작) (즉위지야) (난)

其言은 여기서는 大言壯語(대언장어)를 뜻한다. 怍은 강한 자극이 닿은 듯 부끄러움 때문에 얼굴이 빨개지는 것을 말한다. 참고로 恥(치)는 부끄러움 때문에 귀부터 빨개지는 것이며 慙(참)은 가책 때문에 마음이 베어지듯 하는 것으로, 서로 통한다. 則에 대해 마융은 앞의 말을 주제화하는 어조사로 보았으나 주희는 조건과 결과를 잇는 접속사로 보았다. 정약용은 마융의 설을 지지했다. 也는 앞의 則爲之를 강조하는 뜻을 지닌 주격의 어조사다.

137강

告

대의를 위한 고발

**나는 대부 반열의 끄트머리에 있기 때문에 감히
고하지 않을 수 없었다.**

「헌문」 제22장 진성자시간공(陳成子弒簡公)

72세 때 공자는 현직에 있지 않았다. 하지만 대의명분을 위해 분연히 일어났다. 제나라의 진항(陳恒)이 그 군주 간공(簡公)을 시해했다는 소식을 듣고, 공자는 목욕재계하고는 노나라 군주 애공을 찾아가 진항을 토벌해야 한다고 말했다. 진항은 본디 진(陳)나라 문자(文子)의 자손인데, 그 선조가 제나라로 망명해서 전씨(田氏)로 일컬었다. 이 집안은 제나라에서 세력을 키우더니 진항이 마침내 간공을 시해한 것이다. 동맹국에 정변이 일어나면 토벌군을 내는 것이 제후들 사이의 의리였다.

하지만 당시 노나라의 정권은 노나라 환공의 세 후손인 맹손씨, 숙손씨, 계손씨 등 이른바 삼환에게 있었다. 애공은 스스로 결정을 하지 못하고 공자에게 세 가문의 대부들에게 알리라고 했다. 공자는 실망해서 "나는 대부 반열의 끄트머리에 있기 때문에 감히 고하지 않을 수 없었다. 그렇거늘 군주는 세 사람에게 고하라고 하는구나!"라고 탄식했다. 그러고는 그들에게 알렸으나 토벌의 군대를 낼 수 없다는 답변만을 받았다. 공자는 물러나와 "나는 대부 반열의 끄트머리에 있기 때문에 감히 고하지 않을 수 없었다."라고 다시 한 번 말하며 한숨지었다.

　공자가 삼환에게 토벌의 당위성을 말한 것은 당시 참월(僭越)의 뜻을 품었던 삼환을 책망하는 뜻으로도 해석될 수 있다. 그렇기에 삼환은 불가하다고 거절한 듯하다. 「술이」 제12장에 보면 공자는 일생 전쟁과 질병의 때에 살았다고 했으니, 전쟁을 부추기는 뜻을 결코 지니고 있지 않았을 것이다. 하지만 대의를 실현하기 위해 토벌의 정당성을 역설했으니, 우리는 성사 여부와 관계없이 그 실천 의지를 읽어 내야 할 것이다.

이 오 종 대 부 지 후　　불 감 불 고 야
以吾從大夫之後라 **不敢不告也**니라.

'以~'는 '~이기 때문에'라는 뜻을 나타낸다. 吾從大夫之後는 '나는 대부 반열의 끄트머리에 있다'는 뜻이다. 공자는 대부의 직을 그만두었지만 노나라에서 여전히 대부로 예우했으므로 그렇게 말한 듯하다. 不敢不告也는 '아무래도 고하지 않을 수 없다'는 뜻이다.

諫

138강

윗사람을 대하는 도리

자로가 군주 섬기는 도리에 대해 여쭈자, 공자께서는
"속이지 말 것이며 직간하라."라고 말씀하셨다.

「헌문」 제23장 자로문사군(子路問事君)

공자는 자로가 군주 섬기는 도리에 대해 묻자, 속이지 말 것과 직간할 것을 가르쳤다. 이것을 물기범(勿欺犯)의 가르침이라 한다.

한나라 문제(文帝)는 아우 회남왕(淮南王) 유장(劉長)의 위세를 꺾으려고 그를 촉(蜀) 땅으로 유배 보내려 했는데, 원앙(袁盎)은 "회남왕이 도중에 죽으면 폐하께서는 아우를 죽였다는 나쁜 말을 듣게 될 것입니다." 하면서 간했다. 문제가 마음을 바꾸지 않았으므로 회남왕은 분해하며 굶다가 결국 죽고 말았다.

또 한번은 문제가 상림원(上林苑)에 행차하면서 자기가 좋아하는 신부인(愼夫人)을 황후와 나란히 앉게 했다. 원앙은 "존비의 차서를 지키면 위아래가 화합하지만, 첩이 황후와 자리를 나란히 하면 앙화를 불러들일 수 있습니다."라고 간했다. 문제와 신부인은 그 간언을 받아들였다. 원앙은 군주가 싫어하는 안색을 짓더라도 자신의 의견을 굽히지 않는 신하였다. 그래서 사마천은 『사기』에 그의 전(傳)을 세워 주었다. 군주가 싫어하는 안색을 짓는데도 간언하는 것을 범안(犯顏)이라고 한다.

조선 광해군 때 정온(鄭蘊)은 상소를 통해 영창 대군을 죽인 강화 부사를 처벌할 것과 인목 대비를 폐위해서는 안 된다는 것을 격렬하게 주장했다. 물기범의 가르침을 실천한 것이다. 정온은 인조반정이 일어날 때까지 제주도에 유배되어야 했지만, 선비들은 그의 기개를 칭송했다.

윗사람의 안색을 살피지 말고 직간하라는 가르침은 오늘날의 조직 사회에서도 유효할 것이다.

子路가 問事君한대
子曰. 勿欺也요 而犯之니라.

事君은 군주를 섬기는 일을 말한다. 勿欺也는 '속이지 말라'는 뜻이다. 而는 대등한 사항을 병렬하는 연결사이다. 犯之는 犯顏(범안)으로, 군주가 싫어하는 얼굴빛을 짓는데도 불구하고 直諫(직간)하는 것을 뜻한다. 犯顏色(범안색)의 줄임말이다.

139강

상달의 공부

군자는 위로 통하고 소인은 아래로 통한다.
「헌문」 제24장 군자상달(君子上達)

이 장에서 공자는 군자와 소인의 학문이 어떻게 다른지 구분해 "군자는 상달(上達)하고 소인은 하달(下達)한다."라고 했다. 주희에 따르면, 군자는 천리를 따르므로 나날이 고명의 경지로 나아가며 소인은 인욕을 따르므로 나날이 오하(汚下, 더러운 구렁텅이)에 이르러 간다.

정약용은 이렇게 말했다. "군자나 소인은 처음에는 모두 중인(中人, 보통 사람)이었지만, 의(義)를 좇는 마음과 이(利)를 좇는 마음의 차이가 처음에는 털끝만큼 가늘다가 군자는 나날이 덕으로 나아가 최상에 이르고 소인은 나날이 퇴보해서 최하에 이르게 된다."

고려 말 권근(權近)은 각겸(覺謙) 스님의 목암(牧菴)에 글을 지어 주면서 "덕이 향상하지 못하고 오하에서 끝나며 공손함이 절도가 없고 비굴함에 지나지 않는다면 군자가 자신을 기르는 도라 할 수 없다."라고 했다. 조선 인조 때 이식은 「접물잠(接物箴)」에서 상달과 하달은 남과의 사귐에서 결정된다고 하며 이렇게 말했다. "흰 모래가 진흙

속에서 검어지고 옷에 기름때가 묻는 것처럼, 마음을 풀어놓아 함께 구렁텅이로 향하다가는 미처 깨닫지 못하는 사이에 그 사람과 똑같이 변할 수 있거늘 어찌 사귀는 이를 신중히 고르지 않으랴. 오늘부터 경계하리라."

   선인들은 선을 행하기란 하늘에 오르듯 어렵고 악을 저지르기란 흙더미가 무너지듯 쉽다고 했다. 우리도 상달과 하달의 갈림목에서 헷갈리지 말아야 하리라.

君子는 上達하고 小人은 下達이니라.
(군자)   (상달)   (소인)   (하달)

達이란 極點(극점)에 이르는 것을 뜻한다. 여기서 下達과 上達은 대척적인 개념이다. 따라서 일상의 일을 배운 뒤에 위로 天理(천리)에 도달한다는 뜻의 下學上達(하학상달)과는 다른 말이다.

140강
진정한 배움

옛날의 학자들은 자신을 위한 공부를 했는데 지금의 학자들은 남에게 보여 주기 위한 공부를 한다.

「헌문」 제25장 고지학자위기(古之學者爲己)

선인들은 학문을 크게 위기지학(爲己之學)과 위인지학(爲人之學)으로 나누었다. 직역하면 나를 위한 학문과 남을 위한 학문이지만, 결코 이기주의와 공리주의의 구별을 말하는 것이 아니다. 위기지학이란 자기를 완성하기 위해 덕성을 수양하는 학문을 말하고, 위인지학은 남에게 알려지기 위해 자기를 과시하는 학문을 말한다. 이 구별은 바로 이 장에서 공자가 말한 내용과 그것을 풀이한 정이 및 주희의 설에 근거한다.

서양의 학자 시어도어 드 베리(Theodore de Bary)는 위기지학을 개인주의의 중국적 형태라고 예찬했다. 이때 개인주의라는 개념을 이기주의와 혼동해서는 안 될 것이다. 정이는 "옛날의 학자들은 자신을 위한 공부를 했기에 종당에는 남을 완성시켜 주는 성물(成物)에 이르렀으나, 지금의 학자들은 남에게 보여 주기 위한 공부를 하므로 종당에는 자기를 상실하는 상기(喪己)에 이르고 있다."라고 지적했다. 위기지학은 자기의 완성에서 끝나지 않고 타인과 자신의 공동 완성으로 귀결한다는 것이다.

『중용』에서도 "성(誠)은 자신만 완성시키는 것이 아니라 타인까지 이루어 주는 것을 뜻한다."라고 했다. 현대의 우리도 나의 완성과 타인의 완성을 동시에 추구하는 학문을 해야 할 것이다.

古之學者는 爲己러니
今之學者는 爲人이로다.

爲己는 자기를 완성하기 위해 덕성을 수양하는 것이다. 爲人은 남에게 알려지기 위해 자기를 과시하는 것이다. 한편 옛 주석이나 정약용의 설에 따르면, 爲己는 실천해 나가는 것을 뜻하고 爲人은 남에게 말만 하는 것을 뜻한다. 『순자』「勸學(권학)」편에서는 "군자의 학문은 귀로 들어와 마음에 붙고 四體(사체)에 펼쳐져서 動靜(동정, 일상생활에서의 몸의 움직임)에 나타나지만, 소인의 학문은 귀로 들어와 입으로 나간다. 입과 귀의 사이는 네 치에 불과하거늘 어떻게 일곱 자의 몸을 아름답게 할 수 있겠는가!"라고 했다. 爲人의 학문은 귀로 듣고 입으로 내보내는 口耳之學(구이지학)과 같다고 볼 수 있다. 여기서는 통설인 정이와 주희의 설을 따랐다.

141강

잘못을 줄여 나가야

> 거백옥이 공자께 심부름꾼을 보냈는데, 공자께서는 그와 함께 자리에 앉아서 물으셨다. "어른은 어떻게 지내시는가?" 심부름꾼이 대답했다. "어른께서는 잘못을 줄이려 하시나 잘 되지 않는다고 여기십니다." 심부름꾼이 나가자 공자께서 말씀하셨다. "훌륭한 심부름꾼이구나, 훌륭한 심부름꾼이구나!"
>
> 「헌문」 제26장 거백옥시인어공자(蘧伯玉使人於孔子)

위나라 대부 거백옥(蘧伯玉)은 50세가 되어 49세까지의 잘못을 고쳤다고 하는 인물이다. 이 장은 거백옥이 보낸 심부름꾼의 진술을 통해 그의 주인 거백옥이 얼마나 훌륭한 인물인가를 상상하게 한다. 거백옥의 근황을 묻는 공자의 질문에 답하며 그 심부름꾼은 "어른께서는 잘못을 줄이려고 하시나 잘 되지 않는다고 여기십니다."라고 했다. 거백옥이 자기반성에 힘쓰고 있음을 전한 것이다.

공자는 두 번째로 위나라로 갔을 때 거백옥의 집에 머물렀다고 하는데, 당시 거백옥은 이미 90여 세였다. 거백옥이 공자에게 심부름꾼을 보낸 일은 그보다 앞서 일인 듯하다. 공자는 거백옥이 개과천선해서 표변할 줄 아는 군자임을 알고 그를 존경했다. 그래서 당나라와 송나라 때는 거백옥을 공자의 사당에 종향(從享)했다.

후대의 많은 지식인들이 거백옥처럼 49세 때 그 이전의 잘못을 반성하는 삶의 전환을 시도했다. 이백(李白)은 49세 때 강주(江州) 심양(潯陽)의 도관 자극궁(紫極宮)에서 지은 시에서 "마흔아홉 해의 잘못은 한번 지나가면 회복하기 어려운 법"이라 했다. 조선의 주세붕은 49세 되던 해에 소백산 석륜사(石崙寺)에 묵으며 이백의 시에 차운한 시를 지어 지난날을 돌이켜 보았다.

자기가 저지른 잘못 때문에 언제까지고 괴로워하는 것은 올바른 태도라 할 수 없다. 우리는 자기반성의 태도를 내일 더 나은 삶을 살기 위한 밑거름으로 삼아야 하지 않겠는가.

蘧伯玉이 使人於孔子어늘
孔子가 與之坐而問焉曰. 夫子는 何爲오.
對曰. 夫子가 欲寡其過而未能也니이다.
使者出커늘 子曰. 使乎. 使乎여.

蘧伯玉은 위나라 대부 蘧瑗(거원)이다. 伯玉은 그의 자이다. 使人은 사람을 심부름시켰다는 말인데, 교정청 언해본은 使를 '시'로 읽었다. 使는 심부름꾼이란 뜻일 때 '시'로 읽는 것이 관례였다. 與之坐는 '그와 함께 자리에 앉았다' 또는 '그에게 자리를 권했다'이다. 夫子는 여기서는 거백옥을 가리킨다. 欲寡其過는 과실을 줄이고자 한다는 말. 未能也는 그렇게 할 수 없다고 안타까워한다는 말이다. 乎는 감탄의 뜻을 나타낸다.

位 142강
자기 일에 충실하라

증자가 말했다. "군자는 자기 지위에서 벗어나는 일은 생각하지 않는다."
「헌문」 제28장 군자사불출기위(君子思不出其位)

옛사람은 자기의 지위와 본분을 벗어나는 일을 함부로 생각하지 말고 맡은 일을 충실히 하라고 가르쳤다. 관직 제도의 면에서 보면 직장(職掌, 맡은 직)을 지켜야 하지, 침관(侵官)을 해서는 안 된다고 경계한 것이다. 침관이란 자기 권한을 넘어서서 남의 직무를 침범하는 일이다. 그래서 『주역』 간괘(艮卦)의 상사(象辭)에 보면 "군자는 자기 직위에서 벗어나는 일을 생각하지 않는다."라고 했다. 「헌문」 편의 이 장에서 증자는 『주역』의 그 말을 그대로 인용했다.

"군자는 자기 지위에서 벗어나는 일은 생각하지 않는다."라는 말은 행동하기 이전의 생각에 대해 언급한 것이다. 한편 『중용』에서는 "소기위이행(素其位而行)" 즉 "현재의 위치에 따라 행하라."라고 했다. 그러나 『논어』가 자기 지위에서 벗어나는 일을 생각하지 말라 가르치고 『중용』이 현재의 위치에 따라 행하라 가르쳤다고 해서 사람마다 제한된 직무에만 충실하라고 강요한 것은 아니다. 조선 후기의 박세당은 이 구절이 분한을 넘어서지 말라고 경계한 것이 아니며 자기 직분을 다하라 가르친 것이라고 풀이했다. 자기 직분을 다하고자 하는 사람은 늘 그 직분을 다하지 못할까 우려하므로 지위에서 벗어나는 생각은 하지 않으리라는 것이다.

근대 이전의 정치에서는 군주나 대부가 질문을 하면 대답해야 하는 것이 신하의 통의(通義, 공통된 의리)요, 학자의 상규(常規, 통상적인 규범)였다. 각자 자기 직분에 충실하지 않으면서 남의 직무를 침범하는 것은 옳지 않다. 하지만 오늘날 공동체나 사회의 일로 부름을 받는다면 구성원은 어떤 식으로든 응할 책임이 있다고 생각한다.

증 자 왈   군 자   사 불 출 기 위
曾子曰, 君子는 思不出其位니라.

증자의 말은 『주역』에서 따온 것이다. 思는 행동하기 이전에 생각하는 것을 뜻한다. 不出其位의 位는 관직의 지위만 가리키는 것이 아니라, 군신 관계와 부자 관계에서 각자가 차지하는 위치를 가리키기도 한다.

143강

말보다 행동

군자는 말을 한껏 하는 것을 부끄러워하고 행동은 넉넉히 하고자 한다.

「헌문」 제29장 군자치기언이과기행(君子恥其言而過其行)

공자는 이 장에서 스스로 덕을 길러 나가는 사람이라면 말과 행동이 일치하도록 힘쓴다고 강조했다. 같은 「헌문」의 제21장에서 공자는 "큰소리쳐 놓고 부끄러워하지 않는다면 실행하기 어렵다."라고 했다. 모두 「이인」 제22장에서 공자가 "옛날에 함부로 말을 내지 않은 것은 실행이 미치지 못함을 부끄러워했기 때문이다."라고 한 것과 뜻이 통한다.

유가의 경전 『예기』에서는 "군자는 말만 있고 덕이 없음을 부끄럽게 여기며 덕이 있어도 행실이 없는 것을 부끄럽게 여긴다."라고 했다. 후한 때 왕부(王符)가 엮은 『잠부론(潛夫論)』에서도 "공자는 말이 행동보다 지나친 것을 미워했다."라고 했다.

언행일치를 강조하는 것은 비단 공자의 문하와 유학만이 아니다. 제자백가의 여러 고전에 유사한 가르침이 많이 나온다. 예컨대 『장

자』에 보면 자공이 원헌을 만나 본 후 자기 말이 행동보다 지나침을 부끄러워했다는 고사가 있다. 원헌은 집을 생풀로 덮고 쑥대 문을 내어 비가 새고 습기가 차는데도 개의치 않고 꼿꼿이 앉아 현악기를 타고는 했다. 자공이 큰 말을 타고 찾아가자 원헌은 명아주 지팡이를 짚고 수척한 모습으로 맞았다. 자공이 "어찌 이리도 병이 드셨소?"라고 묻자 원헌은 "내가 들으니, 재물이 없는 것을 가난이라 하고 배우고도 행하지 못하는 것을 병이라 한다 합디다. 나는 가난할 뿐이지 병이 든 것은 아니오."라고 대답했다. 자공은 몹시 부끄러워했다고 한다.

공자는 언행일치를 기반으로 무실역행(務實力行)하라고 가르쳤다. 우리도 늘 말이 행동보다 지나치지 않은지 맹성(猛省)해야 하리라. 혹 말을 한껏 하고 행동이 뒤따르지 못한 것을 깨달으면 곧 부끄러워 할 줄 알아야 한다. 부끄러워해야 할 때 부끄러워하지 않는다면 그 사람은 어찌할 수가 없다!

君子는 恥其言而過其行이니라.

이 장에서 공자가 한 말에 대해서는 두 가지로 풀이할 수 있다. 『중용』에 "부족하기 쉬운 것인 행실은 감히 힘쓰지 않을 수 없고 넉넉하기 쉬운 것인 말은 감히 다하지 못한다."라는 말이 있다. 그래서 주희는 恥其言과 過其行을 분리해 恥란 감히 다하지 못한다는 뜻, 過란 넉넉하게 하고자 한다는 뜻이라고 보았다. 반면 而가 之(지)로 되어 있는 판본에 따른다면 '군자는 말이 행동보다 지나침을 부끄러워한다'고 풀이할 수 있다.

144강
군자의 세 가지 도리

> 군자의 도가 셋인데 나는 능히 하지 못한다. 어진 사람은 근심하지 않고 지혜로운 사람은 헷갈리지 않으며 씩씩한 사람은 두려워하지 않는다.
>
> 「헌문」 제30장 군자도자삼(君子道者三)

이 장에서 공자는 군자라면 인(仁), 지(知), 용(勇)의 세 가지를 힘써야 하거늘 자신에게는 그런 점이 부족하다고 자책했다. 이에 대해 자공은 "이것은 선생님께서 스스로를 말씀하신 것이다."라고 해서, 공자야말로 이 세 가지를 갖춘 인물이라고 덧붙였다. 그러나 공자 자신은 성인으로 자처하지 않았다. 자신을 성인으로 여기면서 겉으로만 겸손한 척하지도 않았다. 그렇기에 공자가 한 자책의 말은 남에게 대한 격려의 말이 된다.

「자한」 제28장에서도 공자는 "지혜로운 사람은 헷갈리지 않고 어진 사람은 근심하지 않으며 씩씩한 사람은 두려워하지 않는다."라고 해서『중용』에서 삼달덕으로 제시한 지, 인, 용을 부연하듯 설명했다. 삼달덕이란 천하에 통하는 보편적인 세 가지 덕목이라는 말이다. 이 장과는 순서가 조금 다르다. 송나라 때 윤돈은 그 차이에 의미를 부여해서 덕을 이룸은 인을 우선으로 삼고 배움의 진전은 지를 우선으로 삼기 때문에 공자가 달리 말한 것이라고 보았다. 하지만 순서의 차이에 천착할 필요는 없을 것이다.

공자는 삼달덕을 군자의 이상으로 보았다. 인애의 마음, 지적이고 합리적인 판단, 과감한 행동력을 갖춘 인간형은 현대의 우리도 추구해야 할 이상이리라.

君子道者三에 我無能焉호니
仁者는 不憂하고 知者는 不惑하고
勇者는 不懼니라.

無能焉은 셋 가운데 잘할 수 있는 것이 없다는 말이니, 겸손의 말이다. 仁者不憂는 어진 사람은 안이 병들어 있지 않기에 근심하지 않는다는 뜻이다. 知者不惑은 지혜로운 사람은 사리에 통달해 있으므로 헷갈리지 않는다는 뜻이다. 勇者不懼는 의리에 충실한 까닭에 두려워하지 않는다는 뜻이다.「자한」제28장에서 공자는 知者不惑(지자불혹), 仁者不憂(인자불우), 勇者不懼(용자불구)를 말했는데 여기와는 순서가 조금 다르다. 『중용』에서는 知, 仁, 勇을 三達德(삼달덕)으로 제시했으므로 「자한」 편의 순서와 부합한다.

評 145강
남을 쉽게 평가 말라

> 자공이 인물을 평가하자, 공자께서는 "사는 현명한가 보다. 나는 그럴 겨를이 없노라."라고 말씀하셨다.
>
> 「헌문」 제31장 자공방인(子貢方人)

 사람들은 남에 대해 이런저런 평가하길 좋아한다. 한나라 때의 역사서를 보더라도 남에 대한 평어인 인평(人評)이 많이 나온다. 이를테면 『설문해자』를 엮은 허신(許愼)을 두고 "경학무쌍허숙중(經學無雙許叔重)"이라 했다. "경학에서 비교할 자가 없는 허숙중"이라는 말이니, 숙중은 허신의 자이다.

 공자의 제자 가운데 사, 즉 자공도 남을 평가하길 좋아했다. 이에 대해 공자는 "사는 현명한가 보다."라고 그 점을 인정하는 듯 비판하는 듯 말한 뒤, 자신은 스스로를 닦는 일에 급급해서 남을 평가할 겨를이 없다고 덧붙였다.

 공자는 자공의 인물 평가 자체를 비판하지는 않았다. 사실 공자는 자공과 함께 제자들을 평가하는 대화를 나누기도 했다. 자공에게 "너는 회와 비교해 누가 낫다고 생각하느냐?"라고 물었던 것은 대표적인 예이다. 자공은 그 물음에 대해 회, 즉 안연은 하나를 들으면 열을 알지만 자기는 하나를 들으면 둘을 알 뿐이라고 말했다.

   인물 평가는 이치를 궁구하는 일 가운데 하나로서 매우 중요하다. 하지만 남에 대한 평가에만 주력하고 자신의 수양을 소홀히 한다면 성숙할 수 없다. 그렇기에 공자는 스스로 낮추면서까지 깊이 억제했다. 이 점에 주의하지 않고 남을 부당하게 평가한다면, 그에게 상처가 되며 자신에게도 결국 독이 되고 말 것이다.

子貢이 方人하더니
子曰, 賜也는 賢乎哉아. 夫我則不暇로라.

方人의 方은 比較(비교)이다. 賜也는 주격이다. 乎哉는 의문의 뜻을 지닌 감탄사이다. 夫는 발어사이다. 명사구 다음의 則은 '~로 말하면'의 뜻을 지닌다. 不暇는 남과 비교할 틈이 없다는 말이다.

146강
내실을 쌓아라

> **남이 나를 알아주지 않음을 걱정하지 말고,
> 자신이 능하지 못함을 걱정해야 한다.**
> 「헌문」 제32장 불환인지불기지(不患人之不己知)

사람은 자기 실력을 냉정하게 따지지 않고서 남에게 알려져 중용(重用)되기만 바라고, 중용되지 않으면 불평을 말하고는 한다. 공자는 그러한 투덜거림을 거듭 경계했다.

이 장은 「학이」 제16장에서 "남이 자신을 알아주지 않음을 걱정하지 말고, 내가 남을 알지 못함을 걱정해야 한다."라고 했던 가르침과 통한다. 「학이」 편에서 남의 자질을 제대로 알아보는 일에 초점을 맞췄다면, 이 「헌문」 편에서는 자신의 무능함을 걱정하라고 했다. 내면의 덕을 닦아 자기 자신을 충실하게 하는 전내실기(專內實己)의 공부에 힘쓰라고 촉구한 것이다.

「이인」 제14장에서도 공자는 "지위가 없음을 걱정하지 말고 지위에 설 자격을 걱정하며, 자신을 알아주는 이가 없음을 걱정하지 말고 알려질 만한 사람이 되고자 해야 한다."라고 했다.

사람들은 대개 자신의 뜻과 사업이 괴리되어 불우하다고 느끼는 경우가 많다. 이때 우울한 심사에 젖어 세상을 조롱한다면 완세불공(玩世不恭, 세상을 조롱하며 공손하지 못함)의 병폐에 빠지기 쉽고, 세상과 동떨어져 궁벽한 이치를 찾으려 들면 색은행괴(索隱行怪, 은미한 것을 탐색하면서 괴상한 짓을 함)의 잘못을 저지르기 쉽다. 17년간의 유배 생활 끝에 고향 마재로 돌아온 정약용은 1820년 봄에 뱃길로 한강을 거슬러 올라 춘천을 여행하고 돌아오며 시를 지어 "시절을 슬퍼한다고 무슨 보탬 되랴. 머리 희어도 경전을 궁구하리라."라고 했다. '나의 연구'가 세상 구원에 무슨 의미가 있을지 확언하기 어렵지만 학문에 더욱 매진하겠다는 뜻을 가다듬은 것이다.

무의미한 투덜거림을 멈추고 내실을 쌓고자 노력할 때 정녕 우리는 마음의 평온을 얻을 수 있을 것이다.

불환인지불기지 환기불능야
不患人之不己知오 患己不能也니라.

患은 마음속으로 꺼리는 것이다. 흔히 不과 勿(물)을 구분해서 不은 단순 부정사, 勿은 금지사로 보지만 둘은 통용된다. 人之不己知에서 之는 안은문장 속의 주어와 술어를 이어 준다. 不己知는 짧은 부정문에서 목적어 대명사가 동사 앞으로 도치된 것이다. 不能이 無能(무능)으로 되어 있는 판본도 있다.

147강
지레짐작하지 않는다

> 남이 나를 속일까 지레짐작하지 않고 남이 나를
> 믿어 주지 않을까 억측하지 않되, 역시 먼저 깨닫는
> 사람이라면 어질다고 하겠다.
>
> 「헌문」 제33장 불역사불억불신(不逆詐不億不信)

사람의 표정이나 행동을 보고 심리의 움직임을 포착하는 독심술을 췌마(揣摩)라 한다. 전국 시대 때 제후국을 찾아가 유세하던 사람들은 군주의 심리를 잘 파악해야 했다. 소진(蘇秦)은 이러한 기술에 특히 뛰어났다고 한다. 하지만 일상생활에서 상대의 마음을 추찰하고 억측하는 것에는 한도가 있다. 더구나 늘 남을 의심한다면 내 마음이 평안할 수도 없다. 그렇다고 사람 마음의 움직임을 제대로 파악하지 못한다면 그 또한 명석하다 할 수 없다. 이 문제와 관련해서 공자는 마음을 투명하게 지니라고 가르쳤다.

　일의 기미를 유추하고 요량하는 것은 매우 중요하다. 그러나 남이 나를 해치고 나를 의심하지 않나 지레짐작하는 역억(逆臆)은 스스로를 병들게 할 뿐이다. 『주역』 규괘(睽卦) 상구(上九) 효사에 "진흙을

등에 묻힌 돼지와 귀신이 한 수레에 가득 실려 있는 것을 본다."라는 말이 있다. 남을 너무 미워하면 마치 등에 진흙까지 묻히고 있는 더러운 돼지를 보는 것처럼 여기게 되고, 남을 대단히 시기하면 마치 한 수레에 가득히 실려 있는 귀신을 보는 것처럼 망상을 갖게 된다는 뜻이다.『열자』에서도 사람이 의심을 많이 하면 여러 망상들을 보게 된다고 하면서 그와 같은 현상을 의심암귀(疑心暗鬼)라고 표현했다.

지금, 불신의 풍조가 우리 하늘을 뒤덮고 있다. 이를 어쩌랴.

$$\underset{\text{불 역 사}}{\text{不逆詐}}\text{하며 }\underset{\text{불 억 불 신}}{\text{不億不信}}\text{이나}$$
$$\underset{\text{억 역 선 각 자}}{\text{抑亦先覺者}}\text{가 }\underset{\text{시 현 호}}{\text{是賢乎}}\text{인저.}$$

逆은 아직 이르러 오지 않았을 때 미리 맞이함이다. 詐는 欺瞞(기만)이다. 逆詐는 남이 나를 속이지도 않거늘 나를 속이는 것이 아닐까 지레짐작함을 말한다. 億은 臆(억)과 같고 不信은 남이 나를 믿지 않고 의심함이니, 億不信은 남이 나를 믿지 않는다고 억측함을 말한다. 抑은 위의 문장을 한번 눌러 의미를 일전시키는 접속사이다. 先覺은 상대의 진위를 직각적으로 헤아려 기만당하지 않음을 말한다. 미리 깨우친 사람을 先覺이라 부르는 것과는 다르다.

148강

고집을 미워한다

> 미생묘가 "구는 어찌 이리도 안달하는가. 말재주를 부리는 것이 아닌가?"라고 비난했다. 공자께서는 "감히 말재주를 부리는 것이 아니다. 고집불통을 미워하는 것이다."라고 말씀하셨다.
>
> 「헌문」 제34장 미생묘위공자(微生畝謂孔子)

공자의 시대에는 세상과 절교한 사람이 적지 않았다. 미생묘(微生畝)도 그런 인물 가운데 하나였다. 어느 날 그가 공자의 이름을 부르면서 "그대는 허둥대고 안달하는데, 말재간이나 부려 세상에 쓰이고자 하는 것이 아닌가?"라고 비난했다. 공자는 결코 말재간을 부려 세간에 아첨할 뜻은 없으나 혼자만 깨끗하다고 여기는 고루한 태도를 미워하기에 이럴 따름이라고 대답했다. 이는 미생묘의 비난에 대꾸하며 그를 비판한 것이 아니라 스스로의 본심을 말한 것이다. 공자는 덕을 추구하면서 벼슬함 직하면 벼슬하고 물러남 직하면 물러나는 시중의 도리를 따르지, 은거해서 독선(獨善, 홀로 자신만 착하게 생활함)의 태도를 취하려 하지는 않았다.

앞서 「자한」 제4장에서 공자에게는 네 가지가 없다고 했는데, 그중 하나가 무고(毋固)였다. '고'는 고집이라고 흔히 풀이하지만 소신을 지킨다는 뜻은 아니다. 혼자만 옳다고 고루하게 구는 것을 말한다. 다시 말해 배움에 게으른 태도이다.

『예기』에 "사람으로서 배우지 않으면 도를 알 수 없다."라고 했다. 공자는 한시도 쉬지 않고 옛 도를 널리 물어 배우려 하여 마치 구하다 얻지 못할 것처럼 서둘렀다. 일본의 다자이 준(太宰純)은 공자가 배움에 게으른 태도를 고루하다고 배격하면서 한편으로 스스로 부지런히 도를 추구했다고 풀이했다. 정약용은 이 해설이 참 좋다고 했다.

진리를 추구하는 사람에게 악착스럽다는 말은 욕이 될 수가 없다. 지금 공자는 우리에게 나른함에서 떨쳐 일어나라고 부추긴다.

丘는 何爲是栖栖者與오 無乃爲佞乎아.
孔子曰. 非敢爲佞也라 疾固也니라.

栖는 새가 나무에 머무른다는 뜻으로, 棲(서)와 같다. 하지만 栖栖는 '악착스럽게 군다'는 뜻의 숙어다. 棲棲로도 적는다. '無乃~乎'는 '아무래도 ~하지 않는가?'라고 반문하는 표현이다. 佞은 말재간, 즉 口才(구재)이다. 疾固의 疾은 미워함, 固는 고루함이다.

德

149강
힘이 아니라 덕

준마에 대해서는 그 힘을 칭찬하지 않고 그 덕을 칭찬하는 법이다. 「헌문」 제35장 기불칭기력(驥不稱其力)

『공자가어』에 보면, 노나라 애공이 공자에게 인재 선발에 대해 묻자 공자는 이렇게 대답했다고 한다. "활은 조절이 잘 되어 있으면서 사정거리가 먼 억센 것을 구하고 말은 잘 길들여져 있으면서 1000리 달리는 힘을 갖춘 말을 구하는 법입니다. 선비도 반드시 신실하면서 지식과 능력을 갖춘 사람을 구해야 합니다. 신실하지 못하고 지식과 능력만 많은 사람은 비유하자면 이리나 승냥이처럼 흉악하므로 가까이 해서는 안 됩니다." 지식과 능력은 소중하다. 하지만 신실함과 같은 내면의 덕이 없으면서 지식과 능력만 많은 사람은 오히려 사회에 해악을 끼칠 수 있다. 공자는 이 점을 경고한 것이다.

『공자가어』는 후대의 사람이 만든 책이므로 여기 실린 노나라 애공과 공자의 문답은 꾸며 낸 이야기일지도 모른다. 그러나 공자가 인재 선발에서 덕을 강조한 뜻은 바로 「헌문」편의 이 장과 통한다.

준마는 오래 잘 달리는 힘이 중요하다. 그렇지만 힘만 있고 조련이

되어 있지 않은 말은 결코 훌륭한 말일 수 없다. 조련받은 말이 지니는 순량한 바탕은 사람이 수양을 통해 지니게 되는 덕을 비유한다. 말의 경우 그러하듯, 사람에 대해서도 외적인 재능만 높이 치지 말고 인격을 살펴야 할 것이다.

공자 당시의 사람들은 재능과 역량만 존중하고 덕을 경시하는 경향이 있었다. 그래서 공자는 이런 비유의 말을 해서 '수양을 통해 지니게 되는 덕'의 중요성을 강조한 것이다. 누구나 나면서부터 아는 생지의 성인일 수는 없기에 옛사람들은 배워서 알아 가는 일과 여러 번 좌절하면서도 배워 나가는 일을 가르쳤다. 배워서 아는 것과 좌절을 겪으면서도 배우는 것은 모두 수양을 통해 덕을 쌓는 일이다. 스스로 가진 재능이나 역량을 바탕으로 이렇게 덕을 쌓아 나간다면 더욱 호연지기를 느끼게 되지 않겠는가.

驥는 不稱其力이라 稱其德也니라.

驥는 千里馬(천리마)와 같은 준마를 말한다. 冀州(기주) 땅에서 良馬(양마)가 많이 나왔으므로 준마를 驥라 부르게 되었다고 한다. 稱은 稱頌(칭송)이다. 力은 하루에 1000리를 달릴 수 있는 능력을 말한다. 德은 여기서 말이 훈련을 받아 지니게 된 순량한 바탕을 가리킨다.

報

150강

덕으로 덕을 갚는다

어떤 사람이 "덕으로 원망을 갚는 것이 어떻습니까?"
라고 여쭤자, 공자께서는 "무엇으로 덕을 갚을까?
정직함으로 원망을 갚고 덕으로 덕을 갚아야
한다."라고 말씀하셨다. 「헌문」 제36장 이덕보원(以德報怨)

 흔히 무례하게 구는 사람도 은혜로 대하라고 말한다. 하지만 그런 후덕함을 지닌 사람은 사실 드물다. 더구나 무언가 품은 마음이 있어 나를 원망하는 사람이나 내게 은혜를 베푼 사람이나 똑같이 대한다면 공평한 처사가 아니다. 이 장에서 공자는 나를 원망하는 사람을 정직함으로 대하라고 가르쳤다. 사랑하고 미워함과 취하고 버림을 지극히 공평하게 하는 것이 정직이다.
 조선 후기의 성대중은 원수를 대하는 방식을 네 등급으로 나누었다. 우선 원수를 통쾌하게 갚는 사나운 자가 있다. 이런 사람은 다시 보복을 받게 된다. 그다음, 잔머리를 굴려 겉으로는 돕고 높여 주지만 속으로는 밀치고 깎아 내는 자가 있다. 이런 사람은 남을 해치고 화를 일으키려는 마음이 농익어 세상에 재난을 입힌다. 한편 지인(至人, 지극한 경지의 사람)은 아예 원수가 없거나 원수가 있어도 보복을 하늘에 맡긴다. 이런 사람은 편안하다. 그런데 성인은 정성과 공정성으로 원수를 대하니 지인보다도 한 등급 높다.

　인간 사회는 아무리 혼란스러울지라도 결국 조리와 도덕이 존중되어야 하는 곳이다. 이런 세계에서는 원수를 무조건 은혜로 갚는 것이 아니라 공정하게 대해야 옳을 것이다. 사회를 뒷받침하는 법질서 또한 은혜와 원수를 정도(正道)로 갚는 방편이어야 한다.

$$\begin{aligned}&\overset{\text{혹왈}}{或曰}.\ \overset{\text{이 덕 보 원}}{以德報怨}\text{이}\ \overset{\text{하 여}}{何如}\text{하니잇고.}\\&\overset{\text{자왈}}{子曰}.\ \overset{\text{하 이 보 덕}}{何以報德}\text{고.}\\&\overset{\text{이 직 보 원}}{以直報怨}\text{이오}\ \overset{\text{이 덕 보 덕}}{以德報德}\text{이니라.}\end{aligned}$$

以德報怨은 원망스러운 사람에게 은혜의 덕으로 갚는다는 말이다. 주희는 이것이 노자의 방식이라고 했다. 何以報德은 만일 원망을 덕으로 갚는다면 덕은 무엇으로 갚느냐고 반문하는 말이다. 直은 지극히 공평해서 사사로움이 없는 상태를 가리킨다. 以德報德은 은혜를 베풀어 준 사람에게는 반드시 은덕으로 갚아야 한다는 말이다.

151강

공자의 탄식

공자께서 "나를 알아주는 이가 없구나!"라고
말씀하시자, 자공은 "어찌 선생님을 알아주는 이가
없습니까?"라고 말했다.
「헌문」 제37장 자왈막아지야부(子曰莫我知也夫) 1

만년의 공자는 그 영명(슈名, 아름다운 이름)이 천하에 널리 알려져 있었다. 그런데 이 장에서 공자는 "나를 알아주는 이가 없구나!"라고 개탄했다.

세상에 이름이 알려지지 않아서 정치에 참여하지 못하는 탄식을 학명지탄(鶴鳴之嘆)이라고 한다. 『시경』 「학명」 편에 보면 "학이 구고의 늪에서 우니, 그 소리가 하늘에 들리네"라 했는데, 이는 은둔하는 군자의 덕이 멀리까지 알려지는 것을 비유한다. 벼슬을 맡아 뜻을 펴고자 하나 이름이 알려지지 않은 군자는 「학명」 편을 읊으며 탄식하는 것이다.

공자는 제자들에게 "남들이 알아주지 못한다고 걱정하지 말라."라고 가르쳐 왔으므로 이 장에서의 탄식이 학명지탄이 아님은 분명하다. 실상 공자는 사람들이 자신을 제대로 알지 못하고서 자신의 덕을 칭송한다고 개탄한 것이다. 자공은 이러한 마음을 헤아리지 못하고 "어찌 선생님을 알아주는 이가 없습니까? 사람들은 선생님의 영명을 듣고 흠모하지 않습니까?"라고 위로하는 말을 했다.

공자는 철환천하하다가 광 땅에서 위기를 맞았지만 사문(斯文), 즉 주나라의 문화가 자신에게 보존되어 있다고 믿었기에 마음의 평정을 잃지 않았다. 만년에 노나라로 돌아가서는 강가에서 강물을 바라보면서 인류의 역사가 간단없이 흘러간다는 사실을 담담하게 받아들였다. 어느 경우에나 세상이 나를 써 주지 않는다고 탄식하지 않았다.

이름이 드러나지 않아 탄식하는 것이 아니라 올바른 도리가 실현되지 못함을 한탄해야 『논어』를 배우는 무리라 이를 만할 것이다.

子曰, 莫我知也夫인저.
子貢曰, 何爲其莫知子也잇고.

莫我知는 나를 알아주는 이가 없다는 뜻이다. 짧은 부정문에서 목적어 대명사가 동사 앞으로 도치되었다. 也夫는 단정한 뒤 다시 개탄하는 어조를 나타낸다. '何爲~也'는 '어찌 ~한단 말입니까?'로, 반어적 표현이다. 莫知子는 '남들이 선생님을 모른다'는 말이다. 목적어가 이인칭 대명사라서 도치되지 않았다.

152강
하늘이 나를 알아주리라

> 공자께서 말씀하셨다. "나는 하늘을 원망하지 않고 사람을 허물하지 않으며, 아래로 인간의 일을 배우면서 위로 천리에 통달하나니, 나를 알아주는 것은 아마 하늘이실 것이다." 「헌문」 제37장 자왈막아지야부 2

앞에서 이어진다. 만년의 공자는 명성이 높았지만 자신을 칭송하는 사람들 대부분이 자신을 제대로 알지 못함을 개탄했다. 그러고 나서 "아마도 나를 진정으로 알아주는 것은 하늘이실 것이다."라고 말했다.
    공자는 시운이 따라 주지 않아도 하늘을 원망하지 않았고 남들이 알아주지 않아도 사람을 탓하지 않았다. 「학이」 제1장에서 "남이 알아주지 않아도 화내지 않으면 군자가 아니겠는가!"라고 말한 사실을 보면 잘 알 수 있다. 공자는 외부 상황이 순탄하지 않은 때라도 언제나 스스로를 닦으며 순서에 따라 차츰차츰 나아갔다. 이는 내면의 은밀한 공부였으므로 자공 같은 제자도 잘 알 수 없었을 것이다.
    궁벽한 이치를 찾아내고 괴이한 행동을 하는 것을 색은행괴라 한다. 공자는 색은행괴를 배격했다. 일상생활의 도리를 살피며 고도한 깨우침으로 나아가는 하학상달을 중시했다.

우리의 공부도 별난 것이 되어서는 안 된다. 일상에서 인간으로서 해야 할 일을 배우며 삶의 이치를 깨쳐 나가는 것이 참된 공부이리라. 『논어』를 읽는 것은 그 유력한 공부법 가운데 하나이다.

> 子曰, 不怨天하며 不尤人이오
> 下學而上達하노니 知我者는 其天乎인저.

不怨天과 不尤人은 서로 짝을 이루는 표현이다. 不怨天은 시운이 불리하다 해도 하늘을 원망하지 않았다는 뜻이다. 不尤人은 남들이 알아주지 않는다 해도 사람을 탓하지 않았다는 뜻이다. 下學은 일상에서 평범한 진리를 공부하는 일, 上達은 고도한 진리로 이르러 가는 일이다. 「헌문」제24장에서 "군자는 위로 통하고 소인은 아래로 통한다."라고 했을 때의 上達이나 下達과는 다르다. 其天乎는 '아마도 하늘이 아니겠는가!'라고 추정하고 희원하는 표현이다. 其는 '아마도'라는 뜻이다.

153강

천명에 달려 있다

> 도가 장차 행해지는 것도 명(命)이고
> 도가 장차 폐해지는 것도 명이니,
> 공백료가 그 명을 어찌하겠는가!
>
> 「헌문」 제38장 공백료소자로어계손(公伯寮愬子路於季孫)

노나라 정공 12년, 대사구의 직위에 있던 공자는 군주보다 권력이 비대한 맹손씨, 숙손씨, 계손씨의 세 도읍을 무너뜨리고 그들의 군사를 해산시키고자 했다. 제자 자로는 계손씨의 재로 있으면서 공자를 도왔다. 맹손씨가 저항했으므로 공자는 그 도읍을 군사들을 동원해 에워쌌으나 끝내 이기지 못했다. 이때 공백료(公伯寮)는 공자를 저지하려고 자로를 계손씨에게 참소(讒愬, 거짓말로 중상함)했다. 그러자 노나라 대부 자복경백(子服景伯)이 분개해서 공백료를 자기 손으로 처단하겠다는 뜻을 밝혔다. "계손씨가 공백료의 참소에 대해 의혹을 품고 있습니다만, 자로가 의심받고 있는 것 또한 사실입니다. 제가 미약하기는 하지만 공백료를 주륙(誅戮, 벌 있는 자를 죽임)해서 시신을 저자에 널브러지게 할 수는 있습니다." 이 말을 듣고 공자는 위와 같이 말했다.

공자는 공백료의 참소에 관한 문제를 도리가 흥하느냐 폐해지느냐 하는 것에 관계된다고 보아 중차대하다고 인식했다. 하지만 궁극적으로 보면 도리의 흥폐 여부는 공백료 개인이 아니라 천명에 달려 있다고 여겼기에 마음을 평온히 지녔다.

대체 천명이란 무엇인가. 한 개인을 불평등의 처지에 놓이도록 만드는 선택 불가능한 운수를 말하는 것은 결코 아니다. 그것은 인간의 역사를 관통하는 순리가 아니겠는가.

道之將行也與도 命也며 道之將廢也與도 命也니 公伯寮其如命何리오.

道之將行也與는 '도가 장차 행해지는 것은'이란 뜻이다. 也는 주제화하는 말. 與는 강조하는 어조사이다. 命은 천명이다. 其如命何는 '命을 如何히 하겠는가?'라는 뜻으로, 반어법이다. 如何는 방법을 묻는 의문사인데 목적어를 사이에 두어 '如~何'의 형태를 취했다.

154강

避 세상을 피하는 뜻

> 현명한 사람은 세상을 피하고 그다음은 지역을 피하며, 그다음은 용색을 보고 피하고 그다음은 말이 어겨지면 피한다. 「헌문」제39장 현자피세(賢者辟世)

공자는 시중을 중시했기에 올바른 도가 행해지지 않을 때는 공직에서 물러나라고 가르쳤다. 「태백」 제13장에서 "위태로운 나라에는 들어가지 않고 어지러운 나라에는 살지 않는다."라고 한 것은 그 대표적인 예이다. 「헌문」편의 이 장에서는 어진 사람이 벼슬을 그만두는 상황을 넷으로 나누어 정리했다.

첫째, 세상이 혼란스러울 때는 세속을 아예 떠나라. 둘째, 한 나라나 지역이 혼란스러우면 그곳을 떠나라. 셋째, 군주의 용모나 태도가 예의를 벗어나면 그 군주의 곁을 떠나라. 넷째, 군주에게 간언을 해도 받아들여지지 않는다면 그 군주의 조정을 떠나라. 백이나 태공이 은나라 주왕을 피해 바닷가로 이주한 것은 세상을 피한 예이다. 나머지도 각각 역사에서 사례를 찾아볼 수 있을 것이다.

이 장에서 말한 피세(辟世)·피지(辟地)·피색(辟色)·피언(辟言)의

넷은 현명한 사람이 세상을 피하는 결심을 하게 되는 단계를 차례로 열거했다고 볼 수도 있고, 세상을 피하는 상황의 차이를 병렬적으로 언급했다고 볼 수도 있다. 어느 경우든 현명한 이는 피세의 이유가 정당하고 태도가 견결하다. 자포자기나 염세의 뜻에서 세상을 등진다면 누가 그 피세를 옳다고 하겠는가.

賢者는 辟世하고 其次는 辟地하고
其次는 辟色하고 其次는 辟言이니라.

본래 辟(벽) 자는 손잡이가 붙은 가느다란 曲刀(곡도)로 사람의 허리 부분을 자르는 형벌을 뜻했다. 또 그런 형벌을 받은 사람은 몸을 구부정하게 취하게 되는데, 그 모습이 마치 무언가를 피할 때와 비슷하다 해서 피한다는 뜻을 지니게 되었다. 이때는 '피'로 읽었다. 그런데 辟이 형벌 이외에 임금이란 뜻으로도 사용되자, 사물을 피한다는 뜻을 나타내는 글자로 피할 避(피) 자가 새로 만들어졌다. 한문 문헌에서는 옛 글자와 새 글자를 한데 섞어 쓰기도 한다. 여기서는 뒤에 나온 避를 쓰지 않고 옛 글자인 辟를 썼다.

155강

불가한 줄 알아도 행한다

> 자로가 석문에서 유숙했는데, 새벽에 성문 여는 일 맡아보는 사람이 "어디에서 왔는가?"라고 물었다. 자로가 "공씨에게서 왔소."라고 하자, "그 사람은 불가한 줄 알면서도 하는 자가 아닌가!"라고 했다.
>
> 「헌문」 제41장 자로숙어석문(子路宿於石門)

『논어』에는 공자나 그 제자들이 은자를 만난 이야기가 여럿 기록되어 있다. 이 장에는 노나라의 석문(石門)이란 곳에서 새벽에 성문 여는 일을 하는 은자가 등장한다. 성명을 알 수 없어 신문(晨門)이라고 기록해 두었다. 『논어』의 편찬자들은 은자의 일이나 물건을 근거로 보통 명사를 만들고, 그것을 고유 명사로 대용했다.

은자 신문은 자로가 공자를 추종하는 문도임을 알고, 공자를 '세상 구원이 불가하다는 것을 알면서도 세상을 구원하려고 하는 자'라고 규정해 공자를 추종하는 것이 무익하다는 뜻을 내비쳤다. 하지만 그 비판에는 존경과 애정의 뜻이 숨어 있다.

은자들은 공자와 그 제자를 비판했지만 그 비판을 통해 우리는 거꾸로 공자의 위대한 인격을 더 잘 이해할 수가 있다. 은자 신문은 공자의 실천을 수긍하지 않았으니, 대부분의 은자들이 그러했듯 그도 나라가 무도할 때는 숨는다는 철학을 지녔을 것이다. 하지만 조선의 영조가 경연에서 지적한 것처럼 은자들은 궁벽한 것을 찾고 괴상한 짓을 하는 색은행괴의 부류라 하지 않을 수 없다. 공자는 달랐다. 하늘을 원망하지 않고 사람을 허물하지 않으며 아래로 인간의 일을 배우면서 위로 천리에 통달하고자 부단히 노력했던 것이다.

진리를 찾는 공부를 한다면서 세상을 조롱하고 색은행괴의 무리가 된다면 그것은 공자의 엄중한 죄인이다.

子路宿於石門이러니 晨門曰, 奚自오.
子路曰, 自孔氏로라.
曰, 是知其不可而爲之者與아.

宿은 留宿(유숙)이다. 石門은 노나라 지명이다. 단 정약용은 제나라 지명으로 보았다. 奚自는 뒤에 來(래)를 생략한 표현이다. 奚는 '어디'라는 뜻의 의문사, 自는 '~로부터'라는 뜻의 개사이다. 의문사가 개사의 목적어일 때 그 목적어는 도치된다. 自孔氏의 自도 개사다. 氏는 공자를 가리킨다. 知其不可而爲之者는 어찌할 수 없음을 알면서도 세상 구원을 위해 노력하거나 자신의 덕을 기르는 자라는 뜻이다. 與는 추정과 감탄의 어조로 문장을 맺는다.

156강

천하를 걱정하다

공자께서 위나라에서 경쇠를 두드려 연주하시는데,
삼태기를 메고 그 문 앞을 지나가던 자가 듣고서는
"천하에 마음이 있구나, 경쇠를 두드리는 소리여!"
라고 했다. 「헌문」제42장 자격경어위(子擊磬於衛) 1

 이 장은 참으로 명문이다. 삼태기를 멘 은자가 등장해 공자를 비판하고 그 비판에 공자가 대응하는 방식이 마치 연극처럼 생생하다. 우선 앞부분만 본다.
 삼태기를 멘 은자는 이름을 알 수 없으므로 그냥 하궤자(荷蕢者)라고 했다. 이 하궤자의 비판을 통해 거꾸로 공자의 위대한 인격과 사업을 이해할 수 있기에 『논어』의 편찬자들은 이를 그대로 실어 두었을 것이다. 앞 장에서 은자 신문의 비판을 실어 둔 예와 같다. 공자는 노나라 정공 13년인 기원전 497년에 위나라로 갔다. 이때 위나라는 영공이 다스리고 있었다. 공자의 나이 55세였다.
 하궤자는 공자의 경쇠 연주를 듣고 그 음색으로부터 공자가 마음에 품은 것이 있음을 간파했다. 보통 사람이 아니었다. 이 하궤자는

『시경』「고반(考槃)」편에서 보듯, 산골짜기에 은둔하며 스스로 즐기는 은자와 같은 부류였을 것이다.「고반」편은 위나라 장공이 선대의 업적을 잇지 못하자 현명한 이들이 산골짜기에서 곤궁하게 살고 있는 상황을 풍자했다.

공자는 천하에 도가 행해지지 않음을 우려하면서도 결코 산속으로 은둔하지 않았다. 이유가 무엇인가? 다음 강에 이어진다.

子擊磬於衛러시니
有荷蕢而過孔氏之門者
曰, 有心哉라 擊磬乎여.

擊磬은 경쇠를 두드려 연주함이니 磬은 악기의 일종이다. 荷蕢는 삼태기를 메고 있다는 말로, 荷는 負荷(부하)의 뜻이다. 孔氏之門은 공자가 머물고 있는 집의 문을 가리킨다. 有心은 천하를 걱정하는 마음을 지니고 있음을 뜻한다. 혹은 음악으로 백성을 교화하려는 마음을 지녔다고도 풀이한다. 哉, 乎는 모두 감탄하는 어조로 문장을 맺는다. 擊磬有心이라는 말을 도치하고 분절해서 어조를 강화했다.

157강

세상을 잊지 않는 뜻

不忘

> 삼태기 멘 은자가 이윽고 말했다. "비루하다, 잗단 소리여! 나를 알아주는 이가 없거든 그만둘 뿐이다. 물이 깊으면 옷 벗고 건너고 물이 얕으면 바지 걷고 건넌다고 하지 않았던가!" 공자께서 말씀하셨다. "과감하구나! 그런다면 세상에 어려울 것이 없으리라."
>
> 「헌문」 제42장 자격경어위 2

 세상을 과감하게 잊고 은둔하는 것을 과망(果忘)이라고 한다. 여기서 나온 말이다. 세상을 과감하게 잊는 일은 인간 세계와 결별하고 동물들과 함께 무리를 이루어 사는 것과 같으므로 조수동군(鳥獸同群)이라 표현하기도 한다.

 공자의 경쇠 연주를 들은 하궤자는 그 음색에서 '마음에 품은 것이 있음'을 간파했다. 그리고 공자의 연주를 한참 듣고 있다가 "소리가 잗달아 융통성이 없구나. 세상이 자기를 알아주지 않거든 그만두고 물러나면 되지 않는가. 시 삼백 편에도 '물 깊으면 옷 벗고 건너고 물 얕으면 바지 걷고 건넌다.'라고 하지 않았던가?"라고 내뱉었다.

하궤자가 끌어온 구절은 『시경』「포유고엽(匏有苦葉)」편에 나온다. 강가에서 연인을 기다리는 사람의 심경을 드러낸 말인데, 변화에 융통성 있게 대처함을 뜻하는 비유로 쓰이곤 했다. 하궤자의 비판을 전해 들은 공자는 "세상 잊음이 과감하구나! 그런 식이라면 세상에 어려운 일이라고는 없을 것이다."라고 해서 자신은 현실에 남아 부조리를 바로잡겠다는 뜻을 분명히 밝혔다.

선인들은 과망을 하지 않았다. 도가 실현되지 않아 벼슬을 그만둘지라도 현실 공간에 남아 부조리를 바로잡으려 했다. 『논어』의 가르침에 충실했던 것이다. 오늘날 우리가 깊이 생각하고 따라야 할 자세가 바로 이것이다. 세상에서 도피하지 않고 세상 속에 살아가면서 나와 내 주변부터 빛을 밝히는 일, 그리하여 온 세상이 밝아지리라는 희망을 잃지 않는 일. 이것을 우리는 공자에게서 배워야 한다.

旣而曰, 鄙哉라 硜硜乎여.
莫己知也어든 斯已而已矣니 深則厲요
淺則揭니라. 子曰, 果哉라 末之難矣니라.

旣而는 '이윽고'이다. 鄙는 鄙陋(비루)로, 공자가 세상에 대해 연연한다고 비평한 말이다. 硜硜은 바위 두드릴 때 나는 소리인데, 교정청 언해본은 '경경'으로 읽었다. 莫己知也는 '세상이 나를 알아주지 않는다면'이다. 斯已而已矣의 斯는 접속사, 而已矣는 결단의 어조를 나타낸다. 深則厲, 淺則揭는 『시경』에서 따온 구절이다. 果는 果斷(과단) 혹은 果敢(과감)이다. 末之難矣는 '그것은 어려움이 없다'로, 末은 無(무)와 같다.

喪　158강
삼 년의 상례

**군주가 죽으면 백관들이 자신의 직책을 총괄해서
총재에게 명령을 듣기를 삼 년 동안 했다.**

「헌문」 제43장 자장왈서운(子張曰書云)

과거에 천자는 선왕이 죽으면 3년 동안 상복을 입었다고 한다. 복상의 규정도 매우 상세했다. 『서경』에 보면 "은나라 고종(高宗)은 거상하며 양암(諒闇)에 3년 동안 있으면서 정치에 관해 아무 말도 하지 않았다."라고 했다. 원래 '암(闇)' 자는 사당에서 신의 목소리를 듣는 것을 가리켰던 듯하며, 양암은 천자가 거상하는 곳을 가리킨다. 혹은 거상 기간이나 신묵(愼黙, 근신하여 침묵함)이라고 보기도 한다. 그렇다면 군주의 복상 기간 동안 정치는 어떻게 했는가? 이 장에서 자장은 그 점을 공자에게 물었다. 공자는 "3년 복상의 예법은 은나라 고종만 따른 것이 아니다. 옛날 사람들은 모두 그 예법을 지켰다."라고 일러 주고, 군주의 복상 기간에는 총재(冢宰)가 정무를 보았다고 설명했다.

　처음에는 천자도 서민처럼 삼년상을 지켰을지 모르나, 군주의 복상 기간은 차츰 짧아졌다. 단 군주의 복상 기간에 혹 화란이 일어나지 않도록 총재가 정무를 통솔하는 방식은 변함이 없었다. 조선 시대에는 국왕의 거상 중에 정무를 대신하는 재상을 원상(院相)이라 불렀다. 그런데 전한 말의 왕망(王莽)은 『논어』의 이 장을 근거로 섭정을 행하다가 천자의 권력을 빼앗아 신(新)을 세웠다.

오늘날 3년의 상기를 지키는 사람은 드물다. 그러나 마음으로 상기를 치르면서 부모의 각별한 사랑과 기대가 내게 어떤 의미가 있었는지 깊이 되새겨 보아야 할 것이다.

君薨커든 百官이 總己하여
以聽於冢宰三年하니라.

薨은 제후의 죽음을 말한다. 천자의 죽음은 崩(붕)으로 표기한다. 百官은 조정에서 政務(정무)를 맡아보는 관리들이다. 總己는 자신의 직무를 소홀히 하지 않고 단속한다는 뜻이다. 總은 본래 실을 모아 그 끝을 묶어서 송이 모양의 술을 만드는 것을 말한다. 聽은 지휘받는다는 말이다. 冢宰는 大宰(대재)로, 입헌 군주제의 총리대신에 해당한다. 服喪(복상) 三年은 실제로는 25개월이나 27개월이다.

禮

159강
윗사람이 예를 좋아해야

윗사람이 예를 좋아하면 백성을 다스리기 쉽다.
「헌문」제44장 상호례즉민이사야(上好禮則民易使也)

『논어』는 보편적인 가르침을 담고 있다. 하지만 각각 특정한 사건이나 배경 속에서 이루어졌기 때문에 세부 사항 중에는 현대 사회와 맞지 않는 것도 있다. 이 장은 '윗사람이 예를 좋아하면 백성들을 부리기 쉽다'는 뜻으로 풀이할 수 있는데, 그렇다면 그 내용이 평등 사회의 이념과 부합하지 않는다. 중국의 문화 대혁명 때 자오지빈(趙紀彬)은 '사민(使民)'이란 말을 문제 삼아 공자의 계급주의적 한계를 비판했다.

공자의 시대에는 위정자가 백성들을 군사, 토목 등의 일에 동원하는 일이 많았다. 그렇기에 '백성을 부린다'고 했을 것이다. 하지만 공자는 백성들을 도덕적 주체로 보았다. 「태백」 제2장에서는 "군자가 가까운 사람들에게 후덕하면 백성들은 인의 마음을 일으키고, 옛 친구를 잊지 않으면 백성들은 경박하게 되지 않는다."라고 했다. 「헌문」편의 이 장의 요점도 '윗사람은 예를 좋아해야 한다'는 가르침이다. 그 뜻은 『예기』의 "예달이분정(禮達而分定)"과 관련이 깊다. 즉 예가 위아래에 시행되어 사람마다 직분을 다해야 한다는 것이다. 정약용도 '사민'은 백성들을 정역(征役)으로 내몬다는 뜻이 아니라 백성들을 선하게 만든다는 뜻이라고 풀이했다.

지배자와 피지배자가 엄격히 구별되었던 옛날에도 윗사람이 공공의 질서인 예법을 지켜야 아랫사람들을 잘 다스릴 수 있었다. 현대 사회에서는 더욱 사회 지도층이 공적 가치와 윤리를 지켜야 구성원들이 모두 자기 직분에 충실하려는 마음을 지니게 될 것이다.

上好禮則民易使也니라.

上은 위정자이다. 好禮는 예를 좋아해서 예법을 잘 지키는 것을 말한다. 禮란 상하의 구별, 내외의 분별 등 올바른 질서를 가리킨다. 則은 조건과 결과를 이어 주는 접속사다. 使는 통치한다는 말이다.

敬

160강

경의 자세

자로가 군자에 대하여 여쭈자, 공자께서는 "경으로써 자기를 닦는 자를 말한다."라고 말씀하셨다. 자로가 "이와 같을 뿐입니까?"라고 다시 여쭈자, 공자께서는 "자기를 닦아서 사람들을 편안하게 하는 자다."라고 말씀하셨다. 「헌문」 제45장 자로문군자(子路問君子) 1

유학의 윤리 사상을 관통하는 중요한 개념이 경(敬)이다. 송나라 유학자들은 자기 자신을 오로지해서 다른 데로 분산시키지 않는 상태인 주일무적(主一無適)이 경이라고 정의했다. 한편 정약용은 하늘을 공경하고 어버이를 공경하는 일과 같이 구체적 대상을 공경하는 일이 경이라고 보았다.

이 장에서 공자는 군자란 경의 자세로 자기를 수양하는 사람을 가리킨다고 규정했다. 그런데 자로는 그 정도로 군자일 수 있을까 의심했다. 이에 공자는 군자가 경의 자세로 자기를 수양해서 인격이 향상되면 그와 관계있는 모든 사람들이 저절로 편안하게 되므로 경의 자세로 수양하는 일이 매우 중요함을 거듭 강조했다.

여기서 공자는 자기 수양과 현실 개혁이 연계되어 있음을 지적했다. 현실의 개혁은 험악한 투쟁으로 이루어지는 것이 아니다. 인격 주체가 주위 사람들의 모범이 되어 사람들이 그의 이념을 편안하게 여기고, 마침내 그 이념을 함께 실천해 나갈 때가 진정한 개혁인 것이다. 경의 자세를 지니지 않은 채 공허한 이념만 외쳐 대는 사람을 누가 따르겠는가? 안(安)이란 글자는 참으로 뜻이 깊다.

자로문군자　　　자왈　수기이경
子路問君子한대 子曰. 修己以敬이니라.
왈　여사이이호　　　왈　수기이안인
曰. 如斯而已乎잇가. 曰. 修己以安人이니라.

問君子는 '군자란 어떤 인물인지 묻다'이다. 修己以敬의 以는 수단이나 방법을 나타낸다. 修己以安人의 以는 而와 같은 연결사다. 혹자는 修己以敬의 以도 연결사로 보아 '자기를 수양하여 敬의 태도를 견지한다'는 뜻으로 풀이하기도 한다. 如斯而已乎는 '이와 같을 뿐입니까?'라고 되묻는 말이다. 安人의 人은 修己의 己와 상대되는 말로, 나와 관계된 다른 사람들을 가리킨다.

161강

만민을 편안케 한다

자로가 "이와 같을 뿐입니까?"라고 다시 여쭈자, 공자께서는 "군자란 자기를 닦아서 백성을 편안하게 하는 자다. 자기를 닦아서 백성을 편안하게 하는 일은 요임금이나 순임금도 오히려 부족하다고 걱정했을 것이로다."라고 말씀하셨다. 「헌문」 제45장 자로문군자 2

앞에서 이어진다. 자로가 군자란 어떤 인물인지 묻자, 공자는 경의 자세로 자기를 수양하는 사람이라고 알려 주었다. 자로가 그런 정도로 군자일 수 있는지 의심해 되묻자, 공자는 군자가 경의 자세로 자기를 수양하면 그와 관계있는 사람들이 저절로 편안하게 된다고 말해 경의 자세로 수양하는 일이 매우 중요함을 역설했다. 그런데도 자로가 그 뜻을 이해하지 못하고 다시 "이와 같을 뿐입니까?"라고 되묻자, 공자는 군자란 자기를 닦아서 백성을 편안하게 하는 사람이라고 다시 알려 주었다. 그러고 나서 자기를 닦아서 백성을 편안하게 하는 일은 결코 쉬운 일이 아니기에 요임금이나 순임금도 스스로 부족하다고 걱정했을 것이라고 일러 주었다.

『대학』에서도 말하듯, 인격 주체의 자기 수양은 그 자체로 완결되지 않는다. 몸을 닦아 공경하는 성의(誠意)와 정심(正心), 몸을 닦아 사람을 편안하게 하는 수신과 제가, 백성을 편안하게 만드는 치국과 평천하가 동심원을 그리면서 확장된다. 현대의 지식인들은 이 동심원의 구조를 반드시 인정하지는 않는다. 그렇지만 이 고전적인 사유가 오늘날 더욱 그리워지는 것은 어째서인가.

曰. 如斯而已乎잇가.
曰. 修己以安百姓이니
修己以安百姓은 堯舜도 其猶病諸시니라.

如斯而已乎는 '이와 같을 뿐입니까?'라고 되묻는 말이다. 修己以安百姓의 以는 而와 같은 연결사, 安百姓은 천하의 인민들을 편안하게 하는 일이다. 病諸는 이것을 부족하다고 여긴다는 뜻으로, 하기 어려워 스스로 부족하다고 반성했다는 말이다. 諸는 之와 乎를 합한 글자이며, '其猶~乎'는 본래 '아마도 ~리라'라고 추측의 뜻을 나타내거나 '~했도다'라고 감탄의 뜻을 나타내는 문형이다. 주희는 '요순도 오히려 백성을 편안히 하는 것을 부족하게 여겼다.'라고만 풀이했으므로, 공자의 말이 감탄의 뜻을 지닌 것으로 보았는지 추측의 뜻을 지닌 것으로 보았는지 명확하지 않다.

162강

친구의 잘못을 꾸짖다

> 원양이 무릎을 세우고 앉아 공자를 기다리자,
> 이를 보고 공자께서 "어려서 공손하지 않고 장성해서
> 칭찬할 만한 일이 없으며 늙어서 죽지 않는 것이 바로
> 적이다."라고 말씀하시고는 지팡이로 그의 정강이를
> 툭 치셨다. 「헌문」 제46장 원양이사(原壤夷俟)

이 장에서 공자는 친구를 사랑하기에 그의 잘못을 꾸짖고 있다. 원양은 노나라 사람으로, 공자의 오랜 친구였다.『공자가어』에 보면 원양이 어머니 상을 당하자 공자가 목관을 보내 도와주었는데, 원양은 그 관 위에 올라가 노래를 불렀다. 공자가 못 들은 척하고 지나가자 제자인 자로가 왜 말리지 않느냐고 물었다. 공자는 "벗이란 벗의 도리를 잃지 말아야 한다."라고 가르쳤다.

원양은 세상의 부조리를 혐오해서 예법을 무시하고 거짓으로 미친 척하는 양광(佯狂)의 행동을 했던 듯하다. 어느 날 공자가 원양을 방문했을 때 그는 무릎을 세우고 앉아서 기다렸다. 공자는 그를 야단치며 그가 어려서부터 늙기까지 이룬 일이 없고 인륜의 떳떳한 도리

를 지키지 않았다고 지적했다. 그러나 매몰차게 몰아붙이지 않고 마음을 다해 책선했다. 지팡이로 정강이를 툭 치는 행위에도 애정이 담겨 있다.

옛날 월(越)나라 사람은 처음 친구를 사귈 때 단을 쌓고 닭과 개를 잡아 제사를 올렸으며, 이렇게 맹세한 후에는 조그만 허물이 있다 해서 경솔하게 절교하지 않았다고 한다. 이익은 『성호사설』에서 이 사실을 거론하면서 공자가 원양을 대한 일과 뜻이 같다고 평했다.

그런데 "어려서 공손하지 않고 장성해서 칭찬할 만한 일이 없으며 늙어서 죽지 않는 것이 바로 적이다."라는 질책의 말은 원양에게만 해당하는 것이 아니다. 우리 모두 이 질책을 받지 않도록 조심해야 하지 않겠는가!

原壤이 夷俟러니
子曰, 幼而不孫弟하며 長而無述焉이오
老而不死가 是爲賊이라 하시고
以杖叩其脛하시다.

夷俟는 무릎을 세우고 웅크려 앉은 채로 기다렸다는 말이다. 幼而, 長而, 老而의 而는 시간 부사를 강조하는 어조사이다. 孫弟는 遜悌(손제)와 같으니, 謙遜(겸손)과 悌順(제순, 순종)이다. 述은 稱(칭)과 같다. 稱述(칭술), 稱揚(칭양), 稱讚(칭찬) 등은 모두 뜻이 비슷한 말들이다. 따라서 無述은 칭송할 선행이 없음이다. '是爲~'는 '이것이 ~이다'라고 정의하는 어법이다. 以杖叩其脛은 지팡이로 그의 정강이를 가볍게 쳐서 일어나라고 경고했다는 뜻이다.

163강

아이를 가르치다

나는 저 아이가 어른의 자리에 앉아 있는 것을 보았고,
저 아이가 어른과 나란히 걸어가는 것을 보았습니다.
이런 아이는 학문의 향상을 구하는 자가 아닙니다.
빨리 이루고자 하는 자입니다.

「헌문」 제47장 궐당동자장명(闕黨童子將命)

 이 장에서 공자는 아이의 품성을 관찰하는 방법과 아이의 부족한 점을 보완하는 교육 방법에 관해 중요한 지침을 제시했다.
 공자는 궐(闕) 마을의 동자에게 손님 안내 역할을 맡겼다. 동자란 아직 관례를 치르지 않은 어린 나이의 소년을 말한다. 어떤 사람이 "저 아이가 학문에 진보한 바가 있어서 그런 일을 맡기셨습니까?"라고 묻자, 공자는 위와 같이 대답했다. 동자가 아직 부족한 점이 많기 때문에 오히려 일을 맡겨 예의를 익히게 했다는 것이다. 그런데 일본의 다자이 준은 공자가 궐 마을에 가서 그 동자를 처음 보았다고 했다. 정약용도 지지한 설이지만 여기서는 따르지 않는다.
 교육은 아동들로 하여금 속성(速成, 빨리 깨우침)하게 하지 말고 구

익(求益, 나아지도록 도움)을 해야 한다. 배우는 사람이 큰 스승에게 자신을 향상시켜 달라고 청하는 일을 청익(請益)이라고 부른다. 청익을 하기 위해서는 겸허한 뜻과 공손한 태도를 지녀야 한다. 공자는 궐 마을 동자의 행동거지를 보고 그가 겸허한 뜻을 지니지 못해 학문과 수양에 힘쓸 수 없다고 판단했기에 일을 맡겨 가르치고자 한 것이다.

한때 '스포일드 차일드'가 사회적 논점이었다. 성적 만능주의가 우리 아이들로 하여금 청익의 자세를 버리게 하고 속성의 관습에 물들도록 하는 것은 아닌지 걱정이다.

吾見其居於位也하며
見其與先生並行也하니
非求益者也라 欲速成者也니라.

見其居於位는 동자가 어른 앉는 자리에 앉아 있는 것을 보았다는 말이다. 예법에 따르면 동자는 방 안에 정해진 자리가 없으므로 구석에 앉아야 한다. 見其與先生並行은 동자가 선배들과 나란히 걸어가는 것을 보았다는 말이다. 先生은 선배 어른이다. 『예기』에 따르면, 아버지 年齒(연치)의 분을 모시고 갈 때는 隨行(수행, 뒤따라감)하고 형 연치의 사람을 따를 때는 雁行(안행)한다고 했다. 안행은 기러기처럼 열 지어 나란히 가는 것을 말한다. 益은 학식을 보태 나감이다. 速成은 '속히 이룸'으로, 여기서는 속히 성인의 열에 들어감을 말한다.

참고 문헌

1 일차 자료

『論語古訓外傳』, 太宰純, 京都大學 所藏 小林新兵衛 延享2年(1745) 刊本(藝文印書館 影印, 1966).

『論語諺解』, 고려대학교도서관 소장 목판본(戊申字木); 고려대학교도서관 소장 목판본(丁酉字覆刻木), 庚辰(1820) 新刊 內閣藏板.

『論語集註大全』, 朱熹 集註, 胡廣 等 奉勅纂修, 고려대학교도서관 소장 목판본 (丁酉字覆刻木), 庚辰(1820) 新刊 內閣藏板.

『論語集註重訂輯釋章圖通義大成』, 倪士毅 輯釋, 趙汸 訂, 王逢 通義, 고려대학교도서관 소장 隆慶4年(1570) 宣賜 甲辰字木.

『四書大全』, 胡廣 等 奉勅撰, 景印 文淵閣四庫全書(臺灣商務印書館, 1983~1986).

『四書章句集注』, 朱熹 撰, 新編諸子集成 第1輯(中華書局, 1983).

『十三經注疏』, 孔穎達 等撰, 淸 阮元 校, 十三經注疏整理委員會 整理(北京大學出版社, 2000).

『朝鮮王朝實錄』, 國史編纂委員會 影印(探求堂, 1981).

『崔東壁遺書』, 崔述 選著(上海古籍出版社, 1983).

『通志堂經解』, 徐乾學 等輯, 納蘭成德 校刊(中文出版社, 1969).

『皇侃論語義疏』, 王謨 輯, 涂象濬 校, 嚴靈峯 編輯, 無求備齋論語集成 第29函 (藝文印書館, 1966).

『皇淸經解』, 阮元 撰(復興書局, 1896).

『皇淸經解續編』, 王先謙 編(復興書局, 1896).

『논어 부언해』, 문상호 결토(학민문화사, 2002).

『논어집주비지 현토 완역』, 김경국·박상택 역주(전남대학교출판부, 2010).

『동문선』, 서거정 등 찬집(한국고전번역원, 1999); 『국역 동문선』, 한국고전번역원 편(솔, 1998).

『정본 여유당전서 8, 9(논어고금주 I, II)』, 정약용, 다산학술문화재단 편(다산학술문화재단, 2012); 『국역 여유당전서 2, 3, 4(경집 II, III, IV: 논어고금주)』, 전주

대호남학연구소 옮김(여강출판사, 1989); 『역주 논어고금주』, 이지형 역주(사암, 2010).

『한국문집총간』, 한국고전번역원 편(한국고전번역원, 1988~2010).

『현토 완역 논어집주』, 성백효 역주(전통문화연구회, 1990).

『홍재전서(한국문집총간 262~267)』, 정조(한국고전번역원, 2001); 『국역 홍재전서』, 한국고전번역원 편(한국고전번역원, 1997~2003).

2 이차 자료

가이즈카 시게키, 박연호 옮김, 『공자의 생애와 사상』(서광사, 1991).

김경호, 『지하(地下)의 논어, 지상(紙上)의 논어』(성균관대학교출판부, 2012).

김성중, 『논어』(민족사, 2001).

김영호, 『조선 시대 논어 해석 연구』(심산, 2011).

김용옥, 『논어 한글 역주 1, 2, 3』(통나무, 2008).

_____, 『도올 논어 1, 2, 3』(통나무, 2001).

김학주 역주, 『논어』(서울대학교출판부, 2007).

R. 도슨, 김용헌 옮김, 『공자』(지성의샘, 1993).

서지문, 『서양인이 사랑한 공자, 동양인이 흠모한 공자』(양서원, 2012).

시라카와 시즈카, 장원철 옮김, 『사람의 마음을 움직여 세상을 바꾸리라: 전혀 다른 공자 이야기』(한길사, 2004).

신정근, 『논어: 세상을 바꾸는 것은 사랑이다』(한길사, 2012).

양백준, 이장우·박종연 옮김, 『논어 역주』(중문출판사, 1997).

이을호 역주, 『한글 논어』(박영사, 1978).

이장지, 조명준 옮김, 『인간 공자: 현대 중국은 공자를 어떻게 평가하는가?』(한겨레, 1985).

자오지빈, 조남호·신정근 옮김, 『반(反)논어: 공자의 논어 공구의 논어』(예문서원, 1996).

정요일, 『논어 강의 천, 지, 인』(새문사, 2010~2011).

채인후, 천병돈 옮김, 『공자의 철학』(예문서원, 2000).

H. G. 크릴, 이성규 옮김, 『공자: 인간과 신화』(지식산업사, 1983).

허버트 핑가레트, 송영배 옮김, 『공자의 철학: 서양에서 바라본 예에 대한 새로운 이해』(서광사, 1993).

金谷治 譯注, 『論語』(東京: 岩波書店, 1999).
吉田賢抗, 『論語』(東京: 明治書院, 1976).
James Legge, "Confucian Analects", *The Chinese Classics* Vol. 1 (Hong Kong: Hong Kong Univ. Press, 1960).
Arthur Waley, *The Analects of Confucius* (New York: Vintage Books, 1938).

3 참고 웹사이트

고려대학교 도서관(http://library.korea.ac.kr).
고려대학교 민족문화연구원 문자코드연구센터(https://riks.korea.ac.kr/ccrc).
고려대학교 민족문화연구원 해외한국학자료센터(https://riks.korea.ac.kr/kostma).
국립중앙도서관 통합검색 디브러리(http://www.nl.go.kr/nl/index.jsp).
국립중앙도서관 한국고전적종합목록시스템 KORCIS(http://www.nl.go.kr/korcis).
국사편찬위원회 한국역사정보시스템(http://www.koreanhistory.or.kr).
남명학연구원(http://www.nammyung.org).
서울대학교 규장각한국학연구원(http://kyujanggak.snu.ac.kr).
성균관대학교 동아시아학술원 한국경학자료시스템(http://koco.skku.edu).
日本京都大學 藏書檢索 KULINE(http://www3.kulib.kyoto-u.ac.jp).
한국고전번역원 한국고전종합DB(http://db.itkc.or.kr).
한국국학진흥원 유교넷(http://www.ugyo.net).
한국금석문 종합영상시스템(http://gsm.nricp.go.kr).
한국학중앙연구원 한국학자료센터(http://www.kostma.net).

심경호 교수의
동양 고전
강의

논어 2

1판 1쇄 펴냄 2013년 11월 29일
1판 3쇄 펴냄 2019년 9월 11일

지은이   심경호
발행인   박근섭·박상준
펴낸곳   (주)민음사

출판등록   1966. 5. 19. 제16-490호
주소   서울특별시 강남구 도산대로1길 62(신사동)
           강남출판문화센터 5층 (우편번호 06027)
대표전화   02-515-2000 | 팩시밀리 02-515-2007
홈페이지   www.minumsa.com

ⓒ 심경호, 2013. Printed in Seoul, Korea

ISBN 978-89-374-7262-6 04140
ISBN 978-89-374-7260-2 (세트)